LOUIS LAMBERT

SUIVI

DE SÉRAPHITA

PAR

M. DE BALZAC.

PARIS,
CHARPENTIER, ÉDITEUR,
29, rue de Seine-Saint-Germain.

1842.

LOUIS LAMBERT

ET

SÉRAPHITA.

CATALOGUE DE LA BIBLIOTHÈQUE CHARPENTIER.

VICTOR HUGO.
Notre-Dame de Paris, 2 vol. h 3 50
Le Dernier jour d'un Condamné. } 1 vol. . 3 50
Bug-Jargal,
Han d'Islande, 1 vol. 3 50
Odes et Ballades, 1 vol. 3 50
Orientales, 1 vol. 3 50
Feuilles d'Automne, 1 vol. . . . . . .} 1 vol. 3 50
Chants du Crépuscule,
Voix intérieures,
Les Rayons et les Ombres. . . . . }1 vol. 3 50
Théâtre, 2 séries à 3 50
Cromwell, 1 vol. 3 50
Littérature et Philosophie mêlées, 1 vol. . 3 50

DE BALZAC.
Physiologie du Mariage, 1 vol. 3 50
Scènes de la Vie privée, 2 séries à . . . 3 50
Scènes de la Vie de province, 2 séries h . 3 50
Scènes de la Vie parisienne, 2 séries h . . 3 50
Le Médecin de Campagne, 1 vol. 3 50
Le Père Goriot, 1 vol. 3 50
La Peau de Chagrin, 1 vol. 3 50
César Birotteau, 1 vol. 3 50
Le Lys dans la Vallée, 1 vol. 3 50
La Recherche de l'Absolu, 1 vol. 3 50
Histoire des Treize, 1 vol. 3 50
Eugénie Grandet, 1 vol. 3 50

ALFRED DE VIGNY.
Cinq-Mars, 1 vol. 3 50
Stello, 1 vol. 3 50
Servitude et Grandeur militaires, 1 vol. . 3 50
Théâtre complet, 1 vol. 3 50
Poésies complètes, 1 vol. 3 50

ALFRED DE MUSSET.
Poésies complètes, 1 vol. 3 50
Comédies et Proverbes, 1 vol. 3 50
Nouvelles, 1 vol. 3 50
Confession d'un Enfant du Siècle, 1 vol. . 3 50

CHARLES NODIER.
Romans (Jean Sbogar, Thérèse, etc.), 1 vol. 3 50
Contes (Trilby, La Fée, etc., etc.), 1 vol. 3 50
Nouvelles (Souvenirs de jeunesse, etc.), 1 vol. 3 50
Souvenirs de la Révolution, 1 vol. . . . 3 50

MADAME DE STAËL.
Corinne, 1 vol. 3 50
Delphine, avec préface de Sainte-Beuve, 1 vol. 3 50
De l'Allemagne, avec préf. de X. Marmier, 1 v. 3 50
De la Littérature. — Influence des Passions, 1 v. 3 50

PROSPER MÉRIMÉE.
Drames (Clara Gazul, La Jacquerie, etc.) 1 v. 3 50
Romans (Chronique de Charles IX, etc.) 1 v. 3 50
Nouvelles (Colomba.—Les Âmes du Purg.), 1 v. 3 50

GOETHE.
Le Faust complet, tr. p. Henri Blaze, 1 vol. 3 50
Werther, suivi de Hermann, trad. Leroux, 1 v. 3 50
Théâtre, traduit par X. Marmier, 1 vol. . 3 50

CASIMIR DELAVIGNE.
Messéniennes et Poésies diverses, 1 vol. . 3 50
Théâtre complet, 3 séries à 3 50

SAINTE-BEUVE.
Poésies complètes, 1 vol. 3 50
Volupté, 1 vol. 3 50

AIMÉ MARTIN.
De l'Éducation des Mères de famille, 1 vol. 3 50
Lettres à Sophie sur la Physique, etc., 1 v. 3 50

OUVRAGES DE CHOIX.
Machiavel, Histoire de Florence, 1 vol. . 3 50
Œuvres de Leibnitz, 2 séries h 3 50
Œuvres de Malebranche, 2 séries h . . . 3 50
Poésies et Chants du Nord, p. X. Marmier, 1 v. 3 50
Poésies de Mme de Girardin, 1 vol. . . . 3 50
Rêve de Henri Blaze, 1 vol. 3 50
Tableau de la Littérature, par Barante, 1 vol. 3 50
Éducat. des Femmes, p. Mme de Remusat, 1 v. 3 50
Hist. de Philippe-Auguste, p. Capefigue, 2 vol. 3 50
Poésie de Mme Desbordes-Valmore, 1 vol. 3 50
Histoire de la Restauration, p. Capefigue, 4 v. 3 50
Œuvres de Marc-Aurèle, tr. p. Al. Pierron, 1 v. 3 50

Œuvres de Joseph Chénier, 1 vol. 3 50
Wilhelm Meister de Goethe, tr. en franç., 2 vol. 3 50
Théâtre d'Alfieri, tr. par Ant. de Latour, 1 v. 3 50
Sainte-Beuve, Poés. franç. au XVIe siècle, 1 v. 3 50
Œuvres du comte Xavier de Maistre, 1 vol. 3 50
Adolphe, etc., etc., par Benjam.-Constant, 1 v. 3 50
Du Pape, par Joseph de Maistre, 1 vol. . 3 50
Essais sur l'Histoire de France, p. Guizot, 1 v. 3 50
Satyre Ménippée, av. notes, p. C. Labitte, 1 v. 3 50
Œuvres de la comtesse de Sauzo, 1 vol. . 3 50
Physiologie du goût, p. Brillat-Savarin. } 1 v. 3 50
La Gastronomie, poème, par Berchoux.
Obermann, par de Sénancour, 1 vol. . . 3 50
Manon Lescaut, par l'abbé Prévost, 1 vol. 3 50
Poésies complètes d'André Chénier, 1 vol. 3 50
Élégie, par Mme de Krudner, 1 vol. . . . 3 50
Poésies de Millevoye, 1 vol. 3 50
Nouvelles Genevoises, par Töpffer, 1 vol. 3 50
Poésies d'Antoine de Latour, 1 vol. . . . 3 50

CLASSIQUES FRANÇAIS.
Théâtre de Jean Racine, 1 vol. 3 50
Caractères de La Bruyère, 1 vol. 3 50
Pensées de Pascal, 1 vol. 3 50
Fables de La Fontaine, 1 vol. 3 50
Siècle de Louis XIV, par Voltaire, 1 vol. 3 50
Discours sur l'Histoire universelle, de Bossuet, 1 v. 3 50
Confessions de J.-Jacques Rousseau, 1 vol. 3 50
Gil Blas, 1 vol. 3 50
Œuvres de Rabelais, 1 vol. 3 50
Les Cent Nouvelles nouvelles, 2 vol. h . 3 50
Malherbe, annoté par André Chénier, 1 v. 3 50

CLASSIQUES ÉTRANGERS TRAD. EN FRANÇAIS.
Dante, Divine Comédie, tr. A. Brizeux. } 1 v. 3 50
— La Vie Nouvelle, trad. Délécluze.
Le Paradis perdu, trad. Dongerville, 1 v. 3 50
Voyage sentimental de Sterne, trad., 1 v. 3 50
Théâtre de Schiller, trad. X. Marmier, 2 vol h 3 50
Guerre de Trente ans, par Schiller, 1 vol. 3 50
La Jérusalem délivrée, tr. A. Desplaces, 1 v. 3 50
Lord Byron, trad. Benj. Laroche, 4 séries h 3 50
Œuvres de Silvio Pellico, tr. A. de Latour, 1 v. 3 50
Le Koran, trad. nouv., par Kasimirsky, 1 v. 3 50
Mémoires d'Alfieri, tr. And. de Latour, 1 v. 3 50
La Messiade de Klopstock, trad. en fr., 1 vol. 3 50
Le Vicaire de Wakefield, tr. Mme Belloc, 1 v. 3 50
Imita. de J.-Christ et des Psées, 1 vol. . 3 50
Histoire générale des Voyages, 3 séries h . 3 50
Tom Jones, trad. Léon de Wailly, 2 vol. h 3 50
Confucius, traduit par M. Pauthier, 1 vol. 3 50
Confessions de S. Augustin, tr. St-Victor, 1 v. 3 50
Les Lusiades de Camoëns, trad. nouv., 1 v. 3 50
Le Fiancée, de Manzoni, tr. R. Dusseuil, 1 v. 3 50
T. Tasse et Poés. de Man oni, t. de Loto, 1 v. 3 50
Tristram Shandy, de Sterne, tr. Wailly, 1 vol. 3 50
Simple Histoire, tr. par L. de Wailly, 1 vol. 3 50

CLASSIQUES GRECS TRADUITS EN FRANÇAIS.
Comédies d'Aristophane, trad. Artaud, 1 v. 3 50
Théâtre de Sophocle, trad. Artaud, 1 vol. 3 50
Théâtre d'Eschyle, tr. par Alex. Pierron, 1 v. 3 50
République de Platon, trad. nouvelle, 1 v. 3 50
Romans grecs, trad. nouv., 1 vol. 3 50
Histoire d'Hérodote, 2 vol. h 3 50
Moralistes anciens (Socrate, Épictète, etc.) 1 v. 3 50
Histoire de Thucydide, 1 vol. 3 50
Diogène-Laërce. Vies des Philosophes, 1 v. 3 50
Lucien, Dialogues, Satire, philosoph., etc., 1 v. 3 50
Petits poèmes (Hésiode, etc., etc.), 1 vol. 3 50
L'Iliade d'Homère, traduction nouvelle, 1 vol. 3 50
L'Odyssée d'Homère, trad. nouvelle, 1 vol. 3 50
Lyriques, 1 vol. 3 50

OUVRAGES SOUS PRESSE.
Descartes, 1 vol. 3 50
Bacon, 2 séries h 3 50
Spinosa, 2 séries h 3 50
Romancero espagnol, tr. par Y. Denis, 2 séries h 3 50
Nouvelles parisiennes, p. Mme de Girardin, 1 v. 3 50
Poésies de Gœthe, tr. par Henri Blaze, 1 vol. 3 50

Imprimé par Béthune et Plon.

LOUIS LAMBERT

SUIVI

DE SÉRAPHITA,

PAR

M. H. DE BALZAC.

NOUVELLES ÉDITIONS
revues et corrigées.

PARIS,

CHARPENTIER, LIBRAIRE-ÉDITEUR,

29, RUE DE SEINE.

1842.

DÉDICACE.

ET NUNC ET SEMPER

DILECTÆ,

DICATUM.

NOTE.

Cette nouvelle édition de *Louis Lambert* est la sixième qui aura été faite de ce livre en neuf ans (il a été publié en 1833 pour la première fois).

La première a été imprimée chez Crapelet, dans le format in-8° (première édition des *Contes philosophiques*).

La deuxième fut publiée dans le format in-18, et imprimée chez A. Barbier, à Paris.

La troisième a été publiée dans le format in-8°, et imprimée chez P. Baudouin (première édition du *Livre mystique*).

La quatrième a été imprimée chez Bourgogne et Martinet, dans le format in-8° (deuxième édition du *Livre mystique*).

La cinquième a été publiée dans le format in-12, et imprimée chez A. Barbier, à Sèvres.

De toutes ces éditions, dont les tirages réunis équivalent à cinq mille exemplaires environ, il ne reste aujourd'hui qu'un petit nombre de l'édition in-12, qui fait partie des *Romans et Nouvelles* publiés par H. Souverain, collection destinée aux cabinets de lecture.

L'auteur ne regarde comme définitive que cette nouvelle édition tirée à près de deux mille exemplaires, et dont le texte a été soigneusement revu et corrigé.

Quant à *Séraphita*, cette édition est, depuis six ans, la cinquième de ce livre, en comptant pour une édition la publication partielle qui a paru jadis dans la *Revue de Paris*.

La deuxième, tirée à 1200 exemplaires, a été imprimée, ainsi que Louis Lambert, dans *le Livre mystique*, chez P. Baudouin.

La troisième a paru sous le même titre, et a été imprimée chez Bourgogne et Martinet.

La quatrième a été imprimée in-12 dans les *Romans et Nouvelles* de la collection publiée par H. Souverain.

Ces simples faits prouvent plus en faveur de ces deux ouvrages, qui n'ont pas pour eux l'espèce d'intérêt par lequel les romans arrivent à la vogue, que toutes les recommandations qu'on en pourrait faire, et qui leur ont jusqu'à présent manqué.

L'ÉDITEUR

LOUIS LAMBERT.

Louis Lambert naquit, en 1797, à Montoire, petite ville du Vendômois; son père y exploitait une tannerie de médiocre importance, et voulait faire de lui son successeur. Mais le dégoût que cette profession inspira tout d'abord à l'enfant, et les dispositions qu'il manifesta prématurément pour l'étude modifièrent l'arrêt paternel. D'ailleurs le tanneur et sa femme chérissaient Louis comme on chérit un fils unique et ne le contraignaient en rien. L'Ancien et le Nouveau Testament étaient tombés entre les mains de Louis à l'âge de cinq ans; et ce livre, où sont contenus tant de livres, avait décidé de sa destinée. Cette enfantine imagination comprit-elle déjà la mystérieuse profondeur des Écritures, pouvait-elle déjà suivre l'Esprit-Saint dans son vol à travers les mondes, s'éprit-elle seulement des romanesques attraits qui abondent en ces poëmes tout orientaux; ou, dans sa première innocence, cette âme sympathisa-t-elle avec le sublime religieux que des mains divines ont épanché dans ce livre? pour quelques lecteurs, notre récit résoudra ces questions. Un fait résulta de cette première lecture de la Bible : Louis allait par tout Montoire, y quêtant des livres qu'il obtenait à la faveur de ces séductions dont le secret n'appartient qu'aux enfants, et auxquelles personne ne sait résister. En se livrant à ces études, dont le cours n'était dirigé par personne, il atteignit sa dixième année. A cette époque, les remplaçants étaient rares; déjà plusieurs familles riches les retenaient d'avance pour n'en pas manquer au moment du tirage. Le peu de fortune des pauvres tanneurs ne leur permettant pas d'acheter un homme à leur fils, ils trouvèrent dans l'état ecclésiastique le seul moyen que leur laissait la loi de le sauver de la conscription, et l'envoyèrent, en 1807, chez son oncle maternel, curé de Mer, autre petite ville située sur la Loire, près de Blois. Ce parti satisfaisait tout à la fois la passion de Louis pour la science et le désir qu'avaient ses parents de ne point l'exposer aux hasards de la guerre. Ses goûts studieux et sa précoce intelligence donnaient d'ailleurs l'espoir de lui voir faire une grande fortune dans l'Église. Après être resté pendant environ trois ans chez son oncle, vieil oratorien assez instruit, Louis en sortit au commencement de 1811 pour entrer au collége de Vendôme, où il fut mis et entretenu aux frais de madame de Staël.

Lambert dut la protection de cette femme célèbre au hasard, ou sans doute à la Providence qui sait toujours aplanir les voies au génie délaissé. Mais pour nous, de qui les regards s'arrêtent à la superficie des choses humaines, ces vicissitudes, dont tant d'exemples nous sont offerts dans la vie des grands hommes, ne semblent être que le résultat d'un phénomène tout physique ; et, pour la plupart des biographes, la tête d'un homme de génie tranche sur une masse de figures enfantines comme une belle plante qui par son éclat attire dans les champs les yeux du botaniste. Cette comparaison pourrait s'appliquer à l'aventure de Louis Lambert : il venait ordinairement passer dans la maison paternelle le temps que son oncle lui accordait pour ses vacances ; mais au lieu de s'y livrer, selon l'habitude des écoliers, aux douceurs de ce bon *far niente* dont nous sommes assez avides à tout âge, il emportait dès le matin du pain et des livres ; puis il allait lire et méditer au fond des bois pour se dérober aux remontrances de sa mère, à laquelle de si constantes études paraissaient dangereuses. Admirable instinct de mère! Dès ce temps, la lecture était devenue chez Louis une espèce de faim que rien ne pouvait assouvir; il dévorait les livres de tout genre, et se repaissait indistinctement d'œuvres religieuses, d'histoire, de philosophie et de physique. Il m'a dit avoir éprouvé d'incroyables délices en lisant des dictionnaires, à défaut d'autres ouvrages. Je l'ai cru volontiers. Quel écolier n'a maintes fois trouvé du plaisir à chercher le sens probable d'un substantif inconnu? L'analyse d'un mot, sa physionomie, son histoire étaient pour Lambert l'occasion d'une longue rêverie. Mais ce n'était pas la rêverie instinctive par laquelle un enfant s'habitue aux phénomènes de la vie, s'enhardit aux perceptions ou morales ou physiques; culture involontaire, qui plus tard porte ses fruits et dans l'entendement et dans le caractère; non, Louis embrassait les faits, il les expliquait après en avoir recherché tout à la fois le principe et la fin avec une perspicacité de sauvage. Aussi, par un de ces jeux effrayants auxquels se plaît parfois la Nature, et qui prouvait l'anomalie de son existence, pouvait-il dès l'âge de quatorze ans émettre facilement des idées dont la profondeur ne m'a été révélée que long-temps après.

— Souvent, me dit-il en parlant de ses lectures, j'ai accompli de délicieux voyages, embarqué sur un mot dans les abîmes du passé, comme l'insecte qui flotte au gré d'un fleuve sur quelque brin d'herbe. Parti de la Grèce, j'arrivais à Rome et traversais l'étendue des âges modernes. Quel beau livre ne composerait-on pas en racontant la vie et les aventures d'un mot? sans doute il a reçu diverses impressions des événements auxquels il a servi ; selon les lieux, il a réveillé des idées différentes ; mais n'est-il pas plus grand encore à considérer sous le triple aspect de l'âme, du corps et du mouvement? A le regarder en lui-même, abstraction faite de ses fonctions, de ses effets et de ses actes, n'y a-t-il pas de quoi tomber dans un océan de réflexions? La plupart des mots ne sont-ils pas teints de l'idée qu'ils représentent extérieurement ? à quel génie sont-ils dus? S'il faut une grande intelligence pour créer un mot, quel âge a donc la parole humaine? L'assemblage des lettres, leurs formes, la figure qu'elles donnent à un mot, dessinent exactement, suivant le caractère de chaque peuple, des êtres inconnus dont le souvenir est en nous. Qui nous expliquera philosophiquement la transition de la sensation à la pensée, de la pensée au verbe, du verbe à son expression hiéroglyphique, des hiéroglyphes à l'alphabet, de l'alphabet à l'éloquence écrite, dont la beauté réside dans une suite d'images classées par les rhéteurs, et qui sont comme les hiéroglyphes de la pensée? L'antique peinture des idées humaines configurées par les formes zoologiques n'aurait-elle pas déterminé les premiers signes dont s'est servi l'Orient pour écrire ses langages? Puis n'aurait-elle pas traditionnellement laissé quelques vestiges dans nos langues modernes, qui toutes se sont partagé les débris du verbe primitif des nations, verbe majestueux et solennel, dont la majesté, dont la solennité décroissent à mesure que vieillissent les sociétés ; dont les retentissements si sonores dans la Bible hébraïque, si beaux encore dans la Grèce, s'affaiblissent à travers les progrès de nos civilisations successives? Est-ce à cet ancien Esprit que nous devons les mystères enfouis dans toute parole humaine? N'existe-t-il pas dans le mot VRAI une sorte de rectitude fantastique? ne se trouve-t-il pas dans le son bref qu'il exige une vague image de la chaste nudité, de la simplicité du vrai en toute chose? Cette syllabe respire je ne sais quelle fraîcheur. J'ai pris pour exemple la formule d'une idée abstraite, ne voulant pas expliquer le problème par un mot qui le rendît trop facile à comprendre, comme celui de VOL, où tout parle aux sens. N'en est-il pas ainsi de chaque verbe? tous sont empreints d'un vivant pouvoir qu'ils tiennent de l'âme, et qu'ils lui restituent par les mystères d'une action et d'une réaction merveilleuse entre la parole et la pensée. Ne dirait-on pas un amant qui puise sur les lèvres de sa maîtresse autant d'amour qu'il en communique? Par leur seule physionomie, les mots raniment dans notre cerveau les créatures auxquelles ils servent de vêtement. Semblables à tous les êtres, ils n'ont qu'une place où leurs propriétés puissent pleinement agir et se développer. Mais ce sujet comporte peut-être une science tout entière! Et il haussait les épaules comme pour me dire : Nous sommes et trop grands et trop petits!

La passion de Louis pour la lecture avait été d'ailleurs fort bien servie. Le curé de Mer possédait environ deux à trois mille volumes. Ce trésor provenait des pillages faits pendant la révolution dans les abbayes et les châteaux voisins. En sa qualité de prêtre assermenté, le bonhomme avait pu choisir les meilleurs ouvrages parmi les collections précieuses qui furent alors vendues au poids. En trois ans, Louis Lambert s'était assimilé la substance des livres qui, dans la bibliothèque de son oncle, méritaient d'être lus. L'absorption des idées par la lecture était devenue chez lui un phénomène curieux : son œil embrassait sept à huit lignes d'un coup, et son esprit en appréhendait le sens avec une vélocité pareille à celle de son regard; souvent même un mot dans la phrase suffisait pour lui en faire saisir le suc. Sa mémoire était prodigieuse. Il se souvenait avec une même fidélité des pensées acquises par la lecture et de celles que la réflexion ou la conversation lui avaient suggérées. Enfin il possédait toutes les mémoires : celles des lieux, des noms, des mots, des choses et des figures. Non-seulement il se rappelait les objets à volonté ; mais encore il les revoyait en lui-même situés, éclairés, colorés comme ils l'étaient au moment où il les avait aperçus. Cette puissance s'appliquait également aux actes les plus insaisissables de l'entendement. Il se souvenait, suivant son expression, non-seulement du gisement des pensées dans le livre où il les avait prises, mais encore des dispositions de son âme à des époques éloignées. Par un privilége inouï, sa mémoire pouvait donc lui retracer les progrès et la vie entière de son esprit, depuis l'idée la plus anciennement acquise jusqu'à la dernière éclose, depuis la plus confuse jusqu'à la plus lucide. Son cerveau, habitué jeune encore au difficile mécanisme de la concentration des forces humaines, tirait de ce riche dépôt une foule d'images admirables de réalité, de fraîcheur, desquelles il se nourrissait pendant la durée de ses limpides contemplations.

— Quand je le veux, me disait-il dans son langage auquel les trésors du souvenir communiquaient une hâtive originalité, je tire un voile sur mes yeux. Soudain je rentre en moi-même, et j'y trouve une chambre noire où les accidents de la nature viennent se reproduire sous une forme plus pure que la forme sous laquelle ils sont apparus à mes sens extérieurs.

A l'âge de douze ans, son imagination, stimulée par le perpétuel exercice de ses facultés, s'était développée au point de lui permettre d'avoir des notions si exactes sur les choses qu'il percevait par la lecture seulement, que l'image imprimée dans son âme n'en eût pas été plus vive s'il les avait réellement vues ; soit qu'il procédât par analogie, soit qu'il fût doué d'une espèce de seconde vue par laquelle il embrassait la nature.

— En lisant le récit de la bataille d'Austerlitz, me dit-il un jour, j'en ai vu tous les incidents. Les volées de canon et les cris des combattants retentissaient à mes oreilles, m'agitaient les entrailles ; je sentais la poudre, j'entendais le bruit des chevaux et la voix des hommes ; j'admirais la plaine où se heurtaient des nations armées, comme si j'eusse été sur la hauteur du Santon. C'était un spectacle effrayant comme une page de l'Apocalypse.

Quand il employait ainsi toutes ses forces dans une lecture, il perdait en quelque sorte la conscience de sa vie physique, et n'existait plus que par le jeu tout-puissant de ses organes intérieurs dont la portée s'était démesurément étendue : il laissait, suivant son expression, l'*espace derrière lui*. Mais je ne veux pas anticiper sur les phases intellectuelles de sa vie. Malgré moi déjà, je viens d'intervertir l'ordre dans lequel je dois dérouler l'histoire de cet homme qui transporta toute son action dans sa pensée, comme d'autres placent toute leur vie dans l'action.

Un grand penchant l'entraînait vers les ouvrages mystiques. — *Abyssus abyssum*, me disait-il. Notre esprit est un abîme qui se plaît dans les abîmes. Enfants, hommes, vieillards, nous sommes toujours friands de mystères, sous quelque forme qu'ils se présentent. Cette prédilection lui fut fatale, s'il est permis toutefois de juger sa vie selon les lois ordinaires, et de toiser le bonheur d'autrui avec la mesure du nôtre, ou d'après les préjugés sociaux. Ce goût pour les choses du ciel, autre locution qu'il employait souvent, ce *mens di-*

vinior était dû peut-être à l'influence exercée sur son esprit par les premiers livres qu'il lut chez son oncle. Sainte Thérèse et madame Guyon lui continuèrent la Bible, eurent les prémices de son adulte intelligence, et l'habituèrent à ces vives réactions de l'âme dont l'extase est à la fois et le moyen et le résultat. Cette étude, ce goût élevèrent son cœur, le purifièrent, l'ennoblirent, lui donnèrent appétit de la nature divine, et l'instruisirent des délicatesses presque féminines qui sont instinctives chez les grands hommes ; car peut-être leur sublime n'est-il que le besoin de dévouement qui distingue la femme, mais transporté dans les grandes choses. Grâce à ces premières impressions, Louis resta pur au collége. Cette noble virginité de sens eut nécessairement pour effet d'enrichir la chaleur de son sang et d'agrandir les facultés de sa pensée.

La baronne de Staël, bannie à quarante lieues de Paris, vint passer plusieurs mois de son exil dans une terre située près de Vendôme. Un jour, en se promenant, elle rencontra sur la lisière du parc l'enfant du tanneur presque en haillons, absorbé par un livre. Ce livre était une traduction du CIEL ET DE L'ENFER. A cette époque, MM. Saint-Martin, de Gence et quelques autres écrivains français, à moitié allemands, étaient presque les seules personnes qui, dans l'empire français, connussent le nom de Swedenborg. Étonnée, madame de Staël prit le livre avec cette brusquerie qu'elle affectait de mettre dans ses interrogations, ses regards et ses gestes ; puis, lançant un coup d'œil à Lambert :

— Est-ce que tu comprends cela ? lui dit-elle.

— Priez-vous Dieu, demanda l'enfant.

— Mais.... oui.

— Et le comprenez-vous ?

La baronne resta muette pendant un moment; puis elle s'assit auprès de Lambert, et se mit à causer avec lui. Malheureusement ma mémoire, quoique fort étendue, est loin d'être aussi fidèle que l'était celle de mon camarade, et j'ai tout oublié de cette conversation, hormis les premiers mots. Cette rencontre était de nature à vivement frapper madame de Staël; à son retour au château, elle en parla peu, malgré le besoin d'expansion qui, chez elle, dégénérait en loquacité; mais elle en parut fortement préoccupée. La seule personne encore vivante qui ait gardé le souvenir de cette aventure, et que j'ai questionnée afin de recueillir le peu de paroles alors échappées à madame de Staël, retrouva difficilement dans sa mémoire ce mot dit par la baronne, à propos de Lambert : *C'est un vrai voyant.* Louis ne justifia point aux yeux des gens du monde les belles espérances qu'il avait inspirées à sa protectrice. La prédilection passagère qui se porta sur lui fut donc considérée comme un caprice de femme, comme une de ces fantaisies particulières aux artistes. Madame de Staël voulut arracher Louis Lambert à l'Empereur et à l'Église, pour le rendre à la noble destinée qui, disait-elle, l'attendait; elle en faisait déjà quelque nouveau Moïse sauvé des eaux. Avant son départ, elle chargea l'un de ses amis, monsieur de Corbigny, alors préfet à Blois, de mettre en temps utile son Moïse au collége de Vendôme; puis elle l'oublia probablement. Entré là vers l'âge de quatorze ans, au commencement de 1811, Lambert dut en sortir à la fin de 1814, après avoir achevé sa philosophie. Je doute que, pendant ce temps, il ait jamais reçu le moindre souvenir de sa bienfaitrice, si toutefois ce fut un bienfait que de payer durant trois années la pension d'un enfant sans songer à son avenir, après l'avoir détourné d'une carrière où peut-être eût-il trouvé le bonheur. Les circonstances de l'époque et le caractère de Louis Lambert peuvent largement absoudre madame de Staël et de son insouciance et de sa générosité. La personne choisie pour lui servir d'intermédiaire dans ses relations avec l'enfant quitta Blois au moment où il sortait du collége. Les événements politiques qui survinrent alors justifièrent assez l'indifférence de ce personnage pour le protégé de la baronne. L'auteur de Corinne n'entendit plus parler de son petit Moïse. Cent louis donnés par elle à monsieur de Corbigny, qui, je crois, mourut lui-même en 1812, n'étaient pas une somme assez importante pour réveiller les souvenirs de madame de Staël dont l'âme exaltée rencontra sa pâture, et dont tous les intérêts furent vivement mis en jeu pendant les péripéties des années 1814 et 1815. Louis Lambert se trouvait à cette époque et trop pauvre et trop fier pour rechercher sa bienfaitrice, qui voyageait à travers l'Europe. Néanmoins il vint à pied de Blois à Paris dans l'intention de la voir, et arriva malheureusement le jour où la baronne mourut. Deux lettres écrites par Lambert étaient restées sans réponse. Le souvenir des bonnes intentions de madame de Staël pour Louis n'est donc demeuré que dans quelques jeunes mémoires, frappées comme le fut la mienne par le merveilleux de cette histoire. Il faut avoir été dans notre collége pour comprendre et l'effet que produisait ordinairement sur nos esprits l'annonce d'un *nouveau*, et l'impression particulière que l'aventure de Lambert devait nous causer.

Ici, quelques renseignements sur les lois primitives de notre Institution, jadis moitié militaire et moitié religieuse, deviennent nécessaires pour expliquer la nouvelle vie que Lambert allait y mener. Avant la révolution, l'Ordre des Oratoriens, voué, comme celui de Jésus, à l'éducation publique, et qui lui succéda dans quelques maisons, possédait plusieurs établissements provinciaux, dont les plus célèbres étaient les colléges de Vendôme, de Tournon, de La Flèche, de Pont-le-Voy, de Sorrèze et de Juilly. Celui de Vendôme, aussi bien que les autres, élevait, je crois, un certain nombre de cadets destinés à servir dans l'armée. L'abolition des Corps enseignants, décrétée par la Convention, influa très-peu sur l'Institution de Vendôme. La première crise passée, le collége recouvra ses bâtiments ; quelques Oratoriens disséminés aux environs y revinrent, et le rétablirent en lui conservant son ancienne règle, ses habitudes, ses usages et ses mœurs, qui lui prêtaient une physionomie à laquelle je n'ai rien pu comparer dans aucun des lycées où je suis allé après ma sortie de Vendôme. Situé au milieu de la ville, sur la petite rivière du Loir qui en baigne les bâtiments, le collége forme une vaste enceinte soigneusement close où sont enfermés les établissements nécessaires à une Institution de ce genre : une chapelle, un théâtre, une infirmerie, une boulangerie, des jardins, des cours d'eau. Ce collége, le plus célèbre foyer d'instruction que possèdent les provinces du centre, est alimenté par elles et par nos colonies. L'éloignement ne permet donc pas aux parents d'y venir souvent voir leurs enfants. La règle interdisait d'ailleurs les vacances externes. Une fois entrés, les élèves ne sortaient du collége qu'à la fin de leurs études. A l'exception des promenades faites extérieurement sous la conduite des Pères, tout avait été calculé pour donner à cette maison les avantages de la discipline conventuelle. De mon temps, le Correcteur était encore un vivant souvenir, et la classique férule de cuir y jouait avec honneur son terrible rôle. Les punitions jadis inventées par la Compagnie de Jésus, et qui avaient un caractère aussi effrayant pour le moral que pour le physique, étaient demeurées dans l'intégrité de l'ancien programme. Les lettres aux parents étaient obligatoires à certains jours, aussi bien que la confession ; ainsi nos péchés et nos sentiments se trouvaient en coupe réglée. Tout portait l'empreinte de l'uniforme monastique. Je me rappelle, entre autres vestiges de l'ancien Institut, l'inspection que nous subissions tous les dimanches ; nous étions en grande tenue, rangés comme des soldats, attendant les deux directeurs qui, suivis des fournisseurs et des maîtres, nous examinaient sous le triple rapport du costume, de l'hygiène et du moral. Les deux ou trois cents élèves que pouvait loger le collége étaient divisés, suivant l'ancienne coutume, en quatre sections, nommées *les Minimes, les Petits, les Moyens et les Grands.* La division des Minimes embrassait les classes désignées sous le nom de huitième et septième ; celle des Petits, la sixième, la cinquième et la quatrième ; celle des Moyens, la troisième et la seconde ; enfin celle des Grands, la rhétorique, la philosophie, les mathématiques spéciales, la physique et la chimie. Chacun de ces colléges particuliers possédait son bâtiment, ses classes et sa cour dans un grand terrain commun sur lequel les salles d'étude avaient leur sortie, et qui aboutissaient au réfectoire. Ce réfectoire, digne d'un ancien Ordre religieux, contenait tous les écoliers. Contrairement à la règle des autres Corps enseignants, nous pouvions y parler en mangeant, tolérance oratorienne qui nous permettait de faire des échanges de plat selon nos goûts. Ce commerce gastronomique est constamment resté l'un des plus vifs plaisirs de notre vie collégiale. Si quelque Moyen, placé en tête de sa table, préférait une portion de pois rouges à son dessert, car nous avions du dessert, la proposition suivante passait de bouche en bouche : — *Un dessert pour des pois !* jusqu'à ce qu'un gourmand l'eût accepté ; alors celui-ci d'envoyer sa portion de pois, qui allait de main en main jusqu'au demandeur dont le dessert arrivait par la même voie. Jamais il n'y avait d'erreur. Si plusieurs demandes étaient semblables, chacune portait son numéro, et l'on disait : *Premiers pois pour premier dessert.* Les tables étaient longues ; notre trafic perpétuel y mettait tout en mouvement, et nous parlions, nous mangions, nous agissions avec une vivacité sans exemple. Aussi le bavardage de trois cents jeunes gens, les allées et venues des domestiques occupés à changer les assiettes, à servir les plats, à donner le pain, l'inspection des directeurs faisaient-ils du réfectoire de Vendôme un spectacle unique en son genre, et qui étonnait toujours les visiteurs. Pour adoucir notre vie, privée de toute communication avec le dehors et sevrée des caresses de la famille, les Pères nous permettaient encore d'avoir des pigeons et des jardins. Nos deux ou trois cents cabanes, un millier de pigeons nichés autour de notre mur d'enceinte et une trentaine de jardins formaient un coup d'œil encore plus curieux que ne l'était celui de nos repas. Mais il serait trop fastidieux de raconter les particularités qui font du collége de Vendôme un établissement à part, et fertile en souvenirs pour ceux dont l'enfance s'y est écoulée. Qui de nous ne se rappelle encore avec délices, malgré les amertumes de la science, les bizarreries de cette vie claustrale ? C'était les friandises achetées en fraude durant nos promenades, la permission de jouer aux cartes et celle d'établir des représentations théâtrales pendant les vacances, maraude et libertés nécessitées par notre solitude ; puis encore notre musique militaire, dernier vestige des Cadets ; notre académie, notre chapelain, nos Pères professeurs ; enfin, les jeux particuliers défendus ou permis : la cavalerie de nos échasses, les longues glissoires faites en hiver, le tapage de nos galoches gauloises, et surtout le commerce introduit par la boutique établie dans l'intérieur de nos cours. Cette boutique était tenue par une espèce de maître Jacques auquel grands et petits pouvaient demander, suivant le prospectus, boîtes, échasses, outils, pigeons cravatés, pattus, livres de messe (article rarement vendu), canifs, papiers, plumes, crayons, encre de toutes les couleurs, balles, billes ; enfin le monde entier des fascinantes fantaisies de l'enfance, et qui comprenait tout, depuis la sauce des pigeons que nous avions à tuer jusqu'aux poteries où nous conservions le riz de notre souper pour le déjeuner du lendemain. Qui de nous est assez malheureux pour avoir oublié ses battements de cœur à l'aspect de ce magasin périodiquement ouvert pendant les récréations du dimanche, et où nous allions à tour de rôle dépenser la somme qui nous était attribuée ; mais où la modicité de la pension accordée par nos parents à nos menus plaisirs nous obligeait de faire un choix entre tous les objets qui exerçaient de si vives séductions sur nos âmes ? La jeune épouse à laquelle, durant les premiers jours de miel, son mari remet douze fois dans l'année une bourse d'or, le joli budget de ses caprices, a-t-elle rêvé jamais autant d'acquisitions diverses dont chacune absorbe la somme, que nous n'en avons médité la veille des premiers dimanches du mois ? Pour six francs, nous possédions, pendant une nuit, l'universalité des biens de l'inépuisable boutique ! et, durant la messe, nous ne chantions pas un répons qui ne brouillât nos secrets calculs. Qui de nous peut se souvenir d'avoir eu quelques sous à dépenser le second dimanche? Enfin qui n'a pas obéi par avance aux lois sociales en plaignant, en secourant, en méprisant les Pariahs que l'avarice ou le malheur paternel laissaient sans argent? Quiconque voudra se représenter l'isolement de ce grand collége avec ses bâtiments monastiques, au milieu d'une petite ville, et les quatre parcs dans lesquels nous étions hiérarchiquement casés, aura certes une idée de l'intérêt que devait nous offrir l'arrivée d'un *nouveau*, véritable passager survenu dans un navire. Jamais jeune duchesse présentée à la cour n'y fut aussi malicieusement critiquée que l'était le nouveau débarqué par tous les écoliers de sa Division. Ordinairement, pendant la récréation du soir, avant la prière, les flatteurs habitués à causer avec celui des deux Pères chargés de nous garder une semaine chacun à leur tour, et qui se trouvait alors en fonctions, entendaient les premiers ces paroles authentiques : — « Vous aurez demain un nouveau! » Tout à coup ce cri : — « Un nouveau! un nouveau! » retentissait dans les cours. Nous accourions tous pour nous grouper autour du Régent, qui bientôt était rudement interrogé. — D'où venait-il? Comment se nommait-il? En quelle classe serait-il? etc.

L'arrivée de Louis Lambert fut le texte d'un conte digne des Mille et une Nuits. J'étais alors en quatrième chez les Petits. Nous avions pour Régents deux hommes auxquels nous donnions par tradition le nom de Pères, quoiqu'ils fussent séculiers. De mon temps, il n'existait plus à Vendôme que trois véritables Oratoriens auxquels ce titre appartînt légitimement; en 1814, ils quittèrent le collége, qui s'était insensiblement sécularisé,

2.

pour se réfugier auprès des autels dans quelques presbytères de campagne, à l'exemple du curé de Mer. Le père Haugoult, le Régent de semaine, était assez bon homme; mais dépourvu de hautes connaissances, il manquait de ce tact si nécessaire pour discerner les différents caractères des enfants et leur mesurer les punitions suivant leurs forces respectives. Le père Haugoult se mit donc à raconter fort complaisamment les singuliers événements qui allaient, le lendemain, nous valoir le plus extraordinaire des nouveaux. Aussitôt les jeux cessèrent. Tous les Petits arrivèrent en silence pour écouter l'aventure de ce Louis Lambert, trouvé, comme un aérolithe, par madame de Staël au coin d'un bois. Monsieur Haugoult dut nous expliquer madame de Staël : pendant cette soirée, elle me parut avoir dix pieds; depuis j'ai vu le tableau de Corinne, où Gérard l'a représentée et si grande et si belle; hélas! la femme idéale rêvée par mon imagination la surpassait tellement, que la véritable madame de Staël a constamment perdu dans mon esprit, même après la lecture du livre tout viril intitulé De l'Allemagne. Mais Lambert fut alors une bien autre merveille : après l'avoir examiné, monsieur Mareschal, le directeur des études, avait hésité, disait le père Haugoult, à le mettre chez les Grands. La faiblesse de Louis en latin l'avait fait rejeter en quatrième, mais il sauterait sans doute une classe chaque année; par exception, il devait être de l'académie. *Proh pudor!* nous allions avoir l'honneur de compter parmi les Petits un habit décoré du ruban rouge que portaient les académiciens de Vendôme. Aux académiciens étaient octroyés de brillants priviléges; ils dînaient souvent à la table du Directeur, et tenaient par an deux séances littéraires auxquelles nous assistions pour entendre leur œuvres. Un académicien était un petit grand homme. Si chaque Vendômien veut être franc, il avouera que, plus tard, un véritable académicien de la véritable Académie française lui a paru bien moins étonnant que ne l'était l'enfant gigantesque illustré par la croix et par le prestigieux ruban rouge, insignes de notre académie. Il était bien difficile d'appartenir à ce corps glorieux avant d'être parvenu en seconde, car les académiciens devaient tenir tous les jeudis, pendant les vacances, des séances publiques, et nous lire des contes en vers ou en prose, des épîtres, des traités, des tragédies, des comédies; compositions interdites à l'intelligence des classes secondaires. J'ai long-temps gardé le souvenir d'un conte, intitulé l'Ane vert, qui, je crois, est l'œuvre la plus saillante de cette académie inconnue. Un quatrième être de l'académie! Parmi nous serait cet enfant de quatorze ans, déjà poète, aimé de madame de Staël, un futur génie, nous disait le père Haugoult, un sorcier, un gars capable de faire un thème ou une version pendant qu'on nous appellerait en classe, et d'apprendre ses leçons en les lisant une seule fois. Louis Lambert confondait toutes nos idées. Puis la curiosité du père Haugoult, l'impatience qu'il témoignait de voir le nouveau, attisaient encore nos imaginations enflammées. — S'il a des pigeons, il n'aura pas de cabane. Il n'y a plus de place. Tant pis! disait l'un de nous qui, depuis, a été grand agriculteur. — Auprès de qui sera-t-il? demandait un autre. — Oh! que je voudrais être *son faisant!* s'écriait un exalté. Dans notre langage collégial, ce mot être faisants constituait un idiotisme difficile à traduire; il exprimait un partage fraternel des biens et des maux de notre vie enfantine, une promiscuité d'intérêts fertile en brouilles et en raccommodements, un pacte d'alliance offensive et défensive. Chose bizarre ! jamais, de mon temps, je n'ai connu de frères qui fussent Faisants. Si l'homme ne vit que par les sentiments, peut-être croit-il appauvrir son existence en confondant une affection trouvée dans une affection naturelle.

L'impression que les discours du père Haugoult firent sur moi pendant cette soirée est une des plus vives de mon enfance, et je ne puis la comparer qu'à la lecture de Robinson Crusoé. Je dus même plus tard au souvenir de ces sensations prodigieuses, une remarque peut-être neuve sur les différents effets que produisent les mots dans chaque entendement. Le mot n'a rien d'absolu, nous agissons plus sur lui qu'il n'agit sur nous ; sa force est en raison des images que nous avons acquises et que nous groupons autour de lui ; mais l'étude de ce phénomène exige de larges développements, hors de propos ici. Ne pouvant dormir, j'eus une longue discussion avec mon voisin de dortoir sur l'être extraordinaire que nous devions avoir parmi nous le lendemain. Ce voisin, naguère officier, maintenant écrivain à hautes vues philosophiques, Barchou de Penhoën, n'a démenti ni sa prédestination, ni le hasard qui réunissait dans la même classe, sur le même banc et sous le même toit, les deux seuls écoliers de Vendôme de qui Vendôme entende parler aujourd'hui. Le récent traducteur de Fichte, l'interprète et l'ami de Ballanche, était occupé déjà, comme je l'étais moi-même, de questions métaphysiques ; il déraisonnait souvent avec moi sur Dieu, sur nous et sur la nature. Il avait alors des prétentions au pyrrhonisme. Jaloux de soutenir son rôle, il nia les facultés de Lambert ; tandis qu'ayant nouvellement lu les *Enfants célèbres*, je l'accablais de preuves en lui citant le petit Montcalm, Pic de La

Mirandole, Pascal, enfin tous les cerveaux précoces ; anomalies célèbres dans l'histoire de l'esprit humain, et les prédécesseurs de Lambert. J'étais alors moi-même passionné pour la lecture. Grâce à l'envie que mon père avait de me voir à l'École Polytechnique, il payait pour moi des leçons particulières de mathématiques. Mon répétiteur, bibliothécaire du collége, me laissait prendre des livres sans trop regarder ceux que j'emportais de la bibliothèque, lieu tranquille où, pendant les récréations, il me faisait venir pour me donner ses leçons. Je crois qu'il était ou peu habile ou fort occupé de quelque grave entreprise, car il me permettait très-volontiers de lire pendant le temps des répétitions, et travaillait je ne sais à quoi. Donc, en vertu d'un pacte tacitement convenu entre nous deux, je ne me plaignais point de ne rien apprendre, et lui se taisait sur mes emprunts de livres. Entraîné par cette intempestive passion, je négligeais mes études pour composer des poëmes qui devaient certes inspirer peu d'espérances, si j'en juge par ce trop long vers, devenu célèbre parmi mes camarades, et qui commençait une épopée sur les Incas :

O Inca ! ô roi infortuné et malheureux !

Je fus surnommé le *Poète* en dérision de mes essais ; mais les moqueries ne me corrigèrent pas. Je rimaillai toujours, malgré le sage conseil de monsieur Mareschal, notre directeur, qui tâcha de me guérir d'une manie malheureusement invétérée, en me racontant dans un apologue les malheurs d'une fauvette tombée de son nid pour avoir voulu voler avant que ses ailes ne fussent poussées. Je continuai mes lectures, je devins l'écolier le moins agissant, le plus paresseux, le plus contemplatif de la division des Petits, et partant le plus souvent puni. Cette digression autobiographique doit faire comprendre la nature des réflexions par lesquelles je fus assailli à l'arrivée de Lambert. J'avais alors douze ans. J'éprouvai tout d'abord une vague sympathie pour un enfant avec qui j'avais quelques similitudes de tempérament. J'allais donc rencontrer un compagnon de rêverie et de méditation. Sans savoir encore ce qu'était la gloire, je trouvais glorieux d'être le camarade d'un enfant dont l'immortalité était préparée par madame de Staël. Louis Lambert me semblait un géant.

Le lendemain si attendu vint enfin. Un moment avant le déjeuner, nous entendîmes dans la cour silencieuse le double pas de monsieur Mareschal et du nouveau. Toutes les têtes se tournèrent aussitôt vers la porte de la classe. Le père Haugoult, qui partageait les tortures de notre curiosité, ne nous fit pas entendre le sifflement par lequel il imposait silence à nos murmures et nous rappelait au travail. Nous vîmes alors ce fameux nouveau, que monsieur Mareschal tenait par la main. Le Régent descendit de sa chaire, et le Directeur lui dit solennellement, suivant l'étiquette : — Monsieur, je vous amène monsieur Louis Lambert; vous le mettrez avec les Quatrièmes, il entrera demain en classe. Puis, après avoir causé à voix basse avec le Régent, il dit tout haut : — Où allez-vous le placer? Il eût été fort injuste de déranger l'un de nous pour le nouveau; et comme il n'y avait plus qu'un seul pupitre de libre, Louis Lambert vint l'occuper, près de moi qui étais entré le dernier dans la classe. Malgré le temps que nous avions encore à rester en étude, nous nous levâmes tous pour examiner Lambert. Monsieur Mareschal entendit nos colloques, nous vit en insurrection, et dit avec cette bonté qui nous le rendait particulièrement cher : —

Au moins, soyez sages, ne dérangez pas les autres classes. Ces paroles nous mirent en récréation quelque temps avant l'heure de déjeuner, et nous vîmes tous environner Lambert pendant que monsieur Mareschal se promena dans la cour avec le père Haugoult. Nous étions environ quatre-vingts diables, hardis comme des oiseaux de proie. Quoique nous eussions tous passé par ce cruel noviciat, nous ne faisions jamais grâce à un nouveau des rires moqueurs, des interrogations, des impertinences qui se succédaient en semblable occurrence, à la grande honte du néophyte de qui l'on essayait ainsi les mœurs, la force et le caractère. Lambert, ou calme ou abasourdi, ne répondit à aucune de nos questions. L'un de nous dit alors qu'il sortait sans doute de l'école de Pythagore. Un rire général éclata. Le nouveau fut surnommé *Pythagore* pour toute sa vie de collége. Cependant le regard perçant de Lambert, le dédain peint sur sa figure pour nos enfantillages en désaccord avec la nature de son esprit, l'attitude aisée dans laquelle il restait, sa force apparente en harmonie avec son âge, imprimèrent un certain respect aux plus mauvais sujets d'entre nous. Quant à moi, j'étais près de lui, occupé à l'examiner silencieusement. Louis était un enfant maigre et fluet, haut de quatre pieds et demi; sa figure hâlée, ses mains brunies par le soleil, paraissaient accuser une vigueur musculaire que néanmoins il n'avait pas à l'état normal : aussi, deux mois après son entrée au collége, quand le séjour de la classe lui eut fait perdre sa coloration presque végétale, le vîmes-nous devenir pâle et blanc comme une femme. Sa tête était d'une grosseur remarquable. Ses cheveux, d'un beau noir et bouclés par masses, prêtaient une grâce indicible à son front, dont les dimensions avaient quelque chose d'extraordinaire, même pour nous, insouciants, comme on peut le croire, des pronostics de la phrénologie, science à peine née. La beauté de son front prophétique provenait surtout de la coupe extrêmement pure des deux arcades sous lesquelles brillait son œil noir, qui semblaient taillées dans de l'albâtre, et dont les lignes, par un attrait assez rare, se trouvaient d'un parallélisme parfait en se rejoignant à la naissance du nez. Mais il était difficile de songer à sa figure, d'ailleurs fort irrégulière, en voyant ses yeux, dont le regard possédait une magnifique variété d'expression et qui paraissaient doublés d'une âme. Tantôt clair et pénétrant à étonner, tantôt d'une douceur céleste, ce regard devenait terne, sans couleur pour ainsi dire, dans les moments où il se livrait à ses contemplations. Son œil ressemblait alors à une vitre d'où le soleil se serait retiré soudain après l'avoir illuminée. Il en était de sa force et de son organe comme de son regard: même mobilité, mêmes caprices. Sa voix se faisait douce comme une voix de femme qui prononce un mot d'amour; puis elle était parfois pénible, incorrecte, raboteuse, s'il est permis d'employer ces mots pour peindre des effets nouveaux. Quant à sa force, habituellement il était incapable de supporter la fatigue des moindres jeux, et semblait être débile, infirme. Mais, pendant les premiers jours de son noviciat, un de nos matadors s'étant moqué de cette maladive délicatesse qui le rendait impropre aux violents exercices en vogue dans le collége, Lambert prit de ses deux mains et par le bout une de nos tables qui contenait douze grands pupitres encastrés sur deux rangs et en dos d'âne; il s'appuya contre la chaire du Régent; puis il retint la table par ses pieds en les plaçant sur la traverse d'en bas, et dit : — « Mettez-vous dix et essayez de la faire bouger ! » J'étais là, je puis attester ce singulier témoignage de force; il fut impossible de lui arracher la table. Lambert possédait le don d'appeler à lui, dans certains moments, des pouvoirs extraordinaires, et de rassembler ses forces sur un point donné. Mais les enfants habitués, aussi bien que les hommes, à juger de tout d'après leurs premières impressions, n'étudièrent Louis que pendant les premiers jours de son arrivée; il démentit alors entièrement les prédictions de madame de Staël, en ne réalisant aucun des prodiges que nous attendions de lui. Après un trimestre d'épreuves, Louis passa pour un écolier très-ordinaire. Je fus donc seul admis à pénétrer dans cette âme sublime, et pourquoi ne dirais-je pas divine? qu'y a-t-il de plus près de Dieu que le génie dans un cœur d'enfant? La conformité de nos goûts et de nos pensées nous rendit amis et Faisants. Notre fraternité devint si grande que nos camarades accolèrent nos deux noms : l'un ne se prononçait pas sans l'autre; et, pour appeler l'un de nous, ils criaient : Le *Poète-et-Pythagore!* C'était une mode d'écolier, une fantaisie qui ne s'appliquait pas seulement à nous deux. D'autres noms offraient l'exemple d'un semblable mariage. Ainsi je demeurai pendant deux années l'ami de collége du pauvre Louis Lambert, et ma vie se trouva, durant cette époque, assez intimement unie à la sienne pour qu'il me soit possible aujourd'hui d'écrire son histoire intellectuelle. J'ai long-temps ignoré la poésie et les richesses cachées dans le cœur et sous le front de mon camarade : il a fallu que j'arrivasse à trente ans, que mes observations se soient mûries et condensées, que le jet d'une vive lumière les ait même éclairées de nouveau pour que je comprisse la portée des phénomènes desquels je fus alors l'inhabile témoin; j'en ai joui sans m'en expliquer ni la grandeur ni le mécanisme, j'en ai même oublié quelques-uns et ne me souviens que des plus saillants ; mais aujourd'hui ma mémoire les a coordonnés, aujourd'hui je me suis initié aux secrets de cette tête féconde en me reportant aux jours délicieux de notre jeune amitié. Le temps seul me fit donc pénétrer le sens des événements et des faits qui abondent en cette vie inconnue, comme en celle de tant d'autres hommes perdus pour la science. Aussi cette histoire est-elle, dans l'expression et l'appréciation des choses, pleine d'anachronismes purement moraux qui ne nuiront peut-être point à son genre d'intérêt.

Pendant les premiers mois de son séjour à Vendôme, Louis devint la proie d'une maladie dont les symptômes furent imperceptibles à l'œil de nos surveillants, et qui gêna nécessairement l'exercice de ses hautes facultés. Accoutumé au grand air, à l'indépendance d'une éducation laissée au hasard, caressé par les tendres soins d'un vieillard qui le chérissait, habitué à penser sous le soleil, il lui fut bien difficile de se plier à la règle du collége, de marcher dans le rang, de vivre entre les quatre murs d'une salle où quatre-vingts jeunes gens étaient silencieux, assis sur un banc de bois, chacun devant son pupitre. Ses sens possédaient une perfection qui leur donnait une exquise délicatesse, et tout souffrit chez lui de cette vie en commun. Les exhalaisons par lesquelles l'air était corrompu, mêlées à la senteur d'une classe toujours sale et encombrée des débris de nos déjeuners ou de nos goûters, affectèrent son odorat ; ce sens qui, plus directement en rapport que les autres avec le système cérébral, doit causer par ses altérations de grands ébranlements aux organes de la pensée. Outre ces causes de corruption atmosphérique, il se trouvait dans nos salles d'étude des baraques où chacun mettait son butin, les pigeons tués pour les jours de fête, ou les mets dérobés au réfectoire. Enfin, nos salles contenaient encore une pierre immense où restaient en tout temps deux seaux pleins d'eau, espèce d'abreuvoir où nous allions chaque matin nous débarbouiller le visage et nous laver les mains à tour de rôle en présence du maître. De là, nous passions à une table où des femmes nous peignaient et nous poudraient. Nettoyé une seule fois par jour, avant notre réveil, notre local demeurait toujours malpropre. Puis, malgré le nombre des fenêtres et la hauteur de la porte, l'air y était incessamment vicié par les émanations du lavoir, par la peignerie, par la baraque, par les mille industries de chaque écolier, sans compter nos quatre-vingts corps entassés. Cette espèce d'*humus* collégial, mêlé sans cesse à la boue que nous rapportions des cours, formait un fumier d'une insupportable puanteur. La privation de l'air pur et parfumé des campagnes dans lequel il avait jusqu'alors vécu, le changement de ses habitudes, la discipline, tout contrista Lambert. La tête toujours appuyée sur sa main gauche et le bras accoudé sur son pupitre, il passait les heures d'étude à regarder dans la cour le feuillage des arbres ou les nuages du ciel ; il semblait étudier ses leçons ; mais voyant sa plume immobile ou sa page restée blanche, le Régent lui criait : Vous ne faites rien, Lambert ! Ce : *Vous ne faites rien*, était un coup d'épingle qui le blessait au cœur. Puis Louis ne connut pas le loisir des récréations, il eut des *pensum* à écrire. Le pensum, punition dont le genre varie selon les coutumes de chaque collége, consistait, à Vendôme, en un certain nombre de lignes copiées pendant les heures de récréation. Nous fûmes, Lambert et moi, si accablés de pensum, que nous n'avons pas eu six jours de liberté durant nos deux années d'amitié. Sans les livres que nous tirions de la bibliothèque, et qui entretenaient la vie dans notre cerveau, ce système d'existence nous eût menés à un abrutissement complet. Le défaut d'exercice est fatal aux enfants. L'habitude de la représentation, prise dès le jeune âge, altère, dit-on, sensiblement la constitution des personnes royales quand elles ne corrigent pas les vices de leur destinée par les mœurs du champ de bataille ou par les travaux de la chasse. Si les lois de l'étiquette et des cours influent sur la moelle épinière au point de féminiser le bassin des rois, d'amollir leurs fibres cérébrales et d'abâtardir ainsi la race, quelles lésions profondes, soit au physique, soit au moral, une privation continuelle d'air, de mouvement, de gaieté, ne doit-elle pas produire chez les écoliers? Aussi le régime pénitentiaire observé dans les colléges exigera-t-il l'attention des autorités de l'enseignement public lorsqu'il s'y rencontrera des penseurs qui ne penseront pas exclusivement à eux. Nous nous attirions le pensum de mille manières. Notre mémoire était si belle que nous n'apprenions jamais nos leçons. Il nous suffisait d'entendre réciter à nos camarades les morceaux de français, de latin ou de grammaire, pour les répéter à notre tour; mais si par malheur le maître s'avisait d'intervertir les rangs et de nous interroger les premiers, souvent nous ignorions en quoi consistait la leçon : le pensum arrivait alors malgré nos plus habiles excuses. Enfin, nous attendions toujours au dernier moment pour faire nos devoirs. Avions-nous un livre à finir, étions-nous plongés dans une rêverie, le devoir était oublié : nouvelle source de pensum! Combien de fois nos versions ne furent-elles pas écrites pendant le temps que le *premier*, chargé de les recueillir en entrant en classe, mettait à demander à chacun la sienne ! Aux difficultés morales que Lambert éprouvait à s'acclimater dans le collége se joignit encore un apprentissage non moins rude et par lequel nous avions passé tous : celui des douleurs corporelles, qui pour nous variaient à l'infini. Chez les enfants, la délicatesse de l'épiderme exige des soins minutieux, surtout en hiver, où, constamment emportés par mille causes, ils quittent la glaciale atmosphère d'une cour boueuse pour la chaude température des classes. Aussi, faute des attentions maternelles qui manquaient aux Petits et aux Minimes, étaient-ils dévorés d'engelures et de crevasses si douloureuses, que ces maux nécessitaient pendant le déjeuner un pansement particulier, mais très-imparfait à cause du grand nombre de mains, de pieds, de talons endoloris. Beaucoup d'enfants étaient d'ailleurs obligés de préférer le mal au remède : ne leur fallait-il pas souvent choisir entre leurs devoirs à terminer, les plaisirs de la glissoire, et le lever d'un appareil insouciamment mis, plus insouciamment gardé ? Puis les mœurs du collége avaient amené la mode de se moquer des pauvres chétifs qui allaient au pansement ; et c'était à qui ferait sauter les guenilles que l'infirmière leur avait mises aux mains. Donc, en hiver, plusieurs d'entre nous, les doigts et les pieds demi-morts, tout rongés de douleurs, étaient peu disposés à travailler parce qu'ils souffraient, et punis parce qu'ils ne travaillaient pas. Trop souvent dupe de nos maladies artificielles, le Père ne tenait aucun compte des maux réels. Moyennant le prix de la pension, les élèves étaient entretenus aux frais du collége. L'administration avait coutume de passer un marché pour la chaussure et l'habillement ; de là cette inspection hebdomadaire de laquelle j'ai déjà parlé. Excellent pour l'administrateur, ce mode a toujours de tristes résultats pour l'administré. Malheur au Petit qui contractait la mauvaise habitude d'éculer, de déchirer ses souliers, ou d'en user prématurément les semelles, soit par un vice de marche, soit en les déchiquetant pendant les heures d'étude pour obéir au besoin d'action qu'éprouvent les enfants. Durant tout l'hiver, celui-là n'allait pas en promenade sans de vives souffrances ; d'abord la douleur de ses engelures se réveillait atroce autant qu'un accès de goutte ; puis les agrafes et les ficelles destinées à retenir le soulier partaient, ou les talons éculés empêchaient la maudite chaussure d'adhérer aux pieds de l'enfant ; il était alors forcé de la traîner péniblement en des chemins glacés où parfois il lui fallait la disputer aux terres argileuses du Vendômois ; enfin l'eau, la neige y entraient souvent par une décousure inaperçue, par un béquet mal mis, et le pied de se gonfler. Sur soixante enfants, il ne s'en rencontrait pas dix qui cheminassent sans quelque torture particulière ; néanmoins tous suivaient le gros de la troupe, entraînés par la marche, comme les hommes sont poussés dans la vie par la vie. Combien de fois un généreux enfant pleura de rage, tout en trouvant un reste d'énergie pour aller en avant ou pour revenir au bercail malgré ses peines, tant à cet âge l'âme encore neuve redoute et le rire et la compassion, deux genres de moquerie. Au collége, ainsi que dans la société, le fort méprise déjà le faible, sans savoir en quoi consiste la véritable force. Ce n'était rien encore. Point de gants aux mains. Si par hasard les parents, l'infirmière ou le directeur en faisaient donner aux plus délicats d'entre nous, les loustics ou les grands de la classe mettaient les gants sur le poêle, s'amusaient à les dessécher, à les gripper ; puis, si les gants échappaient aux fureteurs, ils se mouillaient, se recroquevillaient faute de soin. Il n'y avait pas de gants possibles. Les gants paraissaient être un privilége, et les enfants veulent se voir égaux. Ces différents genres de douleur assaillirent Louis Lambert. Semblable aux hommes méditatifs qui, dans le calme de leurs rêveries, contractent l'habitude de quelque mouvement machinal, il avait la manie de jouer avec ses souliers et les détruisait en peu de temps. Son teint de femme, la peau de ses oreilles, ses lèvres se gerçaient au moindre froid. Ses mains si molles, si blanches, devenaient rouges et turgides. Il s'enrhumait constamment. Louis fut donc enveloppé de souffrances jusqu'à ce qu'il eût accoutumé sa vie aux mœurs vendômoises. Instruit à la longue par la cruelle expérience des maux, force lui fut de songer à ses affaires, pour me servir d'une expression collégiale. Il lui fallut prendre soin de sa baraque, de son pupitre, de ses habits, de ses souliers ; ne perdre ni son encre, ni ses livres, ni ses cahiers, ni ses plumes ; enfin, penser à ces mille détails de notre existence enfantine, desquels s'occupaient avec une rectitude commerciale ces esprits égoïstes et médiocres auxquels appartenaient infailliblement les prix d'excellence ou de bonne conduite ; mais que négligeait un enfant plein d'avenir, qui, sous le joug d'une imagination presque divine, s'abandonnait avec amour au torrent de ses pensées. Ce n'est pas tout. Il existe une lutte continuelle entre les maîtres et les écoliers, lutte sans trêve, à laquelle rien n'est comparable dans la société, si ce n'est le combat de l'Opposition contre le Ministère dans un gouvernement représentatif.

Mais les journalistes et les orateurs de l'Opposition sont peut-être moins prompts à profiter d'un avantage, moins durs à reprocher un tort, moins âpres dans leurs moqueries, que ne le sont les enfants envers les gens chargés de les régenter. A ce métier, la patience échapperait à des anges. Il n'en faut donc pas trop vouloir à un pauvre préfet d'études, peu payé, partant peu sagace, d'être parfois injuste ou de s'emporter. Sans cesse épié par une multitude de regards moqueurs, environné de piéges, il se venge quelquefois des torts qu'il se donne, sur des enfants trop prompts à les apercevoir. Excepté les grandes malices dont elle constituait la punition naturelle, la férule était, à Vendôme, l'*ultima ratio Patrum*. Aux devoirs oubliés, aux leçons mal sues, aux incartades vulgaires, le pensum suffisait ; mais l'amour-propre offensé parlait chez le maître par sa férule. Parmi les souffrances physiques auxquelles nous étions soumis, la plus vive était certes celle que nous causait cette palette de cuir, épaisse d'environ deux doigts, appliquée sur nos faibles mains de toute la force, de toute la colère du Régent. Pour recevoir cette correction classique, le coupable se mettait à genoux au milieu de la salle ; il fallait se lever de son banc, aller s'agenouiller près de la chaire, et subir les regards curieux, souvent moqueurs de nos camarades. Aux âmes tendres, ces préparatifs étaient donc un double supplice, semblable au trajet du Palais à la Grève que faisait jadis un condamné vers son échafaud. Selon les caractères, les uns criaient en pleurant à chaudes larmes, avant ou après la férule ; les autres en acceptaient la douleur d'un air stoïque ; mais, en l'attendant, les plus forts pouvaient à peine réprimer la convulsion de leur visage. Louis Lambert fut accablé de férules, et les dut à l'exercice d'une faculté de sa nature dont l'existence lui fut pendant long-temps inconnue. Lorsqu'il était violemment tiré d'une méditation par le —*Vous ne faites rien!* du Régent, il lui arriva souvent, à son insu d'abord, de lancer à cet homme un regard empreint de je ne sais quel mépris sauvage, chargé de pensée comme une bouteille de Leyde est chargée d'électricité. Cette œillade causait sans doute une commotion au maître, qui, blessé par cette silencieuse épigramme, voulut désapprendre à l'écolier ce regard fulgurant. La première fois que le Père se formalisa de ce dédaigneux rayonnement qui l'atteignait comme un éclair, il dit cette phrase que je me suis rappelée :—« Si vous me regardez encore ainsi, Lambert, vous allez recevoir une férule! » A ces mots, tous les nez furent en l'air, tous les yeux épièrent alternativement et le maître et Louis. L'apostrophe était si sotte que l'enfant accabla le Père d'un coup d'œil rutilant. De là vint entre le Régent et Lambert une querelle qui se vida par une certaine quantité de férules. Ainsi lui fut révélé le pouvoir oppresseur de son œil. Ce pauvre poète si nerveusement constitué, souvent vaporeux autant qu'une femme, dominé par une mélancolie chronique, tout malade de son génie comme une jeune fille l'est de cet amour qu'elle appelle et qu'elle ignore; cet enfant si fort et si faible, déplanté par Corinne de ses belles campagnes pour entrer dans le moule d'un collége auquel chaque intelligence, chaque corps doit, malgré sa portée, malgré son tempérament, s'adapter à la règle et à l'uniforme comme l'or s'arrondit en pièces sous le coup du balancier; Louis Lambert souffrit donc par tous les points où la douleur a prise sur l'âme et sur la chair. Attaché sur un banc à la glèbe de son pupitre, frappé par la férule, frappé par la maladie, affecté dans tous ses sens, pressé par une ceinture de maux, tout le contraignit d'abandonner son enveloppe aux mille tyrannies du collége. Semblable aux martyrs qui souriaient au milieu des supplices, il se réfugia dans les cieux que lui entr'ouvrait sa pensée. Peut-être cette vie tout intérieure aidat-elle à lui faire entrevoir les mystères auxquels il eut tant de foi ! Notre indépendance, nos occupations illicites, notre fainéantise apparente, l'engourdissement dans lequel nous restions, nos punitions constantes, notre répugnance pour nos devoirs et nos pensum, nous valurent la réputation incontestée d'être des enfants lâches et incorrigibles. Nos maîtres nous méprisèrent, et nous tombâmes également dans le plus affreux discrédit auprès de nos camarades, auxquels nous cachions nos études de contrebande par crainte de leurs moqueries. Cette double mésestime, injuste chez les Pères, était un sentiment naturel chez nos condisciples : nous ne savions ni jouer à la balle, ni courir, ni monter sur les échasses ; aux jours d'amnistie, ou quand par hasard nous obtenions un instant de liberté, nous ne partagions aucun de leurs goûts ; étrangers à leurs plaisirs, nous restions seuls, mélancoliquement assis sous quelque arbre de la cour. Le Poète-et-Pythagore furent donc une exception, une vie en dehors de la vie commune. L'instinct si pénétrant, l'amour-propre si délicat des écoliers leur fit pressentir en nous des esprits situés plus haut ou plus bas que ne l'étaient les leurs. De là, chez les uns, haine de notre muette aristocratie ; chez les autres, mépris de notre inutilité. Ces sentiments étaient entre nous à notre insu ; peut-être ne les ai-je devinés qu'aujourd'hui. Nous vivions donc exactement comme deux rats tapis dans le coin de la salle où étaient nos pupitres, également retenus là durant les heures d'étude et pendant celles des récréations. Cette situation excentrique dut nous mettre et nous mit en état de guerre avec les enfants de notre Division. Presque toujours oubliés, nous demeurions là tranquilles, heureux à demi, semblables à deux végétations, à deux ornements qui eussent manqué à l'harmonie de la salle. Mais parfois les plus taquins de nos camarades nous insultaient pour manifester abusivement leur force, et nous répondions par un mépris qui souvent faisait rouer de coups le Poète-et-Pythagore.

La nostalgie de Lambert dura plusieurs mois. Je ne sais rien qui puisse peindre la mélancolie à laquelle il fut en proie. Louis m'a gâté bien des chefs-d'œuvre. Ayant joué tous les deux le rôle du LÉPREUX DE LA VALLÉE D'AOSTE, nous avions éprouvé les sentiments exprimés dans le livre de monsieur de Maistre, avant de les lire traduits par cette éloquente plume. Or, un ouvrage peut retracer les souvenirs de l'enfance, mais il ne luttera jamais contre eux avec avantage. Les soupirs de Lambert m'ont appris des hymnes de tristesse bien plus pénétrants que ne le sont les plus belles pages de WERTHER. Mais aussi, peut-être n'est-il pas de comparaison entre les souffrances que cause une passion réprouvée à tort ou à raison par nos lois, et les douleurs d'un pauvre enfant aspirant après la splendeur du soleil, la rosée des vallons et la liberté. Werther est l'esclave d'un désir, Louis-Lambert était toute une âme esclave. A talent égal, le sentiment le plus touchant ou fondé sur les désirs les plus vrais, parce qu'ils sont les plus purs, doit surpasser les lamentations du génie. Après être resté long-temps à contempler le feuillage d'un des tilleuls de la cour, Louis ne me disait qu'un mot, mais ce mot annonçait une immense rêverie.

— Heureusement pour moi, s'écria-t-il un jour, il se rencontre de bons moments pendant lesquels il me semble que les murs de la classe sont tombés, et que je suis ailleurs, dans les champs! Quel plaisir de se laisser aller au cours de sa pensée, comme un oiseau à la portée de son vol! — Pourquoi la couleur verte est-elle si prodiguée dans la nature? me demandait-il. Pourquoi y existe-t-il si peu de lignes droites? Pourquoi l'homme dans ses œuvres emploie-t-il si rarement les courbes? Pourquoi lui seul a-t-il le sentiment de la ligne droite?

Ces paroles trahissaient une longue course faite à travers les espaces. Certes, il avait revu des paysages entiers, ou respiré le parfum des forêts. Il était, vivante et sublime élégie, toujours silencieux, résigné; toujours souffrant sans pouvoir dire : je souffre! Cet aigle qui voulait le monde pour pâture, se trouvait entre quatre murailles étroites et sales; aussi, sa vie devint-elle, dans la plus large acception de ce terme, une vie idéale. Plein de mépris pour les études presque inutiles auxquelles nous étions condamnés, Louis marchait dans sa route aérienne, complétement détaché des choses qui nous entouraient. Obéissant au besoin d'imitation qui domine les enfants, je tâchai de conformer mon existence à la sienne. Louis m'inspira d'autant mieux sa passion pour l'espèce de sommeil dans lequel les contemplations profondes plongent le corps, que j'étais plus jeune et plus impressible. Nous nous habituâmes, comme deux amants, à penser ensemble, à nous communiquer nos rêveries. Déjà ses sensations intuitives avaient cette *acuité* qui doit appartenir aux perceptions intellectuelles des grands poètes, et es faire souvent approcher de la folie.

— Sens-tu, comme moi, me demanda-t-il un jour, s'accomplir en toi, malgré toi, de fantasques souffrances?

Si, par exemple, je pense vivement à l'effet que produirait la lame de mon canif en entrant dans ma chair, j'y ressens tout à coup une douleur aiguë comme si je m'étais réellement coupé ; il n'y a de moins que le sang. Mais cette sensation arrive et me surprend comme un bruit soudain qui troublerait un profond silence. Une idée causer des souffrances physiques ?... Hein ! qu'en dis-tu ?

Quand il exprimait des réflexions si ténues, nous tombions tous deux dans une rêverie naïve. Nous nous mettions à rechercher en nous-mêmes les indescriptibles phénomènes relatifs à la génération de la pensée, que Lambert espérait saisir dans ses moindres développements, afin de pouvoir en décrire un jour l'appareil inconnu. Puis, après des discussions, souvent mêlées d'enfantillage, un regard jaillissait des yeux flamboyants de Lambert ; il me serrait la main, et il sortait de son âme un mot par lequel il tâchait de se résumer.

— Penser, c'est voir ! me dit-il un jour emporté par une de nos objections sur le principe de notre organisation. Toute science humaine repose sur la déduction, qui est une vision lente par laquelle on descend de la cause à l'effet, par laquelle on remonte de l'effet à la cause ; ou, dans une plus large expression, toute poésie comme toute œuvre d'art procède d'une rapide vision des choses.

Il était spiritualiste. Mais, j'osais le contredire en m'armant de ses observations même pour considérer l'intelligence comme un produit tout physique. Nous avions raison tous deux. Peut-être les mots matérialisme et spiritualisme expriment-ils les deux côtés d'un seul et même fait. Ses études sur la substance de la pensée lui faisaient accepter avec une sorte d'orgueil la vie de privations à laquelle nous condamnaient et notre paresse et notre dédain pour nos devoirs. Il avait une certaine conscience de sa valeur, qui le soutenait dans ses élucubrations. Avec quelle douceur je sentais son âme réagissant sur la mienne! Combien de fois ne sommes-nous pas demeurés assis sur notre banc, occupés tous deux à lire un livre, nous oubliant réciproquement sans nous quitter; mais nous sachant tous deux là, plongés dans un océan d'idées comme deux poissons qui nagent dans les mêmes eaux! Notre vie était donc tout végétative en apparence, mais nous existions par le cœur et par le cerveau. Les sentiments, les pensées étaient les seuls événements de notre vie scolaire. Lambert exerça sur mon imagination une influence de laquelle je me ressens encore aujourd'hui. J'écoutais avidement ses récits empreints de ce merveilleux qui fait dévorer avec tant de délices, aux enfants comme aux hommes, les contes où le vrai affecte les formes les plus absurdes. Sa passion pour les mystères et la crédulité naturelle au jeune âge nous entraînaient souvent à parler du Ciel et de l'Enfer. Louis tâchait alors, en m'expliquant Swedenborg, de me faire partager ses croyances relatives aux anges. Dans ses raisonnements les plus faux se rencontraient encore des observations étonnantes sur la puissance de l'homme, et qui imprimaient à sa parole ces teintes de vérité sans lesquelles rien n'est possible dans aucun art. La fin romanesque de laquelle il dotait la destinée humaine était de nature à caresser le penchant qui porte les imaginations vierges à s'abandonner aux croyances. N'est-ce pas durant leur jeunesse que les peuples enfantent leurs dogmes, leurs idoles? Et les êtres surnaturels devant lesquels ils tremblent ne sont-ils pas la personnification de leurs sentiments, de leurs besoins agrandis? Ce qui me reste aujourd'hui dans la mémoire des conversations pleines de poésie que nous eûmes, Lambert et moi, sur le Prophète suédois, de qui j'ai lu depuis les œuvres par curiosité, peut se réduire à ce précis.

Il y aurait en nous deux créatures distinctes. Selon Swedenborg, l'ange serait l'individu chez lequel l'être intérieur réussit à triompher de l'être extérieur. Un homme veut-il obéir à sa vocation d'ange, dès que la pensée lui démontre sa double existence, il doit tendre à nourrir la frêle et exquise nature de l'ange qui est en lui. Si, faute d'avoir une vue translucide de sa destinée, il fait prédominer l'action corporelle au lieu de corroborer sa vie intellectuelle, toutes ses forces passent dans le jeu de ses sens extérieurs, et l'ange périt lentement par cette matérialisation des deux natures. Dans le cas contraire, s'il substante son intérieur des essences qui lui sont propres, l'âme l'emporte sur la matière et tâche à s'en séparer. Quand leur séparation arrive sous cette forme que nous appelons la Mort, l'ange, assez puissant pour se dégager de son enveloppe, demeure et commence sa vraie vie. Les individualités infinies qui différencient les hommes ne peuvent s'expliquer que par cette double existence; elles la font comprendre et la démontrent. En effet, la distance qui se trouve entre un homme dont l'intelligence inerte le condamne à une apparente stupidité, et celui que l'exercice de sa vue intérieure a doué d'une force quelconque, doit nous faire supposer qu'il peut exister entre les gens de génie et d'autres êtres la même distance qui sépare les Aveugles des Voyants. Cette pensée, qui étend indéfiniment la création, donne en quelque sorte la clef des cieux. En apparence confondues ici-bas, les créatures y sont, suivant la perfection de leur *être intérieur*, partagées en sphères distinctes dont les mœurs et le langage sont étrangers les uns aux autres. Dans le monde invisible comme dans le monde réel, si quelque habitant des régions inférieures arrive, sans en être digne, à un cercle supérieur, non-seulement il n'en comprend ni les habitudes ni les discours, mais encore sa présence y paralyse et les voix et les cœurs. Dans sa Divine Comédie, Dante a peut-être eu quelque légère intuition de ces sphères qui commencent dans le monde des douleurs et s'élèvent par un mouvement armillaire jusque dans les cieux. La doctrine de Swedenborg serait donc l'ouvrage d'un esprit lucide qui aurait enregistré les innombrables phénomènes par lesquels les anges se révèlent au milieu des hommes.

Cette doctrine, que je m'efforce aujourd'hui de résumer en lui donnant un sens logique, m'était présentée par Lambert avec toutes les séductions du mystère, enveloppée dans les langages de la phraséologie particulière aux mystographes : diction obscure, pleine d'abstractions, et si active sur le cerveau, qu'il est certains livres de Jacob Bœhm, de Swedenborg ou de madame Guyon dont la lecture pénétrante fait surgir des fantaisies aussi multiformes que peuvent l'être les rêves produits par l'opium. Lambert me racontait des faits mystiques tellement étranges, il en frappait si vivement mon imagination, qu'il me causait des vertiges. J'aimais néanmoins à me plonger dans ce monde mystérieux, invisible aux sens, où chacun se plaît à vivre, soit qu'il se le représente sous la forme indéfinie de l'Avenir, soit qu'il le revête des formes indécises de la Fable. Ces réactions violentes de l'âme sur elle-même m'instruisaient à mon insu de sa force, et m'accoutumaient aux travaux de la pensée.

Quant à Lambert, il expliquait tout par son système sur les anges. Pour lui, l'amour pur, l'amour comme on le rêve au jeune âge, était la collision de deux natures angéliques. Aussi rien n'égalait-il l'ardeur avec laquelle il désirait rencontrer un ange-femme. Hé! qui plus que lui devait inspirer, ressentir l'amour? Si quelque chose pouvait donner l'idée d'une exquise sensibilité, n'était-ce pas le naturel aimable et bon empreint dans ses sentiments, dans ses paroles, dans ses actions et ses moindres gestes, enfin dans la conjugalité qui nous liait l'un à l'autre, et que nous exprimions en nous disant Faisants? Il n'existait aucune distinction entre les choses qui venaient de lui et celles qui venaient de moi. Nous contrefaisions mutuellement nos deux écritures, afin que l'un pût faire, à lui seul, les devoirs de tous les deux. Quand l'un de nous avait à finir un livre que nous étions obligés de rendre au maître de mathématiques, il pouvait le lire sans interruption, l'un brochant la tâche et le pensum de l'autre. Nous nous acquittions de nos devoirs comme d'un impôt frappé sur notre tranquillité. Si ma mémoire n'est pas infidèle, souvent ils étaient d'une supériorité remarquable lorsque Lambert les composait. Mais, réputés l'un et l'autre pour deux idiots, le professeur analysait toujours nos devoirs sous l'empire d'un préjugé fatal, et les réservait même pour en amuser nos camarades. Je me souviens qu'un soir, en terminant la classe qui avait lieu de deux à quatre heures, le maître prit une version de Lambert. Le texte commençait par: *Caïus Gracchus, vir nobilis.* Louis avait traduit ces mots par: *Caïus Gracchus était un noble cœur.*

— Où voyez-vous du cœur dans *nobilis?* dit brusquement le professeur.

Et tout le monde de rire pendant que Lambert regardait le professeur d'un air hébété.

— Que dirait madame la baronne de Staël en apprenant que vous traduisez par un contre-sens le mot qui signifie de race noble, d'origine patricienne?

— Elle dirait que vous êtes une bête! m'écriai-je à voix basse.

— Monsieur le poëte, vous allez vous rendre en prison pour huit jours, répliqua le professeur qui malheureusement m'entendit.

Lambert reprit doucement en me jetant un regard d'une inexprimable tendresse : *Vir nobilis!* Madame de Staël causait, en partie, le malheur de Lambert. A tout propos maîtres et disciples lui jetaient ce nom à la tête, soit comme une ironie, soit comme un reproche. Louis ne tarda pas à se faire mettre en prison pour me tenir compagnie. Là, plus libres que partout ailleurs, nous pouvions parler pendant des journées entières, dans le silence des dortoirs où chaque élève possédait une niche de six pieds carrés, dont les cloisons étaient garnies de barreaux par le haut, dont la porte à claire-voie se fermait tous les soirs, et s'ouvrait tous les matins sous les yeux du Père chargé d'assister à notre lever et à notre coucher. Le cric-crac de ces portes, manœuvrées avec une singulière promptitude par les garçons de dortoir, était encore une des particularités de ce collége. Ces alcôves ainsi bâties nous servaient de prison, et nous y restions quelquefois enfermés pendant des mois entiers. Les écoliers mis en cage tombaient sous l'œil sévère du préfet, espèce de censeur qui venait, à ses heures ou à l'improviste, d'un pas léger, pour savoir si nous causions au lieu de faire nos pensum. Mais les coquilles de noix semées dans les escaliers, ou la délicatesse de notre ouïe nous permettaient presque toujours de prévoir son arrivée, et nous pouvions nous livrer sans trouble à nos études chéries. Cependant, la lecture nous étant interdite, les heures de prison appartenaient ordinairement à des discussions métaphysiques ou au récit de quelques accidents curieux relatifs aux phénomènes de la pensée.

Un des faits les plus extraordinaires est certes celui que je vais raconter, non-seulement parce qu'il concerne Lambert, mais encore parce qu'il en décida peut-être la destinée scientifique. Selon la jurisprudence des colléges, le dimanche et le jeudi étaient nos jours de congé; mais les offices, auxquels nous assistions très-exactement, employaient si bien le dimanche, que nous considérions le jeudi comme notre seul jour de fête. La messe une fois entendue, nous avions assez de loisir pour rester long-temps en promenade dans les campagnes situées aux environs de Vendôme. Le manoir de Rochambeau était l'objet de la plus célèbre de nos excursions, peut-être à cause de son éloignement. Rarement les petits faisaient une course si fatigante; néanmoins, une fois ou deux par an, les Régents leur proposaient la partie de Rochambeau comme une récompense. En 1812, vers la fin du printemps, nous dûmes y aller pour la première fois. Le désir de voir le fameux château de Rochambeau dont le propriétaire donnait quelquefois du laitage aux élèves, nous rendit tous sages. Rien n'empêcha donc la partie. Ni moi ni Lambert ne connaissions la jolie vallée du Loir où cette habitation a été construite. Aussi son imagination et la mienne furent-elles très-préocccupées la veille de cette promenade, qui causait dans le collége une joie traditionnelle. Nous en parlâmes pendant toute la soirée, en nous promettant d'employer en fruits ou en laitage l'argent que nous possédions contrairement aux lois vendômoises. Le lendemain, après le dîner, nous partîmes à midi et demi tous munis d'un cubique morceau de pain que l'on nous distribuait d'avance pour notre goûter. Puis, alertes comme des hirondelles, nous marchâmes en troupe vers le célèbre castel, avec une ardeur qui ne nous permettait pas de sentir tout d'abord la fatigue. Quand nous fûmes arrivés sur la colline d'où nous pouvions contempler et le château assis à mi-côte, et la vallée tortueuse où brille la rivière en serpentant dans une prairie gracieusement échancrée; admirable paysage, un de ceux auxquels les vives sensations du jeune âge, ou celles de l'amour, ont imprimé tant de charme, que plus tard il ne faut jamais les aller revoir, Louis Lambert me dit : — Mais j'ai vu cela cette nuit en rêve ! Il reconnut et le bouquet d'arbres sous lequel nous étions, et la disposition des feuillages, la couleur des eaux, les tourelles du château, les accidents, les lointains, enfin tous les détails du site qu'il apercevait pour la première fois. Nous étions bien enfants l'un et l'autre ; moi du moins, qui n'avais que treize ans ; car, à quinze ans, Louis pouvait avoir la profondeur d'un homme de génie ; mais à cette époque nous étions tous deux incapables de mensonge dans les moindres actes de notre vie d'amitié. Si Lambert pressentait d'ailleurs par la toute-puissance de sa pensée l'importance des faits, il était loin de deviner d'abord leur entière portée. Aussi commença-t-il par être étonné de celui-ci. Je lui demandai s'il n'était pas venu à Rochambeau pendant son enfance. Ma question le frappa. Mais, après avoir consulté ses souvenirs, il me répondit négativement. Cet événement, dont l'analogue peut se retrouver dans les phénomènes du sommeil de beaucoup d'hommes, fera comprendre les premiers talents de Lambert. En effet, il sut en déduire tout un système, en s'emparant, comme fit Cuvier dans un autre ordre de choses, d'un fragment de pensée pour reconstruire toute une création. En ce moment nous nous assîmes tous deux sous une vieille truisse de chêne ; puis, après quelques moments de réflexion, Louis me dit : — Si le paysage n'est pas venu vers moi, ce qui serait absurde à penser, je suis donc venu vers lui. Si j'étais ici pendant que je dormais dans mon alcôve, ce fait ne constitue-t-il pas une séparation complète entre mon corps et mon être intérieur ? N'atteste-t-il pas dans celui-ci je ne sais quelle faculté locomotive ou des effets équivalant à ceux de la locomotion ? Or, s'ils ont pu se quitter pendant le sommeil, pourquoi ne les ferais-je pas également divorcer ainsi pendant la veille ? Je n'aperçois point de moyens termes entre ces deux propositions. Mais allons plus loin, pénétrons les détails ? Ou ces faits se sont accomplis par la puissance d'une faculté qui met en œuvre un second être à qui mon corps sert d'enveloppe, puisque j'étais dans mon alcôve et voyais le paysage, et ceci renverse bien des systèmes ; ou ces faits se sont passés, soit dans quelque centre nerveux dont le nom est à savoir et où s'émeuvent les sentiments, soit dans le centre cérébral où s'émeuvent les idées. Cette dernière hypothèse soulève des questions encore plus étranges. J'ai marché, j'ai vu, j'ai entendu. Le mouvement ne se conçoit point sans l'espace, le son n'agit que dans les angles où sur les surfaces, et la coloration ne s'accomplit que par la lumière. Si, pendant la nuit, les yeux fermés, j'ai vu en moi-même des objets colorés, si j'ai entendu des bruits dans le plus absolu silence, et sans les conditions exigées pour que le son se forme, si dans la plus parfaite immobilité j'ai franchi des espaces, nous aurions des facultés internes, indépendantes des lois physiques extérieures. La nature matérielle serait pénétrable par l'esprit. Comment les hommes ont-ils si peu réfléchi jusqu'alors aux accidents du sommeil qui accusent en l'homme une double vie ? N'y aurait-il pas une nouvelle science dans ce phénomène ? ajouta-t-il en se frappant fortement le front ; s'il n'est pas le principe d'une science, il trahit certainement en l'homme d'énormes pouvoirs ; il annonce au moins la désunion fréquente de nos deux natures, fait autour duquel je tourne depuis si long-temps. J'ai donc enfin trouvé un témoignage de la supériorité qui distingue nos sens latents de nos sens apparents ! *homo duplex!* — Mais, reprit-il après une pause et en laissant échapper un geste de doute, peut-être n'existe-t-il pas en nous deux natures ? Peut-être sommes-nous tout simplement doués de qualités intimes et perfectibles dont l'exercice, dont les développements produisent en nous des phénomènes d'activité, de pénétration, de vision encore inobservés. Dans notre amour du merveilleux, passion engendrée par notre orgueil, nous aurons transformé ces effets en créations poétiques, parce que nous ne les comprenions pas. Il est si commode de déifier l'incompréhensible ! Ah ! j'avoue que je pleurerai la perte de mes illusions. J'avais besoin de croire à une double nature et aux anges de Swedenborg ! Cette nouvelle science les tuerait-il donc ? Oui, l'examen de nos propriétés inconnues implique une science en apparence matérialiste, car L'ESPRIT emploie, divise, anime la substance ; mais il ne la détruit pas.

Il demeura pensif, triste à demi. Peut-être voyait-il ses rêves de jeunesse comme des langes qu'il lui faudrait bientôt quitter.

— La vue et l'ouïe, dit-il en riant de son expression, sont sans doute les gaînes d'un outil merveilleux !

Pendant tous les instants où il m'entretenait du Ciel et de l'Enfer, il avait coutume de regarder la nature en maître ; mais, en proférant ces dernières paroles grosses de science, il plana plus audacieusement que jamais sur le paysage, et son front me parut près de crever sous l'effort du génie : ses forces, qu'il faut nommer *morales* jusqu'à nouvel ordre, semblaient jaillir par les organes destinés à les projeter ; ses yeux dardaient la pensée ; sa main levée, ses lèvres muettes et tremblantes parlaient ; son regard brûlant rayonnait ; enfin sa tête, comme trop lourde ou fatiguée par un élan trop violent, retomba sur sa poitrine. Cet enfant, ce géant se voûta, me prit la main, la serra dans la sienne qui était moite, tant il était enfiévré par la recherche de la vérité ; puis après une pause il me dit : — Je serai célèbre ! — Mais toi aussi, ajouta-t-il vivement. Nous serons tous deux les chimistes de la volonté.

Cœur exquis ! Je reconnaissais sa supériorité, mais lui se gardait bien de jamais me la faire sentir. Il partageait avec moi les trésors de sa pensée, me comptait pour quelque chose dans ses découvertes, et me laissait en propre mes infirmes réflexions. Toujours gracieux comme une femme qui aime, il avait toutes les pudeurs de sentiment, toutes les délicatesses d'âme qui rendent la vie et si bonne et si douce à porter. Il commença le lendemain même un ouvrage qu'il intitula *Traité de la Volonté ;* ses réflexions en modifièrent souvent le plan et la méthode ; mais l'événement de cette journée solennelle en fut certes le germe, comme la sensation électrique toujours ressentie par Mesmer à l'approche d'un valet fut l'origine de ses découvertes en magnétisme, science jadis cachée au fond des mystères d'Isis, de Delphes, dans l'antre de Trophonius, et retrouvée par cet homme prodigieux à deux pas de Lavater, le précurseur de Gall. Éclairées par cette soudaine clarté, les idées de Lambert prirent des proportions plus étendues; il démêla dans ses acquisitions des vérités éparses, et les rassembla; puis, comme un fondeur, il coula son groupe. Après six mois d'une application soutenue, les travaux de Lambert excitèrent la curiosité de nos camarades et furent l'objet de quelques plaisanteries cruelles qui devaient avoir une funeste issue. Un jour, l'un de nos persécuteurs voulut absolument voir nos manuscrits; il ameuta quelques-uns de nos tyrans, et vint s'emparer violemment d'une cassette où était déposé ce trésor que Lambert et moi défendîmes avec un courage inouï. La boîte était fermée, il fut impossible à nos agresseurs de l'ouvrir; mais ils essayèrent de la briser dans le combat, noire méchanceté qui nous fit jeter les hauts cris. Quelques camarades, animés d'un esprit de justice ou frappés de notre résistance héroïque, conseillaient de nous laisser tranquilles en nous accablant d'une insolente pitié. Soudain, attiré par le bruit de la bataille, le Père Haugoult intervint brusquement, et s'enquit de la dispute. Nos adversaires nous avaient distraits de nos pensum, le Régent venait défendre ses esclaves. Pour s'excuser, les assaillants révélèrent l'existence des manuscrits. Le terrible Haugoult nous ordonna de lui remettre la cassette : si nous résistions, il pouvait la faire briser; Lambert lui en livra la clef; le Régent prit les papiers, les feuilleta, puis il nous dit en les confisquant : « Voilà donc les bêtises pour lesquelles vous négligez vos devoirs! » De grosses larmes tombèrent des yeux de Lambert, arrachées autant par la conscience de sa supériorité morale offensée que par l'insulte gratuite et la trahison qui nous accablaient. Nous lançâmes à nos accusateurs un regard de reproche : ne nous avaient-ils pas vendus à l'ennemi commun? s'ils pouvaient, suivant le Droit Écolier, nous battre, ne devaient-ils pas garder le silence sur nos fautes? Aussi eurent-ils pendant un moment quelque honte de leur lâcheté. Le Père Haugoult vendit probablement à un épicier de Vendôme le Traité de la Volonté, sans connaître l'importance des trésors scientifiques dont les germes avortés se dissipèrent en d'ignorantes mains. Six mois après, je quittai le collége. J'ignore donc si Lambert, que notre séparation plongea dans une noire mélancolie, a recommencé son ouvrage. Ce fut en mémoire de la catastrophe arrivée au livre de Louis que, dans l'ouvrage par lequel commencent ces Études, je me suis servi pour une œuvre fictive du titre réellement inventé par Lambert, et que j'ai donné le nom d'une femme qui lui fut chère, à une jeune fille pleine de dévouement ; mais cet emprunt n'est pas le seul que je lui ai fait : son caractère, ses occupations m'ont été très-utiles dans cette composition dont le sujet est dû à quelque souvenir de nos jeunes méditations. Maintenant cette Histoire est destinée à élever un modeste cippe où soit attestée la vie de celui qui m'a légué tout son bien, sa pensée. Dans cet ouvrage d'enfant, Lambert déposa des idées d'homme. Dix ans plus tard, en rencontrant quelques savants sérieusement occupés des phénomènes qui nous avaient frappés, et que Lambert analysa si miraculeusement, je compris l'importance de ses travaux, oubliés déjà comme un enfantillage. Je passai donc plusieurs mois à me rappeler les principales découvertes de mon pauvre camarade. Après avoir rassemblé mes souvenirs, je puis affirmer que, dès 1812, il avait établi, deviné, discuté dans son Traité, plusieurs faits importants dont, me disait-il, les preuves arriveraient tôt ou tard. Ses spéculations philosophiques devraient certes le faire admettre au nombre de ces grands penseurs apparus à divers intervalles parmi les hommes pour leur révéler les principes tout nus de quelque science à venir, dont les racines poussent avec lenteur et portent un jour de beaux fruits dans les domaines de l'intelligence. Ainsi, un pauvre artisan, occupé à fouiller les terres pour trouver le secret des émaux, affirmait au seizième siècle, avec l'infaillible autorité du génie, les faits géologiques dont la démonstration fait aujourd'hui la gloire de Buffon et de Cuvier. Je crois pouvoir offrir une idée du Traité de Lambert par les propositions capitales qui en formaient la base; mais je le dépouillerai, malgré moi, des idées dans lesquelles il les avait enveloppées, et qui en étaient le cortége indispensable. Marchant dans un sentier autre que le sien, je prenais, de ses recherches, celles qui servaient le mieux mon système. J'ignore donc si, moi son disciple, je pourrai fidèlement traduire ses pensées, après me les être assimilées de manière à leur donner la couleur des miennes.

A des idées nouvelles, des mots nouveaux ou des acceptions de mots anciens élargies, étendues, mieux définies; Lambert avait donc choisi, pour exprimer les bases de son système, quelques mots vulgaires qui déjà répondaient vaguement à sa pensée. Le mot de VOLONTÉ servait à nommer *le milieu* où *la pensée* fait ses évolutions; ou, dans une expression moins abstraite, la masse de force par laquelle l'homme peut reproduire, en dehors de lui-même, les actions qui composent sa vie extérieure. La VOLITION, mot dû aux réflexions de Locke, exprimait l'acte par lequel l'homme use de la *Volonté*. Le mot de PENSÉE, pour lui le produit quintessentiel de la Volonté, désignait aussi *le milieu* où naissaient les IDÉES auxquelles elle sert de substance. L'IDÉE, nom commun à toutes les créations du cerveau, constituait l'acte par lequel l'homme use de la *Pensée*. Ainsi la Volonté, la Pensée étaient les deux moyens générateurs; la Volition, l'Idée étaient les deux produits. La Volition lui semblait être l'idée arrivée de son état abstrait à un état concret, de sa génération fluide à une expression quasi solide, si toutefois ces mots peuvent formuler des aperçus si difficiles à distinguer. Selon lui, la Pensée et les Idées sont le mouvement et les actes de notre organisme intérieur, comme les Volitions et la Volonté constituent ceux de la vie extérieure.

Il avait fait passer la Volonté avant la Pensée. — « Pour penser, il faut vouloir, disait-il. Beaucoup d'êtres vivent à l'état de Volonté, sans néanmoins arriver à l'état de Pensée. Au Nord, la longévité; au Midi, la brièveté de la vie; mais aussi, dans le Nord, la torpeur; au Midi, l'exaltation constante de la Volonté; jusqu'à la ligne où, soit par trop de froid, soit par trop de chaleur, les organes sont presque annulés. » Son expression de *milieu* lui fut suggérée par une observation faite pendant son enfance, et de laquelle il ne soupçonna certes pas l'importance, mais dont la bizarrerie dut frapper son imagination si délicatement impressible. Sa mère, personne fluette et nerveuse, tout délicate donc et tout aimante, était une des créatures destinées à représenter la Femme dans la perfection de ses attributs, mais que le sort abandonne par erreur au fond de l'état social. Tout amour, partant tout souffrance, elle mourut jeune, incomprise, après avoir jeté ses facultés dans l'amour maternel. Lambert, enfant de six ans, couché dans un grand berceau, près du lit maternel, mais n'y dormant pas toujours, vit quelques étincelles électriques jaillissant de la chevelure de sa mère, au moment où elle se peignait. L'homme de quinze ans s'empara pour la science de ce fait avec lequel l'enfant avait joué, fait irrécusable dont maintes preuves se rencontrent chez presque toutes les femmes auxquelles une certaine fatalité de destinée laisse des sentiments méconnus à exhaler ou je ne sais quelle surabondance de force à perdre.

A l'appui de ses définitions, Lambert ajouta plusieurs problèmes à résoudre, beaux défis jetés à la science et desquels il se proposait de rechercher les solutions, se demandant à lui-même : Si le principe constituant de l'électricité n'entrait pas comme base dans le fluide particulier d'où s'élançaient nos Idées et nos Volitions? Si la chevelure qui se décolore, s'éclaircit, tombe et disparaît selon les divers degrés de déperdition ou de cristallisation des pensées, ne constituait pas un système de capillarité soit absorbante, soit exhalante, tout électrique? Si les phénomènes fluides de notre Volonté, substance procréée en nous et si spontanément réactive au gré de conditions encore inobservées, étaient plus extraordinaires que ceux du fluide invisible, intangible, et produits par la pile voltaïque sur le système nerveux d'un homme mort? Si la formation de nos idées et leur exhalation constante étaient moins incompréhensibles que ne l'est l'évaporation des corpuscules imperceptibles et néanmoins si violents dans leur action, dont est susceptible un grain de musc, sans perdre de son poids? Si, laissant au système cutané de notre enveloppe une destination tout défensive, absorbante, exsudante et tactile, la circulation sanguine et son appareil ne répondaient pas à la transsubstantiation de notre Volonté, comme la circulation du fluide nerveux répondait à celle de la Pensée? Enfin si l'affluence plus ou moins vive de ces deux substances réelles ne résultait pas d'une certaine perfection ou imperfection d'organes dont les conditions devaient être étudiées dans tous leurs modes ?

Ces principes établis, il voulait classer les phénomènes de la vie humaine en deux séries d'effets distincts, et réclamait pour chacune d'elles une analyse spéciale, avec une instance ardente de conviction. En effet, après avoir observé, dans presque toutes les créations, deux mouvements séparés, il les pressentait, les admettait même pour notre nature, et nommait cet antagonisme vital : L'ACTION et LA RÉACTION. — Un désir, disait-il, est un fait entièrement accompli dans notre Volonté avant de l'être extérieurement. Ainsi, l'ensemble de nos Volitions et de nos Idées constituait l'*Action*, et l'ensemble de nos actes extérieurs, la *Réaction*. Lorsque, plus tard, je lus les observations faites par Bichat sur le dualisme de nos sens extérieurs, je fus comme étourdi par mes souvenirs, en reconnaissant une coïncidence frappante entre les idées de ce célèbre physiologiste et celles de Lambert. Morts tous deux avant le temps, ils avaient marché d'un pas égal à je ne sais quelles vérités. La nature s'est complue en tout à donner de doubles destinations aux divers appareils constitutifs de ses créatures, et la double action de notre organisme, qui n'est plus un fait contestable, appuie par un ensemble de preuves d'une éventualité quotidienne les déductions de Lambert relativement à l'*Action* et à la *Réaction*. L'être *actionnel* ou intérieur, mot qui lui servait à nommer le *species* inconnu, le mystérieux ensemble de fibrilles auquel sont dues les différentes puissances incomplétement observées de la Pensée, de la Volonté ; enfin cet être innommé voyant, agissant, mettant tout à fin, accomplissant tout avant aucune démonstration corporelle, doit, pour se conformer à sa nature, n'être soumis à aucune des conditions physiques par lesquelles l'être *réactionnel* ou extérieur, l'homme visible est arrêté dans ses manifestations. De là découlaient une multitude d'explications logiques sur les effets les plus bizarres en apparence de notre double nature, et la rectification de plusieurs systèmes à la fois justes et faux. Certains hommes ayant entrevu quelques phénomènes du jeu naturel de l'*être actionnel*, furent, comme Swedenborg, emportés au delà du monde vrai par une âme ardente, amoureuse de poésie, ivre du principe divin. Tous se plurent donc, dans leur ignorance des causes, dans leur admiration du fait, à diviniser cet appareil intime, à bâtir un mystique univers. De là, les anges ! délicieuses illusions auxquelles ne voulait pas renoncer Lambert, qui les caressait encore au moment où le glaive de son Analyse en tranchait les éblouissantes ailes.

— Le Ciel, me disait-il, serait après tout la *survie* de nos facultés perfectionnées, et l'Enfer le néant où retombent les facultés imparfaites.

Mais comment, en des siècles où l'entendement avait gardé les impressions religieuses et spiritualistes qui ont régné pendant les temps intermédiaires entre Jésus-le-Christ et Descartes, entre la Foi et le Doute, comment se défendre d'expliquer les mystères de notre nature intérieure autrement que par une intervention divine ? A qui, si ce n'est à Dieu même, les savants pouvaient-ils demander raison d'une invisible créature si activement, si réactivement sensible, et douée de facultés si étendues, si perfectibles par l'usage, ou si puissantes sous l'empire de certaines conditions occultes, que tantôt ils lui voyaient, par un phénomène de vision ou de locomotion, abolir l'espace dans ses deux modes de Temps et de Distance dont l'un est l'espace intellectuel, et l'autre l'espace physique ; tantôt ils lui voyaient reconstruire le passé, soit par la puissance d'une vue rétrospective, soit par le mystère d'une palingénésie assez semblable au pouvoir que posséderait un homme de reconnaître aux linéaments, téguments et rudiments d'une graine, ses floraisons antérieures dans les innombrables modifications de leurs nuances, de leurs parfums et de leurs formes ; et que tantôt enfin, ils lui voyaient deviner imparfaitement l'avenir, soit par l'aperçu des causes premières, soit par un phénomène de pressentiment physique.

D'autres hommes, moins poétiquement religieux, froids et raisonneurs, charlatans peut-être, enthousiastes du moins par le cerveau, sinon par le cœur, reconnaissant quelques-uns de ces phénomènes isolés, les tinrent pour vrais sans les considérer comme les irradiations d'un centre commun. Chacun d'eux voulut alors convertir un simple fait en science. De là vinrent la démonologie, l'astrologie judiciaire, la sorcellerie, enfin toutes les divinations fondées sur des accidents essentiellement transitoires, parce qu'ils variaient selon les tempéraments, au gré de circonstances encore complétement inconnues. Mais aussi de ces erreurs savantes et des procès ecclésiastiques où succombèrent tant de martyrs de leurs propres facultés, résultèrent des preuves éclatantes du pouvoir prodigieux dont dispose l'*être actionnel* qui, suivant Lambert, peut s'isoler complétement de l'*être réactionnel*, en briser l'enveloppe, faire tomber les murailles devant sa toute-puissante vue ; phénomène nommé, chez les Indiens, la *Tokeiade* au dire des missionnaires ; puis, par une autre faculté, saisir dans le cerveau, malgré ses plus épaisses circonvolutions, les idées qui s'y sont formées ou qui s'y forment, et tout le passé de la conscience. — Si les apparitions ne sont pas impossibles, disait Lambert, elles doivent avoir lieu par une faculté d'apercevoir des idées qui représentent l'homme dans son essence pure, et dont la vie, impérissable peut-être, échappe à nos sens extérieurs, mais peut devenir perceptible à l'être intérieur quand il arrive à un haut degré d'extase ou à une grande perfection de vue. Je sais, mais vaguement aujourd'hui, que, suivant pas à pas les effets de la Pensée et de la Volonté dans tous leurs modes ; après en avoir établi les lois, Lambert avait rendu compte d'une foule de phénomènes qui jusqu'à lui passaient à juste titre pour incompréhensibles. Ainsi les sorciers, les possédés, les gens à seconde vue et les démoniaques de toute espèce, ces victimes du Moyen-Age étaient l'objet d'explications si naturelles, que souvent leur simplicité me parut être le cachet de la vérité. Les dons merveilleux que l'Église romaine, jalouse de mystères, punissait par le bûcher, étaient selon Louis le résultat de certaines affinités entre les principes constituants de la Matière et ceux de la Pensée, qui procèdent de la même source. L'homme armé de la baguette de coudrier obéissait, en trouvant les eaux vives, à quelque sympathie ou à quelque antipathie à lui-même inconnue. Il a fallu la bizarrerie de ces sortes d'effets pour donner à quelques-uns d'entre eux une certitude historique. Les sympathies ont été rarement constatées ; elles constituent des plaisirs que les gens assez heureux pour en être doués publient rarement, à moins de quelque singularité violente ; encore, est ce dans le secret de l'intimité où tout s'oublie. Mais les antipathies qui résultent d'affinités contrariées ont été fort heureusement notées quand elles se rencontraient en des hommes célèbres. Ainsi Bayle éprouvait des convulsions en entendant jaillir de l'eau. Scaliger pâlissait en voyant du cresson. Érasme avait la fièvre en sentant du poisson. Ces trois antipathies procédaient de substances aquatiques. Le duc d'Épernon s'évanouissait à la vue d'un levraut, Tychobrahé à celle d'un renard, Henri III à celle d'un chat, le maréchal d'Albret à celle d'un marcassin ; antipathies toutes produites par des émanations animales et ressenties souvent à des distances énormes. Le chevalier de Guise, Marie de Médicis, et plusieurs autres personnages se trouvaient mal à l'aspect de toutes les roses, même peintes. Que le chancelier Bacon fût ou non prévenu d'une éclipse de lune, il tombait en faiblesse au moment où elle s'opérait ; et sa vie, suspendue pendant tout le temps que durait ce phénomène, reprenait aussitôt après sans lui laisser la moindre incommodité. Ces effets d'antipathies authentiques prises parmi toutes celles que les hasards de l'histoire ont illustrées, peuvent suffire à comprendre les effets des sympathies inconnues. Ce fragment d'investigation que je me suis rappelé entre tous les aperçus de Lambert, fera concevoir la méthode avec laquelle il procédait dans ses œuvres. Je ne crois pas devoir insister sur la connexité qui liait à cette théorie les sciences équilatérales inventées par Gall et Lavater ; elles en étaient les corollaires naturels, et tout esprit légèrement scientifique apercevra les ramifications par lesquelles s'y rattachaient nécessairement les observations phrénologiques de l'un et les documents physiognomoniques de l'autre. La découverte de Mesmer, si importante et si mal appréciée encore, se trouvait tout entière dans un seul développement de ce Traité, quoique Louis ne connût pas les œuvres, d'ailleurs assez laconiques, du célèbre docteur suisse. Une logique et simple déduction de ses principes lui avait fait reconnaître que la Volonté pouvait, par un mouvement tout contractile de l'être intérieur, s'amasser ; puis, par un autre mouvement, être projetée au dehors, et même être confiée à des objets matériels. Ainsi la force entière d'un homme devait avoir la propriété de réagir sur les autres, et de les pénétrer d'une essence étrangère à la leur, s'ils ne se défendaient contre cette agression. Les preuves de ce théorème de la Science humaine sont nécessairement multipliées; mais rien ne les constate authentiquement. Il a fallu, soit l'éclatant désastre de Marius et son allocution au Cimbre chargé de le tuer, soit l'auguste commandement d'une mère au lion de Florence, pour faire connaître historiquement quelques-uns de ces foudroiements de la pensée. Pour lui donc la Volonté, la Pensée, étaient des *forces vives ;* aussi en parlait-il de manière à vous faire partager ses croyances. Pour lui, ces deux puissances étaient en quelque sorte et visibles et tangibles; pour lui, la Pensée était lente ou prompte, lourde ou agile, claire ou obscure ; il lui attribuait toutes les qualités des êtres agissants, la faisait saillir, se reposer, se réveiller, grandir, vieillir, se rétrécir, s'atrophier, s'aviver; il en surprenait la vie en en spécifiant tous les actes par les bizarreries de notre langage ; il en constatait la spontanéité, la force, les qualités avec une sorte d'intuition qui lui faisait reconnaître tous les phénomènes de cette substance.

— Souvent au milieu du calme et du silence, me

disait-il, lorsque nos facultés intérieures sont endormies, quand nous nous abandonnons à la douceur du repos, qu'il s'étend des espèces de ténèbres en nous, et que nous tombons dans la contemplation des choses extérieures, tout à coup une idée s'élance, passe avec la rapidité de l'éclair à travers les espaces infinis dont la perception nous est donnée par notre vue intérieure. Cette idée brillante, surgie comme un feu follet, s'éteint sans retour : existence éphémère, pareille à celle de ces enfants qui font connaître aux parents une joie et un chagrin sans bornes ; espèce de fleur mort-née dans les champs de la pensée. Parfois l'idée, au lieu de jaillir avec force et de mourir sans consistance, commence à poindre, se balance dans les limbes inconnus des organes où elle prend naissance ; elle nous use par un long enfantement, se développe, grandit, devient féconde, et se produit au dehors dans la grâce de la jeunesse et parée de tous les attributs d'une longue vie ; elle soutient les plus curieux regards, elle les attire, ne les lasse jamais : l'examen qu'elle provoque commande l'admiration que suscitent les œuvres long-temps élaborées. Tantôt les idées naissent par essaim, l'une entraîne l'autre, elles s'enchaînent, toutes sont agaçantes, elles abondent, elles sont folles. Tantôt elles se lèvent pâles, confuses, dépérissent faute de force ou d'aliments : la substance génératrice manque. Enfin, à certains jours, elles se précipitent dans les abîmes pour en éclairer les immenses profondeurs ; elles nous épouvantent et laissent notre âme abattue. Les idées sont en nous un système complet, semblable à l'un des règnes de la nature, une sorte de floraison dont l'iconographie sera retracée par un homme de génie qui passera pour fou peut-être. Oui, tout, en nous et au dehors, atteste la vie de ces créations ravissantes que je compare à des fleurs, en obéissant à je ne sais quelle révélation de leur nature ! Leur production comme fin de l'homme n'est d'ailleurs pas plus étonnante que celle des parfums et des couleurs dans la plante. Les parfums sont des idées peut-être ! En pensant que la ligne où finit notre chair et où l'ongle commence contient l'inexplicable et invisible mystère de la transformation constante de nos fluides en corne, il faut reconnaître que rien n'est impossible dans les merveilleuses modifications de la substance humaine. Mais ne se rencontre-t-il donc pas dans la nature morale des phénomènes de mouvement et de pesanteur semblables à ceux de la nature physique? L'*attente*, pour choisir un exemple qui puisse être vivement senti de tout le monde, n'est si douloureuse que par l'effet de la loi en vertu de laquelle le poids d'un corps est multiplié par sa vitesse. La pesanteur du sentiment que produit l'attente ne s'accroît-elle point par une addition constante des souffrances passées à la douleur du moment? Enfin, à quoi, si ce n'est à une substance électrique, peut-on attribuer la magie par laquelle la Volonté s'intronise si majestueusement dans les regards pour foudroyer les obstacles aux commandements du génie, éclate dans la voix, ou filtre, malgré l'hypocrisie, au travers de l'enveloppe humaine? Le courant de ce roi des fluides qui, suivant la haute pression de la Pensée ou du Sentiment, s'épanche à flots ou s'amoindrit et s'effile, puis s'amasse pour jaillir en éclairs, est l'occulte ministre auquel sont dus soit les efforts ou funestes ou bienfaisants des arts et des passions, soit les intonations de la voix, rude, suave, terrible, lascive, horripilante, séductrice tour à tour, et qui vibre dans le cœur, dans les entrailles ou dans la cervelle au gré de nos vouloirs ; soit tous les prestiges du toucher, d'où procèdent les transfusions mentales de tant d'artistes de qui les mains créatrices savent, après mille études passionnées, évoquer la nature ; soit enfin les dégradations infinies de l'œil, depuis son atone inertie jusqu'à ses projections de lueurs les plus effrayantes. A ce système Dieu ne perd aucun de ses droits. La Pensée matérielle m'en a raconté de nouvelles grandeurs !

Après l'avoir entendu parlant ainsi, après avoir reçu dans l'âme son regard comme une lumière, il était difficile de ne pas être ébloui par sa conviction, entraîné par ses raisonnements. Aussi LA PENSÉE m'apparaissait-elle comme une puissance tout physique, accompagnée de ses incommensurables générations. Elle était une nouvelle Humanité sous une autre forme. Ce simple aperçu des lois que Lambert prétendait être la formule de notre intelligence doit suffire pour faire imaginer l'activité prodigieuse avec laquelle son âme se dévorait elle-même. Louis avait cherché des preuves à ses principes dans l'histoire des grands hommes dont l'existence, mise à jour par les biographes, fournit des particularités curieuses sur les actes de leur entendement. Sa mémoire lui ayant permis de se rappeler les faits qui pouvaient servir de développement à ses assertions, il les avait annexés à chacun des chapitres auxquels ils servaient de démonstration, en sorte que plusieurs de ses maximes en acquéraient une certitude presque mathématique. Les œuvres de Cardan, homme doué d'une singulière puissance de vision, lui donnèrent de précieux matériaux. Il n'avait oublié ni Apollonius de Thyanes annonçant en Asie la mort du tyran et dépeignant son supplice à l'heure même où il avait lieu dans Rome ; ni Plotin qui, séparé par Porphyre, sentit l'intention où était celui-ci de se tuer, et accourut pour l'en dissuader ; ni le fait constaté dans le siècle dernier à la face de la plus moqueuse incrédulité qui se soit jamais rencontrée, fait surprenant pour les hommes habitués à faire du doute une arme contre Dieu seul, mais tout simple pour quelques croyants : Alphonse-Marie de Liguori, évêque de Sainte-Agathe, donna des consolations au pape Ganganelli, qui le vit, l'entendit, lui répondit ; et dans ce même temps, à une très-grande distance de Rome, l'évêque était observé en extase, chez lui, dans un fauteuil où il s'asseyait habituellement au retour de la messe. En reprenant sa vie ordinaire, il trouva ses serviteurs agenouillés devant lui, qui tous le croyaient mort. — « Mes amis, leur dit-il, le Saint-Père vient d'expirer. » Deux jours après, un courrier confirma cette nouvelle. L'heure de la mort du pape coïncidait avec celle où l'évêque était revenu à son état naturel. Lambert n'avait pas omis l'aventure plus récente encore, arrivée dans le siècle dernier à une jeune Anglaise qui, aimant passionnément un marin, partit de Londres pour aller le trouver, et le retrouva, seule, sans guide, dans les déserts de l'Amérique septentrionale, où elle arriva pour lui sauver la vie. Louis avait mis à contribution les mystères de l'antiquité, les actes des martyrs où sont les plus beaux titres de gloire pour la Volonté humaine, les démonologues du moyen âge, les procès criminels, les recherches médicales, en discernant partout le fait vrai, le phénomène probable avec une admirable sagacité. Cette riche collection d'anecdotes scientifiques recueillies dans tant de livres, la plupart dignes de foi, servit sans doute à faire des cornets de papier ; et ce travail au moins curieux, enfanté par la plus extraordinaire des mémoires humaines, a dû périr. Entre toutes les preuves qui enrichissaient l'œuvre de Lambert, se trouvait une histoire arrivée dans sa famille, et qu'il m'avait racontée avant d'entreprendre son traité. Ce fait, relatif à la *post-existence* de l'être intérieur, si je puis me permettre de forger un mot nouveau pour rendre un effet innommé, me frappa si vivement que j'en ai gardé le souvenir. Son père et sa mère eurent à soutenir un procès dont la perte devait entacher leur probité, seul bien qu'ils possédassent au monde. Donc l'anxiété fut grande quand s'agita la question de savoir si l'on céderait à l'injuste agression du demandeur, ou si l'on se défendrait contre lui. La délibération eut lieu par une nuit d'automne, devant un feu de tourbe, dans la chambre du tanneur et de sa femme. A ce conseil furent appelés deux ou trois parents et le bisaïeul maternel de Louis, vieux laboureur tout cassé, mais d'une figure vénérable et majestueuse, dont les yeux étaient clairs, dont le crâne jauni par le temps conservait encore quelques mèches de cheveux blancs épars. Semblable à l'*Obi* des nègres, au *Sagamore* des sauvages, il était une espèce d'esprit oraculaire que l'on consultait dans les grandes occasions. Ses biens étaient cultivés par ses petits-enfants, qui le nourrissaient et le servaient; il leur pronostiquait la pluie, le beau temps, et leur indiquait le moment où ils devaient faucher les prés ou rentrer les moissons. La justesse barométrique de sa parole, devenue célèbre, augmentait toujours la confiance et le culte qui s'attachaient à lui. Il demeurait des journées entières immobile sur sa chaise. Cet état d'extase lui était familier depuis la mort de sa femme, pour laquelle il avait eu la plus vive et la plus constante des affections. Le débat eut lieu devant lui, sans qu'il parût y prêter une grande attention. — « Mes enfants, leur dit-il quand il fut requis de donner son avis, cette affaire est trop grave pour que je la décide seul. Il faut que j'aille consulter ma femme. » Le bonhomme se leva, prit son bâton, et sortit, au grand étonnement des assistants qui le crurent tombé en enfance. Il revint bientôt et leur dit : — « Je n'ai pas eu besoin d'aller jusqu'au cimetière, votre mère est venue au-devant de moi, je l'ai trouvée auprès du ruisseau. Elle m'a dit que vous retrouveriez chez un notaire de Blois des quittances qui vous feraient gagner le procès. » Ces paroles furent prononcées d'une voix ferme. L'attitude et la physionomie de l'aïeul annonçaient un homme pour qui cette apparition était habituelle. En effet, les quittances contestées se retrouvèrent, et le procès n'eut pas lieu. Cette aventure arrivée sous le toit paternel, aux yeux de Louis, alors âgé de neuf ans, contribua beaucoup à le faire croire aux visions miraculeuses de Swedenborg, qui donna pendant sa vie plusieurs preuves de la puissance de vision acquise à son *être intérieur*. En avançant en âge et à mesure que son intelligence se développait, Lambert devait être conduit à rechercher dans les lois de la nature humaine les causes du miracle qui dès l'enfance avait attiré son attention. De quel nom appeler le hasard qui rassemblait autour de lui les faits, les livres relatifs à ces phénomènes, et le rendit lui-même le théâtre et l'acteur des plus grandes merveilles de la pensée? Quand Louis n'aurait pour seul titre à la gloire que d'avoir, dès l'âge de quinze ans, émis cette maxime psychologique : « Les événements qui attestent l'action de l'Humanité, et qui sont le produit de son intelligence, ont des causes dans lesquelles ils sont préconçus, comme nos actions sont accomplies dans notre pensée avant de se reproduire au dehors; les pressentiments ou les prophéties sont l'*aperçu* de ces causes; » je crois qu'il faudrait déplorer en lui la perte d'un génie égal à celui des Pascal, des Lavoisier, des Laplace. Peut-être ses chimères sur les anges dominèrent-elles trop long-temps ses travaux; mais n'est-ce pas en cherchant à faire de l'or que les savants ont insensiblement créé la Chimie? Cependant, si plus tard Lambert étudia l'anatomie comparée, la physique, la géométrie et les sciences qui se rattachaient à ses découvertes, il eut nécessairement l'intention de rassembler des faits et de procéder par l'analyse, seul flambeau qui puisse nous guider aujourd'hui à travers les obscurités de la moins saisissable des natures. Il avait certes trop de sens pour rester dans les nuages des théories, qui toutes peuvent se traduire en quelques mots. Aujourd'hui, la démonstration la plus simple appuyée sur les faits n'est-elle pas plus précieuse que ne le sont les plus beaux systèmes défendus par des inductions plus ou moins ingénieuses? Mais ne l'ayant pas connu pendant l'époque de sa vie où il dut réfléchir avec le plus de fruit, je ne puis que conjecturer la portée de ses œuvres d'après celle de ses premières méditations. Il est facile de saisir en quoi péchait son traité de la Volonté. Quoique doué déjà des qualités qui distinguent les hommes supérieurs, il était encore enfant; quoique riche et habile aux abstractions, son cerveau se ressentait encore des délicieuses croyances qui flottent autour de toutes les jeunesses. Sa conception touchait donc aux fruits mûrs de son génie par quelques points, et par une foule d'autres elle se rapprochait de la petitesse des germes. A quelques esprits amoureux de poésie, son plus grand défaut eût semblé une qualité savoureuse. Son œuvre portait les marques de la lutte que se livraient dans cette belle âme ces deux grands principes, le Spiritualisme, le Matérialisme, autour desquels ont tourné tant de beaux génies, sans qu'aucun d'eux ait osé les fondre en un seul. D'abord spiritualiste pur, Louis avait été conduit invinciblement à reconnaître la matérialité de la pensée. Battu par les faits de l'analyse au moment où son cœur lui faisait encore regarder avec amour les nuages épars dans les cieux de Swedenborg, il ne se trouvait pas encore de force à produire un système unitaire, compacte, fondu d'un seul jet. De là venaient quelques contradictions empreintes jusque dans l'esquisse que je trace de ses premiers essais. Quelque incomplet que fût son ouvrage, n'était-il pas le brouillon d'une science dont, plus tard, il aurait approfondi les mystères, assuré les bases, recherché, déduit et enchaîné les développements?

Six mois après la confiscation du traité sur la Volonté, je quittai le collége. Notre séparation fut brusque. Ma mère, alarmée d'une fièvre qui depuis quelque temps ne me quittait pas, et à laquelle mon inaction corporelle donnait les symptômes du *coma*, m'enleva du collége en quatre ou cinq heures. À l'annonce de mon départ, Lambert devint d'une tristesse effrayante. Nous nous cachâmes pour pleurer.

— Te reverrai-je jamais? me dit-il de sa voix douce en me serrant dans ses bras. — Tu vivras, toi, reprit-il; mais moi, je mourrai. Si je le peux, je t'apparaîtrai.

Il faut être jeune pour prononcer de telles paroles avec un accent de conviction qui les fait accepter comme un présage, comme une promesse dont l'effroyable accomplissement sera redouté. Pendant long-temps, j'ai pensé vaguement à cette apparition promise. Il est encore certains jours de spleen, de doute, de terreur, de solitude, où je suis obligé de chasser les souvenirs de cet adieu mélancolique, qui cependant ne devait pas être le dernier. Lorsque je traversai la cour par laquelle nous sortions, Lambert était collé à l'une des fenêtres grillées du réfectoire pour me voir passer. Sur mon désir, ma mère obtint la permission de le faire dîner avec nous à l'auberge. A mon tour, le soir, je le ramenai au seuil fatal du collége. Jamais amant et maîtresse ne versèrent en se séparant plus de larmes que nous n'en répandîmes.

— Adieu donc! je vais être seul dans ce désert, me dit-il en me montrant les cours où deux cents enfants jouaient et criaient. Quand je reviendrai fatigué, demi-mort de mes longues courses à travers les champs de la pensée, dans quel cœur me reposerai-je? Un regard me suffisait pour te dire tout. Qui donc maintenant me comprendra? Adieu! je voudrais ne t'avoir jamais rencontré, je ne saurais pas tout ce qui va me manquer.

— Et moi, lui dis-je, que deviendrai-je? Ma situation n'est-elle pas plus affreuse : je n'ai rien là pour me consoler, ajoutai-je en me frappant le front.

Il hocha la tête par un mouvement empreint d'une grâce pleine de tristesse, et nous nous quittâmes. En ce moment, Louis Lambert avait cinq pieds deux pouces, il n'a plus grandi. Sa physionomie, devenue largement expressive, attestait la bonté de son caractère. Une patience divine développée par les mauvais traitements, une concentration continuelle exigée par sa vie contemplative, avaient dépouillé son regard de cette audacieuse fierté qui plaît dans certaines figures, et par laquelle il savait accabler nos Régents. Sur son visage éclataient des sentiments paisibles, une sérénité ravissante que n'altérait jamais rien d'ironique ni de moqueur, car sa bienveillance native tempérait la conscience de sa force et de sa supériorité. Il avait de jolies mains, bien effilées, presque toujours humides. Son corps était une merveille digne de la sculpture ; mais nos uniformes gris de fer à boutons dorés, nos culottes courtes, nous donnaient une tournure si disgracieuse, que le fini des proportions de Lambert et sa morbidesse ne pouvaient s'apercevoir qu'au bain. Quand nous nagions dans notre bassin du Loir, Louis se distinguait par la blancheur de sa peau, qui tranchait sur les différents tons de chair de nos camarades, tous marbrés par le froid ou violacés par l'eau. Délicat de formes, gracieux de pose, doucement coloré, ne frissonnant pas hors de l'eau, peut-être parce qu'il évitait l'ombre et courait toujours au soleil, Louis ressemblait à ces fleurs prévoyantes qui ferment leurs calices à la bise, et ne veulent s'épanouir que sous un ciel pur. Il mangeait très-peu, ne buvait que de l'eau ; puis, soit par instinct, soit par goût, il se montrait sobre de tout mouvement qui voulait une dépense de force ; ses gestes étaient rares et simples comme le sont ceux des Orientaux ou des Sauvages, chez lesquels la gravité semble être un état naturel. Généralement, il n'aimait pas tout ce qui ressemblait à de la recherche pour sa personne. Il penchait assez habituellement sa tête à gauche, et restait si souvent accoudé, que les manches de ses habits neufs étaient promptement percées. A ce léger portrait de l'homme, je dois ajouter une esquisse de son moral, car je crois aujourd'hui pouvoir impartialement en juger. Quoique naturellement religieux, Louis n'admettait pas les minutieuses pratiques de l'Église romaine ; ses idées sympathisaient plus particulièrement avec celles de sainte Thérèse et de Fénélon, avec celles de plusieurs Pères et de quelques saints, qui de nos jours seraient traités d'hérésiarques et d'athées. Il était impassible durant les offices. Sa prière procédait par des élancements, par des élévations d'âme qui n'avaient aucun mode régulier ; il se laissait aller en tout à la nature, et ne voulait pas plus prier que penser à heure fixe. Souvent, à la chapelle, il pouvait aussi bien songer à Dieu que méditer sur quelque idée philosophique. Jésus-Christ était pour lui le plus beau type de son système. Le : *Et verbum caro factum est!* lui semblait une sublime parole destinée à exprimer la formule traditionnelle de la Volonté, du Verbe, de l'Action se faisant visibles. Le Christ ne s'apercevant pas de sa mort, ayant assez perfectionné l'être intérieur par des œuvres divines pour qu'un jour la forme invisible en apparût à ses disciples, enfin les mystères de l'Évangile, les guérisons magnétiques du Christ et le don des langues lui confirmaient sa doctrine. Je me souviens de lui avoir entendu dire à ce sujet que le plus bel ouvrage à faire aujourd'hui était l'Histoire de l'Église primitive. Jamais il ne s'élevait autant vers la poésie qu'au moment où il abordait, dans une conversation du soir, l'examen des miracles opérés par la puissance de la Volonté pendant cette grande époque de foi. Il trouvait les plus fortes preuves de sa Théorie dans presque tous les martyres subis pendant le premier siècle de l'Église, qu'il appelait *la grande ère de la pensée.*— « Les phénomènes arrivés dans la plupart des supplices si héroïquement soufferts par les chrétiens pour l'établissement de leurs croyances ne prouvent-ils pas, disait-il, que les forces matérielles ne prévaudront jamais contre la force des idées ou contre la Volonté de l'homme? Chacun peut conclure de cet effet produit par la volonté de tous, en faveur de la sienne. » Je ne crois pas devoir parler de ses idées sur la poésie et sur l'histoire, ni de ses jugements sur les chefs-d'œuvre de notre langue. Il n'y aurait rien de bien curieux à consigner ici des opinions devenues presque vulgaires aujourd'hui, mais qui, dans la bouche d'un enfant, pouvaient alors paraître extraordinaires. Louis était à la hauteur de tout. Pour exprimer en deux mots son talent, il eût écrit Zadig aussi spirituellement que l'écrivit Voltaire; il aurait aussi fortement que Montesquieu pensé le dialogue de Sylla et d'Eucrate. La grande rectitude de ses idées lui faisait désirer avant tout, dans une œuvre, un caractère d'utilité; de même que son esprit fin y exigeait la nouveauté de la pensée autant que celle de la forme. Tout ce qui ne remplissait pas ces conditions lui causait un profond dégoût. L'une de ses appréciations littéraires les plus remarquables, et qui fera comprendre le sens de toutes les autres aussi bien que la lucidité de ses jugements, est celle-ci, qui m'est restée dans la mémoire : « L'Apocalypse est une extase écrite. » Il considérait la Bible comme une portion de l'histoire traditionnelle des peuples anté-diluviens, que s'était partagée l'humanité nouvelle. Pour lui, la mythologie des Grecs tenait à la fois de la Bible hébraïque et des Livres sacrés de l'Inde, que cette nation amoureuse de grâce avait traduits à sa manière.

— Il est impossible, disait-il, de révoquer en doute la priorité des Écritures asiatiques sur nos Écritures saintes. Pour qui sait reconnaître avec bonne foi ce point historique, le monde s'élargit étrangement. N'est-ce pas sur le plateau de l'Asie que se sont réfugiés les quelques hommes qui ont pu survivre à la catastrophe subie par notre globe, si toutefois les hommes existaient avant ce renversement ou ce choc : question grave dont la solution est écrite au fond des mers. L'anthropogonie de la Bible n'est donc que la généalogie d'un essaim sorti de la ruche humaine qui se suspendit aux flancs montagneux du Thibet, entre les sommets de l'Himalaya et ceux du Caucase. Le caractère des idées premières de la horde que son législateur nomma le peuple de Dieu, sans doute pour lui donner de l'unité, peut-être aussi pour lui faire conserver ses propres lois et son système de gouvernement, car les livres de Moïse sont un code religieux, politique et civil ; ce caractère est marqué au coin de la terreur : la convulsion du globe est interprétée comme une vengeance d'en haut par des pensées gigantesques ; ne goûtant aucune des douceurs que trouve un peuple assis dans une terre patriale, ses malheurs ne lui ont dicté que des poésies sombres, majestueuses et sanglantes. Au contraire, le spectacle des promptes réparations de la terre, les effets prodigieux du soleil dont les premiers témoins furent les Hindous, leur ont inspiré les riantes conceptions de l'amour heureux, le culte du feu, les personnifications infinies de la reproduction. Ces magnifiques images manquent à l'œuvre des Hébreux ; leur besoin de conservation, à travers les dangers et les pays parcourus jusqu'au lieu du repos, engendra le sentiment exclusif qui les anima, et leur haine contre les nations. Ces trois Écritures sont les archives du monde englouti. Là est le secret des grandeurs inouïes de ces langages et de leurs mythes. Une grande histoire humaine gît sous ces noms d'hommes et de lieux, sous ces fictions qui nous attachent irrésistiblement, sans que nous sachions pourquoi. Peut-être y respirons-nous l'air natal de notre nouvelle humanité.

Pour lui cette triple littérature impliquait donc toutes les pensées de l'homme. Il ne se faisait pas un livre, selon lui, dont le sujet ne s'y pût trouver en germe. Cette opinion montre combien ses premières études sur le Bible furent savamment creusées, et jusqu'où elles le menèrent. Planant toujours au-dessus de la société, qu'il ne connaissait que par les livres, il la jugeait froidement. — « Les lois, disait-il, n'y arrêtent jamais les entreprises des grands ou des riches, et frappent les petits, qui ont au contraire besoin de protection. » Sa bonté ne lui permettait donc pas de sympathiser avec les idées politiques; mais son système conduisait à l'obéissance passive dont l'exemple fut donné par Jésus-Christ. Pendant les derniers moments de mon séjour à Vendôme, Louis ne sentait plus l'aiguillon de la gloire, il avait, en quelque sorte, abstractivement joui de la renommée; et après l'avoir ouverte, comme les anciens sacrificateurs qui cherchaient l'avenir au cœur des hommes; il n'avait rien trouvé dans les entrailles de cette Chimère. Méprisant donc un sentiment tout personnel :
— La gloire, me disait-il, est l'égoïsme divinisé.

Ici peut-être avant de quitter cette enfance exceptionnelle, dois-je la juger par un rapide coup d'œil.

Quelque temps avant notre séparation, Lambert me disait : — « A part les lois générales dont la formule sera peut-être ma gloire, et qui doivent être celles de notre organisme, la vie de l'homme est un mouvement qui se résout plus particulièrement, en chaque être, au gré de je ne sais quelle influence, par le Cerveau, par le Cœur, ou par le Nerf. Des trois constitutions représentées par ces mots vulgaires, dérivent les modes infinis de l'Humanité, qui tous résultent des proportions dans lesquelles ces trois principes générateurs se trouvent plus ou moins bien combinés avec les substances qu'ils s'assimilent dans les milieux où ils vivent. » Il s'arrêta, se frappa le front, et me dit : — Singulier fait! chez tous les grands hommes dont les portraits ont frappé mon attention, le col est court. Peut-être la Nature veut-elle que chez eux le cœur soit plus près du cerveau. Puis il reprit : — De là procède un certain ensemble d'actes qui compose l'existence sociale. A l'homme de Nerf, l'Action ou la force; à l'homme de Cerveau, le Génie; à l'homme de Cœur, la Foi. Mais, ajouta-t-il tristement, à la Foi, les Nuées du Sanctuaire; à l'Ange seul, la Clarté. Donc, suivant ses propres définitions, Lambert fut tout cœur et tout cerveau. Pour moi, la vie de son intelligence s'est scindée en trois phases. Soumis, dès l'enfance, à une précoce activité, due sans doute à quelque maladie ou à quelque perfection de ses organes, dès l'enfance, ses forces se résumèrent par le jeu de ses sens intérieurs et par une surabondante production de fluide nerveux. Homme d'idées, il lui fallut étancher la soif de son cerveau qui voulait s'assimiler toutes les idées. De là, ses lectures; et, de ses lectures, ses réflexions qui lui donnèrent le pouvoir de réduire les choses à leur plus simple expression, de les absorber en lui-même pour les y étudier dans leur essence. Les bénéfices de cette magnifique période, accomplie chez les autres hommes après de longues études seulement, échurent donc à Lambert pendant son enfance corporelle; enfance heureuse, enfance colorée par les studieuses félicités du poète. Le terme où arrivent la plupart des cerveaux fut le point d'où le sien devait partir un jour à la recherche de quelques nouveaux mondes d'intelligence. Là, sans le savoir encore, il s'était créé la vie la plus exigeante et, de toutes, la plus avidement insatiable. Pour exister, ne lui fallait-il pas jeter sans cesse une pâture à l'abîme qu'il avait ouvert en lui ? Semblable à certains êtres des régions mondaines, ne pouvait-il périr faute d'aliments pour d'excessifs appétits trompés ? N'était-ce pas la débauche importée dans l'âme, et qui devait la faire arriver, comme les corps saturés d'alcool, à quelque combustion instantanée ? Cette première phase cérébrale me fut inconnue; aujourd'hui seulement, je puis m'en expliquer ainsi les prodigieuses fructifications et les effets. Lambert avait alors treize ans. Je fus assez heureux pour assister aux premiers jours du second âge. Lambert, et cela le sauva peut-être, y tomba dans toutes les misères de la vie collégiale, et y dépensa la surabondance de ses pensées. Après avoir passé des choses à leur expression pure, des mots à leur substance idéale, de cette substance à des principes; après avoir tout abstrait, il aspirait, pour vivre, à d'autres créations intellectuelles. Dompté par les malheurs du collége et par les crises de sa vie physique, il demeura méditatif, devina les sentiments, entrevit de nouvelles sciences, véritables masses d'idées ! Arrêté dans sa course, et trop faible encore pour contempler les sphères supérieures, il se contempla intérieurement. Il m'offrit alors le combat de la pensée réagissant sur elle-même et cherchant à surprendre les secrets de sa nature, comme un médecin qui étudierait les progrès de sa propre maladie. Dans cet état de force et de faiblesse, de grâce enfantine et de puissance surhumaine, Louis Lambert est l'être qui m'a donné l'idée la plus poétique et la plus vraie de la créature que nous appelons *un ange*, en exceptant toutefois une femme de qui je voudrais dérober au monde le nom, les traits, la personne et la vie, afin d'avoir été seul dans le secret de son existence et pouvoir l'ensevelir au fond de mon cœur. La troisième phase dut m'échapper ; elle commençait lorsque je fus séparé de Louis, qui ne sortit du collége qu'à l'âge de dix-huit ans, vers le milieu de l'année 1815. Louis avait alors perdu son père et sa mère depuis environ six mois. Ne rencontrant personne dans sa famille avec qui son âme, toute expansive mais toujours comprimée depuis notre séparation, pût sympathiser, il se réfugia chez son oncle, nommé son tuteur, et qui, chassé de sa cure en sa qualité de prêtre assermenté, était venu demeurer à Blois. Louis y séjourna pendant quelque temps. Dévoré bientôt par le désir d'achever des études qu'il dut trouver incomplètes, il vint à Paris pour revoir madame de Staël, et pour puiser la science à ses plus hautes sources. Le vieux prêtre, ayant un grand faible pour son neveu, laissa Louis libre de manger son héritage pendant un séjour de trois années à Paris, quoiqu'il y vécût dans la plus profonde misère. Cet héritage consistait en quelques milliers de francs. Lambert revint à Blois vers le commencement de l'année 1820, chassé de Paris par les souffrances qu'y trouvent les gens sans fortune. Pendant son séjour, il dut y être souvent en proie à des orages secrets, à ces horribles tempêtes de pensées par lesquelles les artistes sont agités, s'il faut en juger par le seul fait que son oncle se soit rappelé, par la seule lettre que le bonhomme ait conservée de celles que lui écrivit à cette époque Louis Lambert, lettre gardée peut-être parce qu'elle était la dernière et la plus longue de toutes. Voici d'abord le fait. Louis se trouvait un jour au Théâtre-Français placé sur une banquette des secondes galeries, près d'un de ces piliers entre lesquels étaient alors les troisièmes loges. En se levant pendant le premier entr'acte, il vit une jeune femme qui venait d'arriver dans la loge voisine. La vue de cette femme, jeune et belle, bien mise, décolletée peut-être, et accompagnée d'un amant pour lequel sa figure s'animait de toutes les grâces de l'amour, produisit sur l'âme et sur les sens de Lambert un effet si cruel qu'il fut obligé de sortir de la salle. S'il n'eût profité des dernières lueurs de sa raison, qui dans le premier moment de cette brûlante passion ne s'éteignit pas complétement, peut-être aurait-il succombé au désir presque invincible qu'il ressentit alors de tuer le jeune homme auquel s'adressaient les regards de cette femme. N'était-ce pas dans notre monde de Paris un éclair de l'amour du Sauvage qui se jette sur la femme comme sur sa proie, un effet d'instinct bestial joint à la rapidité des jets presque lumineux d'une âme comprimée sous la masse de ses pensées ? Enfin n'était-ce pas le coup de canif imaginaire ressenti par l'enfant, devenu chez l'homme le coup de foudre de son besoin le plus impérieux, l'amour. Maintenant voici la lettre dans laquelle se peint l'état de son âme frappée par le spectacle de la civilisation parisienne. Son cœur fut sans doute constamment froissé dans ce gouffre d'égoïsme, et son âme dut toujours y pâtir ; il n'y rencontra peut-être ni amis pour le consoler, ni ennemis pour donner du ton à sa vie. Contraint de vivre sans cesse en lui-même et ne partageant avec personne ses exquises jouissances, peut-être voulait-il résoudre l'œuvre de sa destinée par l'extase, et rester sous une forme presque végétale, comme un anachorète des premiers temps de l'Église, en abdiquant ainsi l'empire du monde intellectuel. La lettre semble indiquer ce projet, auquel les âmes grandes se sont prises à toutes les époques de rénovation sociale. Mais cette résolution n'est-elle pas alors pour certaines d'entre elles l'effet d'une vocation? ne cherchent-elles pas à concentrer leurs forces dans un long silence, afin d'en sortir propres à gouverner le monde, par la Parole ou par l'Action? Certes, Louis avait dû beaucoup souffrir, recueillir bien de l'amertume parmi les hommes, ou presser la société par quelque terrible ironie sans pouvoir en rien tirer, pour jeter une si vigoureuse clameur, pour arriver, lui pauvre! au désir que la lassitude de la puissance et de toute chose a fait accomplir à certains souverains. Peut-être aussi venait-il achever dans la solitude quelque grande œuvre qui flottait indécise dans son cerveau? Qui ne le croirait volontiers en lisant ce fragment de ses pensées où se trahissent les combats de son âme au moment où cessait pour lui la jeunesse, où commençait à éclore la terrible faculté de produire à laquelle auraient été dues les œuvres de l'homme? Cette lettre est en rapport avec l'aventure arrivée au théâtre : le Fait et l'Écrit s'illuminent réciproquement; l'âme et le corps s'étaient mis au même ton. Cette tempête de doutes et d'affirmations, de nuages et d'éclairs qui souvent laisse échapper la foudre, et qui finit par une aspiration affamée vers la lumière céleste, jette assez de clarté sur la troisième époque de son éducation morale pour la faire comprendre en entier. En lisant ces pages écrites au hasard, prises et reprises suivant les caprices de la vie parisienne, ne semble-t-il pas voir un chêne pendant le temps où son accroissement intérieur fait crever sa jolie peau verte, le couvre de rugosités, de fissures, et où se prépare sa forme majestueuse, si toutefois le tonnerre du ciel ou la hache de l'homme le respectent!

A cette lettre finira donc, pour le penseur comme pour le poète, cette enfance grandiose et cette jeunesse incomprise. Là se termine le contour de ce germe moral : les philosophes en regretteront les frondaisons atteintes par la gelée dans leurs bourgeons ; mais sans doute ils en verront les fleurs écloses en des régions plus élevées que ne le sont les plus hauts lieux de la terre.

Paris, septembre-novembre 1819.

« Cher oncle, je vais bientôt quitter ce pays, où je ne saurais vivre. Je n'y vois aucun homme aimer ce que j'aime, s'occuper de ce qui m'occupe, s'étonner de ce qui m'étonne. Forcé de me replier sur moi-même, je me creuse et souffre. La longue et patiente étude que je viens de faire de cette Société donne des conclusions tristes où le doute domine. Ici le point de départ en tout est l'argent ; il faut de l'argent, même pour se passer d'argent ; mais quoique ce métal soit nécessaire à qui veut penser tranquillement, je ne me sens pas le courage de le rendre l'unique mobile de mes pensées. Pour amasser une fortune, il faut choisir un état ; en un mot, acheter par quelque privilége de position ou d'achalandage, par un privilége légal ou fort habilement créé, le droit de prendre chaque jour, dans la bourse d'autrui, une somme assez mince qui, chaque année, produit un petit capital ; lequel par vingt années donne à peine quatre ou cinq mille francs de rente quand un homme se conduit honnêtement. En quinze ou seize ans et après son apprentissage, l'avoué, le notaire, le marchand, tous les travailleurs patentés ont gagné du pain pour leurs vieux jours. Je ne me suis senti propre à rien en ce genre. Je préfère la pensée à l'action, une idée à une affaire, la contemplation au mouvement. Je manque essentiellement de la constante attention nécessaire à qui veut faire fortune. Toute entreprise mercantile, toute obligation de demander de l'argent à autrui, me conduirait à mal, et je serais bientôt ruiné. Si je n'ai rien, au moins ne dois-je rien en ce moment. Il faut matériellement peu à celui qui vit pour accomplir de grandes choses dans l'ordre moral ; mais quoique vingt sous par jour puissent me suffire, je ne possède pas la rente de cette oisiveté travailleuse. Si je veux méditer, le besoin me chasse hors du sanctuaire où se meut ma pensée. Que vais-je devenir ? La misère ne m'effraie pas. Si l'on n'emprisonnait, si l'on ne flétrissait, si l'on ne méprisait point les mendiants, je mendierais pour pouvoir résoudre à mon aise les problèmes qui m'occupent. Mais cette sublime résignation par laquelle je pourrais émanciper ma pensée en la libérant de mon corps, ne servirait à rien ; il faut encore de l'argent pour se livrer à certaines expériences ; sans cela, j'eusse accepté l'indigence apparente d'un penseur qui possède la terre et le ciel. Pour être grand dans la misère, il suffit de ne jamais s'avilir ; l'homme qui combat et souffre en marchant vers un noble but, présente certes un beau spectacle ; mais ici qui se sent la force de lutter ? On escalade des rochers, on ne peut pas toujours piétiner dans la boue. Ici tout décourage le vol en droite ligne d'un esprit qui tend à l'avenir. Je ne me craindrais pas dans une grotte au désert, et je me crains ici : au désert, je serais avec moi-même sans distraction ; ici, l'homme éprouve une foule de besoins qui le rapetissent. Quand vous êtes sorti rêveur, préoccupé, la voix du pauvre vous rappelle au milieu de ce monde de faim et de soif, en vous demandant l'aumône. Il faut de l'argent pour se promener. Les organes sont incessamment fatigués par des riens, et ne se reposent jamais. La nerveuse disposition du poète est ici sans cesse ébranlée, et ce qui doit faire sa gloire devient son tourment : son imagination y est sa plus cruelle ennemie. Ici l'ouvrier blessé, l'indigente en couches, la fille publique devenue malade, l'enfant abandonné, le vieillard infirme, les vices, le crime lui-même trouvent un asile et des soins ; tandis que le monde est impitoyable pour l'inventeur, pour tout homme qui médite. Ici, tout doit avoir un résultat immédiat, réel ; l'on s'y moque des essais d'abord infructueux qui peuvent mener aux plus grandes découvertes, et l'on n'y estime pas cette étude constante et profonde qui veut une longue concentration des forces. L'État pourrait solder le talent, comme il solde la baïonnette ; mais il tremble d'être trompé par l'homme d'intelligence, comme si l'on pouvait longtemps contrefaire le génie. Ah ! mon oncle, quand on a détruit les solitudes conventuelles, assises au pied des monts, sous des ombrages verts et silencieux, ne devait-on pas construire des hospices pour les âmes souffrantes qui par une seule pensée engendrent le mieux des nations, ou préparent les progrès d'une science ? »

20 septembre.

« L'étude m'a conduit ici, vous le savez ; j'y ai trouvé des hommes vraiment instruits, étonnants pour la plupart ; mais l'absence d'unité dans les travaux scientifiques annule presque tous les efforts. Ni l'enseignement, ni la science n'ont de chef. Vous entendez au Muséum un professeur prouvant que celui de la rue Saint-Jacques vous a dit d'absurdes niaiseries. L'homme de l'École de Médecine soufflette celui du Collége de France. A mon arrivée, je suis allé entendre un vieil académicien qui disait à cinq cents jeunes gens que Corneille est un génie vigoureux et fier, Racine élégiaque et tendre, Molière inimitable, Voltaire éminemment spirituel, Bossuet et Pascal désespérément forts. Un professeur de philosophie devient illustre, en expliquant comment Platon est Platon. Un autre fait l'histoire des mots sans penser aux idées. Celui-ci vous explique Eschyle, celui-là prouve assez victorieusement que les Communes étaient les Communes et pas autre chose. Ces aperçus nouveaux et lumineux, paraphrasés pendant quelques heures, constituent le haut enseignement qui doit faire faire des pas de géant aux connaissances humaines. Si le gouvernement avait une pensée, je le soupçonnerais d'avoir peur des supériorités réelles qui, réveillées, mettraient la société sous le joug d'un pouvoir intelligent. Les nations iraient trop loin trop tôt, les professeurs sont alors chargés de faire des sots. Comment expliquer autrement un professorat sans méthode, sans une idée d'avenir? L'Institut pouvait être le grand gouvernement du monde moral et intellectuel; mais il a été récemment brisé par sa constitution en académies séparées. La science humaine marche donc sans guide, sans système, et flotte au hasard, sans s'être tracé de route. Ce laissez-aller, cette incertitude existe en politique comme en science. Dans l'ordre naturel, les moyens sont simples, la fin est grande et merveilleuse; ici, dans la science comme dans le gouvernement, les moyens sont immenses, la fin est petite. Cette force qui, dans la Nature, marche d'un pas égal et dont la somme s'ajoute perpétuellement à elle-même, cet $A + A$ qui produit tout, est destructif dans la Société. La politique actuelle oppose les unes aux autres les forces humaines pour les neutraliser, au lieu de les combiner pour les faire agir dans un but quelconque. En s'en tenant à l'Europe, depuis César jusqu'à Constantin, du petit Constantin au grand Attila, des Huns à Charlemagne, de Charlemagne à Léon X, de Léon X à Philippe II, de Philippe II à Louis XIV, de Venise à l'Angleterre, de l'Angleterre à Napoléon, de Napoléon à l'Angleterre, je ne vois aucune fixité dans la politique, et son agitation constante n'a procuré nul progrès. Les nations témoignent de leur grandeur par des monuments, ou de leur bonheur par le bien-être individuel. Les monuments modernes valent-ils les anciens? j'en doute. Les arts qui participent plus immédiatement de l'homme individuel, les productions de son génie ou de sa main ont peu gagné. Les jouissances de Lucullus valaient bien celles de Samuel Bernard, de Beaujon ou du roi de Bavière. Enfin, la longévité humaine a perdu. Pour qui veut être de bonne foi, rien n'a donc changé : l'homme est le même ; la force est toujours son unique loi, le succès sa seule sagesse. Jésus-Christ, Mahomet, Luther n'ont fait que colorer différemment le cercle dans lequel les jeunes nations ont fait leurs évolutions. Nulle politique n'a empêché la civilisation, ses richesses, ses mœurs, son contrat entre les forts contre les faibles, ses idées et ses voluptés d'aller de Memphis à Tyr, de Tyr à Balbeck, de Tedmor à Carthage, de Carthage à Rome, de Rome à Constantinople, de Constantinople à Venise, de Venise en Espagne, d'Espagne en Angleterre, sans que nul vestige n'existe de Memphis, de Tyr, de Carthage, de Rome, de Venise ni de Madrid. L'esprit de ces grands corps s'est envolé. Nul ne s'est préservé de la ruine, et n'a deviné cet axiome : *Quand l'effet produit n'est plus en rapport avec sa cause, il y a désorganisation.* Le génie le plus subtil ne peut découvrir aucune liaison entre ces grands faits sociaux. Aucune théorie politique n'a vécu. Les gouvernements passent comme les hommes, sans se transmettre aucun enseignement, et nul système n'engendre un système plus parfait. Que conclure de la politique, quand le gouvernement appuyé sur Dieu a péri dans l'Inde et en Égypte; quand le gouvernement du sabre et de la tiare a passé; quand le gouvernement d'un seul est mort; quand le gouvernement de tous n'a jamais pu vivre; quand aucune conception de la force intelligentielle, appliquée aux intérêts matériels, n'a pu durer, et que tout est à refaire aujourd'hui comme à toutes les époques où l'homme s'est écrié : Je souffre! Le code que l'on regarde comme la plus belle œuvre de Napoléon, est l'œuvre la plus draconienne que je sache. La divisibilité territoriale poussée à l'infini, dont le principe y est consacré par le partage des biens, doit engendrer l'abâtardissement de la nation, la mort des arts et celle des sciences. Le sol trop divisé se cultive en céréales, en petits végétaux; les forêts et partant les cours d'eau disparaissent; il ne s'élève plus ni bœufs, ni chevaux. Les moyens manquent pour l'attaque comme pour la résistance. Vienne une invasion, le peuple est écrasé, il a perdu ses grands ressorts, il a perdu ses chefs. Et voilà l'histoire des déserts! La politique est donc une science sans principes arrêtés, sans fixité possible; elle est le génie du moment, l'application constante de la force, suivant la nécessité du jour. L'homme qui verrait à deux siècles de distance mourrait sur la place publique chargé des imprécations du peuple ; ou serait, ce qui me semble pis, flagellé par les mille fouets du ridicule. Les nations sont des individus qui ne sont ni plus sages ni plus forts que ne l'est l'homme, et leurs destinées sont les mêmes. Réfléchir sur celui-ci, n'est-ce pas s'occuper de celles-là. Au spectacle de cette société sans cesse tourmentée dans ses bases comme dans ses effets, dans ses causes comme dans son action, chez laquelle la philanthropie est une triple erreur, et le progrès un non-sens, j'ai gagné la confirmation de cette vérité, que la vie est en nous et non au dehors ; que s'élever au-dessus des hommes pour leur commander est le rôle agrandi d'un régent de classe ; et que les hommes assez forts pour monter jusqu'à la ligne où ils peuvent jouir du coup d'œil des mondes, ne doivent pas regarder à leurs pieds. »

5 novembre.

« Je suis assurément occupé de pensées graves, je marche à certaines découvertes, une force invincible m'entraîne vers une lumière qui a brillé de bonne heure dans les ténèbres de ma vie morale ; mais quel nom donner à la puissance qui me lie les mains, me ferme la bouche, et m'entraîne en sens contraire à ma vocation ? Il faut quitter Paris, dire adieu aux livres des bibliothèques, à ces beaux foyers de lumière, à ces savants si complaisants, si accessibles, à ces jeunes génies avec lesquels je sympathisais. Qui me repousse ? est-ce le Hasard, est-ce la Providence ? Les deux idées que représentent ces mots sont inconciliables. Si le Hasard n'est pas, il faut admettre le Fatalisme, ou la coordination forcée des choses soumises à un plan général. Pourquoi donc résisterions-nous ? Si l'homme n'est plus libre, que de-

vient l'échafaudage de sa morale ? Et s'il peut faire
sa destinée, s'il peut par son libre arbitre arrêter l'accomplissement du plan général, que devient Dieu ?
Pourquoi suis-je venu ? Si je m'examine, je le sais :
je trouve en moi des textes à développer ; mais alors
pourquoi possédé-je d'énormes facultés sans pouvoir
en user ? Si mon supplice servait à quelque exemple, je
le concevrais ; mais non, je souffre obscurément. Ce
résultat est aussi providentiel que peut l'être le sort
de la fleur inconnue qui meurt au fond d'une forêt
vierge sans que personne en sente les parfums ou
en admire l'éclat. De même qu'elle exhale vainement
ses odeurs dans la solitude, j'enfante ici dans un grenier
des idées sans qu'elles soient saisies. Hier, j'ai mangé du
pain et des raisins le soir, devant ma fenêtre, avec un
jeune médecin nommé Meyraux. Nous avons causé
comme des gens que le malheur a rendus frères, et je
lui ai dit : — Je m'en vais, vous restez, prenez mes
conceptions et développez-les ! — Je ne le puis, me répondit-il avec une amère tristesse, ma santé trop faible
ne résistera pas à mes travaux, et je dois mourir jeune
en combattant la misère. Nous avons regardé le ciel,
en nous pressant les mains. Nous nous sommes rencontrés au Cours d'anatomie comparée et dans les galeries
du Muséum, amenés tous deux par une même étude,
l'unité de la composition zoologique. Chez lui, c'était
le pressentiment du génie envoyé pour ouvrir une nouvelle route dans les friches de l'intelligence ; chez moi,
c'était déduction d'un système général. Ma pensée est
de déterminer les rapports réels qui peuvent exister
entre l'homme et Dieu. N'est-ce pas une nécessité de
l'époque ? Sans de hautes certitudes, il est impossible
de mettre un mors à ces sociétés que l'esprit d'examen

et de discussion a déchaînées et qui crient aujourd'hui :
— Menez-nous dans une voie où nous marcherons sans rencontrer des abîmes ! Vous me demanderez ce que l'anatomie comparée a de commun avec une question si grave pour l'avenir des sociétés. Ne faut-il pas se convaincre que l'homme est le but de tous les moyens terrestres pour se demander s'il ne sera le moyen d'aucune fin ? Si l'homme est lié à tout, n'y a-t-il rien au-dessus de lui, à quoi il se lie à son tour ? S'il est le terme des transmutations inexpliquées qui montent jusqu'à lui, ne doit-il pas être le lien entre la nature visible et une nature invisible ? L'action du monde n'est pas absurde, elle aboutit à une fin, et cette fin ne doit pas être une société constituée comme l'est la nôtre. Il se rencontre une terrible lacune entre nous et le ciel. En l'état actuel, nous ne pouvons ni toujours jouir, ni toujours souffrir ; ne faut-il pas un énorme changement pour arriver au paradis et à l'enfer, deux conceptions sans lesquelles Dieu n'existe pas aux yeux de la masse ? Je sais qu'on s'est tiré d'affaire en inventant l'âme ; mais j'ai quelque répugnance à rendre Dieu solidaire des lâchetés humaines, de nos désenchantements, de nos dégoûts, de notre décadence. Puis comment admettre en nous un principe divin contre lequel quelques verres de rhum puissent prévaloir ? comment imaginer des facultés immatérielles que la matière réduise, dont l'exercice soit enchaîné par un grain d'opium ? Comment imaginer que nous sentirons encore quand nous serons dépouillés des conditions de notre sensibilité ? Pourquoi Dieu périrait-il, parce que la substance serait pensante ? L'animation de la substance et ses innombrables variétés, effets de ses instincts, sont-ils moins inexplicables que les effets de la pensée ? Le mouve-

ment imprimé aux mondes n'est-il pas suffisant pour prouver Dieu, sans aller se jeter dans les absurdités engendrées par notre orgueil? Que d'une façon d'être périssable, nous allions après nos épreuves à une existence meilleure, n'est-ce pas assez pour une créature qui ne se distingue des autres que par un Instinct plus complet? S'il n'existe pas en morale un principe qui ne mène à l'absurde, ou ne soit contredit par l'évidence, n'est-il pas temps de se mettre en quête des dogmes écrits au fond de la nature des choses? Ne faudrait-il pas retourner la science philosophique? Nous nous occupons très-peu du prétendu néant qui nous a précédés, et nous fouillons le prétendu néant qui nous attend. Nous faisons Dieu responsable de l'avenir, et nous ne lui demandons aucun compte du passé. Cependant il est aussi nécessaire de savoir si nous n'avons aucune racine dans l'antérieur, que de savoir si nous sommes soudés au futur. Nous n'avons été déistes ou athées que d'un côté. Le monde est-il éternel? le monde est-il créé? Nous ne concevons aucun moyen terme entre ces deux propositions : l'une est fausse, l'autre est vraie, choisissez! Quel que soit votre choix, Dieu, tel que notre raison se le figure, doit s'amoindrir, ce qui équivaut à sa négation. Faites le monde éternel : la question n'est pas douteuse, Dieu l'a subi. Supposez le monde créé : Dieu n'est plus possible. Comment serait-il resté toute une éternité sans savoir qu'il aurait la pensée de créer le monde? Comment n'en aurait-il point su par avance les résultats? D'où en a-t-il tiré l'essence? de lui nécessairement. Si le monde sort de Dieu, comment admettre le mal? Si le mal est sorti du bien, vous tombez dans l'absurde. S'il n'y a pas de mal, que deviennent les sociétés avec leurs lois? Partout des précipices! partout un abîme pour la raison! Il est donc une science sociale à refaire en entier. Écoutez, mon oncle : tant qu'un beau génie n'aura pas rendu compte de l'inégalité patente des intelligences, le sens général de l'humanité, le mot Dieu sera sans cesse mis en accusation, et la société reposera sur des sables mouvants. Le secret des différentes zones morales dans lesquelles transite l'homme se trouvera dans l'analyse de l'Animalité tout entière. L'Animalité n'a, jusqu'à présent, été considérée que par rapport à ses différences, et non dans ses similitudes ; dans ses apparences organiques, et non dans ses facultés. Les facultés animales se perfectionnent de proche en proche, suivant des lois à rechercher. Ces facultés correspondent à des forces qui les expriment, et ces forces sont essentiellement matérielles, divisibles. Des facultés matérielles! songez à ces deux mots. N'est-ce pas une question aussi insoluble que l'est celle de la communication du mouvement à la matière, abîme encore inexploré, dont les difficultés ont été plutôt déplacées que résolues par le système de Newton. Enfin la combinaison constante de la lumière avec tout ce qui vit sur la terre, veut un nouvel examen du globe. Le même animal ne se ressemble plus sous la Torride, dans l'Inde ou dans le Nord. Entre la verticalité et l'obliquité des rayons solaires, il se développe une nature dissemblable et pareille qui, la même dans son principe, ne se ressemble ni en deçà ni au delà dans ses résultats. Le phénomène qui crève nos yeux dans le monde zoologique en comparant les papillons du Bengale aux papillons d'Europe est bien plus grand encore dans le monde moral. Il faut un angle facial déterminé, une certaine quantité de plis cérébraux pour obtenir Colomb, Raphaël, Napoléon, Laplace ou Beethoven; la vallée sans soleil donne le crétin ; tirez vos conclusions ? Pourquoi ces différences dues à la distillation plus ou moins heureuse de la lumière en l'homme ? Ces grandes masses humaines souffrantes, plus ou moins actives, plus ou moins nourries, plus ou moins éclairées, constituent des difficultés à résoudre, et qui crient contre Dieu. Pourquoi dans l'extrême joie voulons-nous toujours quitter la terre, pourquoi l'envie de s'élever qui a saisi, qui saisira toute créature ? Le mouvement est une grande âme dont l'alliance avec la matière est tout aussi difficile à expliquer que l'est la production de la pensée en l'homme. Aujourd'hui la science est une, il est impossible de toucher à la politique sans s'occuper de morale, et la morale tient à toutes les questions scientifiques. Il me semble que nous sommes à la veille d'une grande bataille humaine ; les forces sont là ; seulement je ne vois pas de général. ». . . . .

25 novembre.

« Croyez-moi, mon oncle, il est difficile de renoncer sans douleur à la vie qui nous est propre, je retourne à Blois avec un affreux saisissement de cœur. J'y mourrai en emportant des vérités utiles. Aucun intérêt personnel ne dégrade mes regrets. La gloire est-elle quelque chose à qui croit pouvoir aller dans une sphère supérieure ? Je ne suis pris d'aucun amour pour la syllabe *Lam* et la syllabe *bert*, prononcées avec vénération ou avec insouciance sur ma tombe ; elles ne changeront rien à ma destinée ultérieure. Je me sens fort, énergique, et pourrais devenir une puissance ; je sens en moi une vie si lumineuse qu'elle pourrait animer un monde, et je suis enfermé dans une sorte de minéral, comme y sont peut-être effectivement les couleurs que vous admirez au col des oiseaux de la presqu'île indienne. Il faudrait embrasser tout ce monde, l'étreindre pour le refaire ; mais ceux qui l'ont ainsi étreint et refondu n'ont-ils pas commencé par être un rouage de la machine ? moi, je serais broyé. A Mahomet le sabre, à Jésus la croix, à moi la mort obscure ; demain à Blois, et quelques jours après dans un cercueil. Savez-vous pourquoi ? Je suis revenu à Swedenborg, après avoir fait d'immenses études sur les religions et m'être démontré, par la lecture de tous les ouvrages que la patiente Allemagne, l'Angleterre et la France ont publiés depuis soixante ans, la profonde vérité des aperçus de ma jeunesse sur la Bible. Évidemment, Swedenborg résume toutes les religions, ou plutôt la seule religion de l'Humanité ; car si les cultes ont eu des formes infinies, ni leur sens ni leur construction métaphysique n'ont jamais varié ; enfin l'homme n'a jamais eu qu'une religion. Le Sivaïsme, le Vichnouvisme et le Brahmaïsme, les trois premiers cultes humains, nés au Thibet, dans la vallée de l'Indus et la vaste plaine du Gange, ont fini, quelques mille ans avant Jésus-Christ, leurs guerres, par l'adoption de la Trimourti hindoue. De ce dogme sortent, en Perse, le Magisme ; en Égypte, les religions africaines et le Mosaïsme ; puis le Cabirisme et le Polythéisme gréco-romain. Pendant que ces irradiations de la Trimourti adaptent les mythes de l'Asie aux imaginations de chaque pays où elles arrivent conduites par des sages que les hommes transforment en demi-dieux, Mithra, Bacchus, Hermès, Hercule, etc., Bouddha, le célèbre réformateur des trois religions primitives, s'élève dans l'Inde et y fonde son Église, qui compte encore aujourd'hui deux cent millions de fidèles de plus que le christianisme, et où sont venues se tremper les vastes volontés de Christ et de Confucius. Le Christianisme lève sa bannière. Plus tard, Mahomet fond le Mosaïsme et le Christianisme, la Bible et l'Évangile en un livre, le Coran, où il les approprie au génie de sa nation. Enfin Swedenborg reprend au Magisme, aux Brahmaïsme, au Bouddhisme et au Mysticisme chrétien ce que ces quatre grandes religions ont de commun, de réel, de divin, et rend à leur doctrine une raison pour ainsi dire mathématique. Pour qui se jette dans ces fleuves religieux dont tous les fondateurs ne sont pas connus, Zoroastre, Moïse, Bouddha, Confucius, Jésus-Christ, Swedenborg ont les mêmes principes, et se proposent la même fin. Mais, le dernier de tous, Swedenborg sera peut-être le Bouddha du Nord. Quelque obscurs et diffus que soient ses livres, il s'y trouve les éléments d'une conception sociale grandiose. Sa théocratie est sublime, et sa religion est la seule que puisse admettre un esprit supérieur. Lui seul fait toucher à Dieu, il en donne soif, il a dégagé la majesté de Dieu des langes dans lesquels l'ont entortillé les autres cultes humains; il l'a laissé là où il est, en faisant graviter autour de lui ses créations innombrables et ses créatures par des transformations successives qui sont un avenir plus immédiat, plus naturel que ne l'est l'éternité catholique. Il a lavé Dieu du reproche que lui font les âmes tendres sur la pérennité des vengeances par lesquelles il punit les fautes d'un instant, système sans justice ni bonté. Chaque homme peut savoir s'il lui est réservé d'entrer dans une autre vie, et si ce monde a un sens. Cette expérience, je vais la tenter. Cette tentative peut sauver le monde, aussi bien que la croix de Jérusalem et le sabre de l'Alcoran. L'une et l'autre sont fils du désert. Des trente-trois années de Jésus, il n'en est que neuf de connues ; sa vie silencieuse a préparé sa vie glorieuse. A moi aussi, il me faut le désert ! »

Malgré les difficultés de l'entreprise, j'ai cru devoir essayer de peindre la jeunesse de Lambert, cette vie cachée à laquelle je suis redevable des seules bonnes heures et des seuls souvenirs agréables de mon enfance. Hormis ces deux années, je n'ai eu que troubles et ennuis. Si plus tard le bonheur est venu, mon bonheur fut toujours incomplet. J'ai été très-diffus, sans doute; mais faute de pénétrer dans l'étendue du cœur et du cerveau de Lambert, deux mots qui représentent imparfaitement les modes infinis de sa *vie intérieure*, il serait presque impossible de comprendre la seconde partie de son histoire intellectuelle, également inconnue et au monde et à moi, mais dont l'occulte dénouement s'est développé devant moi pendant quelques heures. Ceux auxquels ce livre ne sera pas encore tombé des mains comprendront, je l'espère, les événements qui me restent à raconter, et qui forment en quelque sorte une seconde existence à cette créature ; pourquoi ne dirais-je pas à cette création en qui tout devait être extraordinaire ?

Quand Louis fut de retour à Blois, son oncle s'empressa de lui procurer des distractions. Mais ce pauvre prêtre se trouvait dans cette ville dévote comme un véritable lépreux, personne ne se souciait de recevoir un révolutionnaire, un assermenté. Sa société consistait donc en quelques personnes de l'opinion dite alors libérale, patriote ou constitutionnelle, chez lesquelles il se rendait pour faire sa partie de wisth ou de boston,

Dans la première maison où le présenta son oncle, Louis vit une jeune personne que sa position forçait à rester dans cette société réprouvée par les gens du grand monde, quoique sa fortune fût assez considérable pour faire supposer que plus tard elle pourrait contracter une alliance dans la haute aristocratie du pays. Mademoiselle Pauline de Villenoix se trouvait seule héritière des richesses amassées par son grand-père, un juif nommé Salomon, qui, contrairement aux usages de sa nation, avait épousé dans sa vieillesse une femme de la religion catholique. Il eut un fils élevé dans la communion de sa mère. A la mort de son père, le jeune Salomon acheta, suivant l'expression du temps, une savonnette à vilain, et fit ériger en baronnie la terre de Villenoix, dont le nom devint le sien. Il était mort sans avoir été marié, mais en laissant une fille naturelle à laquelle il avait légué la plus grande partie de sa fortune, et notamment sa terre de Villenoix. Un de ses oncles, monsieur Joseph Salomon, fut nommé par monsieur de Villenoix tuteur de l'orpheline. Ce vieux juif avait pris une telle affection pour sa pupille, qu'il paraissait vouloir faire de grands sacrifices afin de la marier honorablement. Mais l'origine de mademoiselle de Villenoix et les préjugés que l'on conserve en province contre les juifs ne lui permettaient pas, malgré sa fortune et celle de son tuteur, d'être reçue dans cette société tout exclusive qui s'appelle, à tort ou à raison, la noblesse. Cependant monsieur Joseph Salomon prétendait qu'à défaut d'un hobereau de province, sa pupille irait choisir à Paris un époux parmi les pairs libéraux ou monarchiques. Quant à son bonheur, le bon tuteur croyait pouvoir le lui garantir par les stipulations du contrat de mariage. Mademoiselle de Villenoix avait alors vingt ans. Sa beauté remarquable, les grâces de son esprit étaient pour sa félicité des garanties moins équivoques que toutes celles données par la fortune. Ses traits offraient dans sa plus grande pureté le caractère de la beauté juive : ces lignes ovales, si larges et si virginales qui ont je ne sais quoi d'idéal, et respirent les délices de l'Orient, l'azur inaltérable de son ciel, les splendeurs de sa terre et les fabuleuses richesses de sa vie. Elle avait de beaux yeux voilés par de longues paupières frangées de cils épais et recourbés. Une innocence biblique éclatait sur son front. Son teint avait la blancheur mate des robes du lévite. Elle restait habituellement silencieuse et recueillie; mais ses gestes, ses mouvements témoignaient d'une grâce cachée, de même que ses paroles attestaient l'esprit doux et caressant de la femme. Cependant elle n'avait pas cette fraîcheur rosée, ces couleurs purpurines qui décorent les joues de la femme pendant son âge d'insouciance. Des nuances brunes, mélangées de quelques filets rougeâtres, remplaçaient dans son visage la coloration, et trahissaient un caractère énergique, une irritabilité nerveuse que beaucoup d'hommes n'aiment pas à trouver dans une femme; mais qui, pour certains autres, sont l'indice d'une chasteté de sensitive et de passions fières. Aussitôt que Lambert aperçut mademoiselle de Villenoix, il devina l'ange sous cette forme. Les facultés de son âme, si grandes, si fortes; sa pente vers l'extase, tout en lui se résolut alors par un amour sans bornes, par le premier amour du jeune homme, passion déjà si vigoureuse chez les autres, mais que la vivace ardeur de ses sens, la nature de ses idées et son genre de vie durent porter à une puissance incalculable. Cette passion fut un abîme où le malheureux jeta tout, abîme où la pensée s'effraie de descendre, puisque la sienne, si flexible et si forte, s'y perdit. Là tout est mystère, car tout s'est passé dans ce monde moral, clos pour la plupart des hommes, et dont les lois lui furent peut-être révélées pour son malheur. Lorsque le hasard me mit en relation avec son oncle, le bonhomme m'introduisit dans la chambre habitée à cette époque par Lambert. Je voulais y chercher quelques traces de ses œuvres, s'il en avait laissé. Là, parmi des papiers dont le désordre était respecté par ce vieillard avec cet exquis sentiment des douleurs qui distingue les vieilles gens, je trouvai plusieurs lettres trop illisibles pour avoir été remises à mademoiselle de Villenoix. La connaissance que je possédais de l'écriture de Lambert me permit, à l'aide du temps, de déchiffrer les hiéroglyphes de cette sténographie créée par l'impatience et par la frénésie de la passion. Emporté par ses sentiments, il écrivait sans s'apercevoir de l'imperfection des lignes trop lentes à formuler sa pensée. Il avait dû être obligé de recopier ses essais informes où souvent les lignes se confondaient ; mais peut-être aussi craignait-il de ne pas donner à ses idées des formes assez décevantes ; et, dans le commencement, s'y prenait-il à deux fois pour ses lettres d'amour. Quoi qu'il en soit, il a fallu toute l'ardeur de mon culte pour sa mémoire, et l'espèce de fanatisme que donne une entreprise de ce genre pour deviner et rétablir le sens des cinq lettres qui suivent. Ces papiers, que je conserve avec une sorte de piété, sont les seuls témoignages matériels de son ardente passion. Mademoiselle de Villenoix a sans doute détruit les véritables lettres qui lui furent adressées, fastes éloquents du délire qu'elle causa. La première de ces lettres, qui était évidemment ce qu'on nomme un brouillon, attestait par sa forme et par son ampleur ces hésitations, ces troubles du cœur, ces craintes sans nombre éveillées par l'envie de plaire, ces changements d'expression et ces incertitudes entre toutes les pensées qui assaillent un jeune homme écrivant sa première lettre d'amour : lettre dont on se souvient toujours, dont chaque phrase est le fruit d'une rêverie, dont chaque mot excite de longues contemplations, où le sentiment le plus effréné de tous comprend la nécessité des tournures les plus modestes ; et, comme un géant qui se courbe pour entrer dans une chaumière, se fait humble et petit pour ne pas effrayer une âme de jeune fille. Jamais antiquaire n'a manié ses palimpsestes avec plus de respect que je n'en eus à étudier; à reconstruire ces monuments mutilés d'une souffrance et d'une joie si sacrées pour ceux qui ont connu la même souffrance et la même joie.

I.

« Mademoiselle, quand vous aurez lu cette lettre, si toutefois vous la lisez, ma vie sera entre vos mains, car je vous aime ; et, pour moi, espérer d'être aimé, c'est la vie. Je ne sais si d'autres n'ont point, en vous parlant d'eux, abusé déjà des mots que j'emploie ici pour vous peindre l'état de mon âme ; croyez cependant à la vérité de mes expressions, elles sont faibles mais sincères. Peut-être est-ce mal d'avouer ainsi son amour? Oui, la voix de mon cœur me conseillait d'attendre en silence que ma passion vous eût touchée, afin de la dévorer, si ses muets témoignages vous déplaisaient; ou pour l'exprimer plus chastement encore que par des paroles, si je trouvais grâce à vos yeux. Mais après avoir long-temps écouté les délicatesses desquelles s'effraie un jeune cœur, j'ai obéi, en vous écrivant, à l'instinct qui arrache des cris inutiles aux mourants. J'ai eu besoin de tout mon courage pour imposer silence à la fierté du malheur et pour franchir les barrières que les préjugés mettent entre vous et moi. J'ai dû comprimer bien des pensées pour vous aimer malgré votre fortune ! Enfin, pour vous écrire, ne fallait-il pas affronter ce mépris que les femmes réservent souvent à des amours dont l'aveu s'accepte, comme une flatterie de plus parmi celles qu'elles reçoivent ou pensent. Aussi faut-il s'élancer de toutes ses forces vers le bonheur, être attiré vers la vie de l'amour comme l'est une plante vers la lumière, et avoir été bien malheureux, pour savoir vaincre les tortures, les angoisses de ces délibérations secrètes où la raison nous démontre de mille manières la stérilité des vœux cachés au fond du cœur, et où cependant l'espérance nous fait tout braver. J'étais si heureux de vous admirer en silence, j'étais si complétement abîmé dans la contemplation de votre belle âme, qu'en vous voyant je n'imaginais presque rien au delà. Non, je n'aurais pas encore osé vous parler, si je n'avais entendu annoncer votre départ. A quel supplice un seul mot m'a livré ! Enfin mon chagrin m'a fait apprécier l'étendue de mon attachement pour vous, il est sans bornes. Mademoiselle, vous ne connaîtrez jamais, du moins je désire que jamais vous n'éprouviez la douleur causée par la crainte de perdre le seul bonheur qui soit éclos pour nous sur cette terre, le seul qui nous ait jeté quelque lueur dans l'obscurité de la misère. Hier, j'ai senti que ma vie n'était plus en moi, mais en vous. Il n'est plus pour moi qu'une femme dans le monde, comme il n'est plus qu'une seule pensée dans mon âme. Je n'ose vous dire à quelle alternative me réduit l'amour que j'ai pour vous. Ne voulant vous devoir qu'à vous-même, je dois éviter de me présenter accompagné de tous les prestiges du malheur : ne sont-ils pas plus actifs que ceux de la fortune sur de nobles âmes? Je vous tairai donc bien des choses. Oui, j'ai une idée trop belle de l'amour, pour le corrompre par des pensées étrangères à sa nature. Si mon âme est digne de la vôtre, si ma vie est pure, votre cœur en aura quelque généreux pressentiment, et vous me comprendrez! Il est dans la destinée de l'homme de s'offrir à celle qui le fait croire au bonheur; mais votre droit est de refuser le sentiment le plus vrai, s'il ne s'accorde pas avec les voix confuses de votre cœur : je le sais. Si le sort que vous me ferez doit être contraire à mes espérances, mademoiselle, j'invoque les délicatesses de votre âme vierge, aussi bien que l'ingénieuse pitié de la femme : ah! je vous en supplie à genoux, brûlez ma lettre, oubliez tout. Ne plaisantez pas d'un sentiment respectueux et trop profondément empreint dans l'âme pour pouvoir s'en effacer. Brisez mon cœur, mais ne le déchirez pas! Que l'expression de mon premier amour, d'un amour jeune et pur, n'ait retenti que dans un cœur jeune et pur; qu'il y meure comme une prière va se perdre dans le sein de Dieu! Je vous dois de la reconnaissance : j'ai passé des heures délicieuses occupé à vous voir en m'abandonnant aux rêveries les plus douces de ma vie, ne couronnez donc pas cette longue et passagère félicité par quelque moquerie de jeune fille. Contentez-vous de ne pas me répondre, je saurai bien interpréter votre silence, et vous ne me verrez plus. Si je dois être condamné à toujours comprendre le bonheur et à le perdre toujours; si je suis, comme l'ange exilé, conservant le sentiment des délices célestes, mais sans cesse attaché dans un monde de douleur ; eh ! bien, je garderai le secret de mon amour, comme celui de mes misères. Et, adieu ! Oui, je vous confie à Dieu, que j'implorerai pour vous, à qui je demanderai de vous faire une belle vie; car, fussé-je chassé de votre cœur, où je suis entré furtivement à votre insu, je ne vous quitterai jamais. Autrement, quelle valeur auraient les paroles saintes de cette lettre, ma première et ma dernière prière peut-être? Si je cessais un jour de penser à vous, de vous aimer, heureux ou malheureux ! ne mériterais-je pas mes angoisses ? »

II.

« Vous ne partez pas ! Je suis donc aimé ! moi, pauvre être obscur. Ma chère Pauline, vous ne connaissez pas la puissance du regard auquel je crois, et que vous m'avez jeté pour m'annoncer que j'avais été choisi par vous, par vous, jeune et belle, qui voyez le monde à vos pieds. Pour vous faire comprendre mon bonheur, il faudrait vous raconter ma vie. Si vous m'eussiez repoussé, pour moi tout était fini. J'avais trop souffert. Oui, mon amour, ce bienfaisant et magnifique amour était un dernier effort vers la vie heureuse de laquelle mon âme avait soif, une âme déjà brisée par des travaux inutiles, consumée par des craintes qui me font douter de moi, rongée par des désespoirs qui m'ont souvent persuadé de mourir. Non, personne dans le monde ne sait la terreur que ma fatale imagination me cause à moi-même. Elle m'élève souvent dans les cieux, et tout à coup me laisse tomber à terre d'une hauteur prodigieuse. D'intimes élans de force, quelques rares et secrets témoignages d'une lucidité particulière, me disent parfois que je puis beaucoup. J'enveloppe alors le monde par ma pensée, je le pétris, je le façonne, je le pénètre, je le comprends ou crois le comprendre ; mais soudain je me réveille seul, et me trouve dans une nuit profonde, tout chétif ; j'oublie les lueurs que je viens d'entrevoir, je suis privé de secours, et surtout sans un cœur où je puisse me réfugier ! Ce malheur de ma vie morale agit également sur mon existence physique. La nature de mon esprit m'y livre sans défense aux joies du bonheur comme aux affreuses clartés de la réflexion qui les détruisent en les analysant. Doué de la triste faculté de voir avec une même lucidité les obstacles et les succès, suivant ma croyance du moment, je suis heureux ou malheureux. Ainsi, lorsque je vous rencontrai, j'eus le pressentiment d'une nature angélique ; je respirai l'air favorable à ma brûlante poitrine ; puis j'entendis en moi cette voix qui ne trompe jamais, et qui m'avertissait d'une vie heureuse ; mais apercevant aussi toutes les barrières qui nous séparaient, je devinai pour la première fois les préjugés du monde, je les compris alors dans toute l'étendue de leur petitesse, et les obstacles m'effrayèrent encore plus que la vue du bonheur ne m'exaltait. Aussitôt, je ressentis cette réaction terrible par laquelle mon âme expansive est refoulée sur elle-même. Le sourire que vous aviez fait naître sur mes lèvres se changea tout à coup en contraction amère ; et je tâchai de rester froid, pendant que mon sang bouillonnait, agité par mille sentiments contraires. Enfin, je reconnus cette sensation mordante à laquelle vingt-trois années pleines de soupirs réprimés et d'expansions trahies ne m'ont pas encore habitué. Eh ! bien, Pauline, le regard par lequel vous m'avez annoncé le bonheur a tout à coup réchauffé ma vie et changé mes misères en félicités. Je voudrais maintenant avoir souffert davantage. Mon amour s'est trouvé grand tout à coup. Mon âme était un vaste pays auquel manquaient les bienfaits du soleil, et votre regard y a jeté soudain la lumière. Chère providence! vous serez tout pour moi, pauvre orphelin qui n'ai d'autre parent que mon oncle. Vous serez toute ma famille, comme vous êtes déjà ma seule richesse, et le monde entier pour moi. Ne m'avez-vous pas jeté toutes les fortunes de l'homme par ce chaste, par ce prodigue, par ce timide regard? Oui, vous m'avez donné une confiance, une audace incroyables. Je puis tout tenter maintenant. J'étais revenu à Blois, découragé. Cinq ans d'études au milieu de Paris m'avaient montré le monde comme une prison. Je concevais des sciences entières et n'osais en parler. La gloire me semblait un charlatanisme auquel une âme vraiment grande ne devait pas se prêter. Mes idées ne pouvaient donc passer que sous la protection d'un homme assez hardi pour monter sur les tréteaux, et parler d'une voix haute aux niais qu'il méprise. Cette intrépidité me manquait. J'allais, brisé par les arrêts de cette foule, désespérant d'être jamais écouté par elle. J'étais et trop bas et trop haut! Je dévorais mes pensées comme d'autres dévorent leurs humiliations. J'en étais arrivé à mépriser la science, en lui reprochant de ne rien ajouter au bonheur réel. Mais depuis hier, en moi tout est changé. Pour vous je convoite les palmes de la gloire et tous les triomphes du talent. Je veux, en apportant ma tête sur vos genoux, y faire reposer les regards du monde, comme je veux mettre dans mon amour toutes les idées, tous les pouvoirs! La plus immense des renommées est un bien que nulle puissance autre que celle du génie ne saurait créer. Eh! bien, je puis, si je le veux, vous faire un lit de lauriers. Mais si les paisibles ovations de la science ne vous satisfaisaient pas, je porte en moi le Glaive et la Parole, je saurai courir dans la carrière des honneurs et de l'ambition comme d'autres s'y traînent! Parlez, Pauline, je serai tout ce que vous voudrez que je sois. Ma volonté de fer peut tout. Je suis aimé! Armé de cette pensée, un homme ne doit-il pas faire tout plier devant lui. Tout est possible à celui qui veut tout. Soyez le prix du succès, et demain j'entre en lice. Pour obtenir un regard comme celui que vous m'avez jeté, je franchirais le plus profond des précipices. Vous m'avez expliqué les fabuleuses entreprises de la chevalerie, et les plus capricieux récits des Mille et une Nuits. Maintenant je crois aux plus fantastiques exagérations de l'amour, et à la réussite de tout ce qu'entreprennent les prisonniers pour conquérir la liberté. Vous avez réveillé mille vertus endormies dans mon être : la patience, la résignation, toutes les forces du cœur, toutes les puissances de l'âme. Je vis par vous, et, pensée délicieuse, pour vous. Maintenant tout a un sens, pour moi, dans cette vie. Je comprends tout, même les vanités de la richesse : je me surprends à verser toutes les perles de l'Inde à vos pieds; je me plais à vous voir couchée, ou parmi les plus belles fleurs, ou sur le plus moelleux des tissus, et toutes les splendeurs de la terre me semblent à peine dignes de vous, en faveur de qui je voudrais pouvoir disposer des accords et des lumières que prodiguent les harpes des Séraphins et les étoiles dans les cieux. Pauvre studieux poète! ma parole vous offre des trésors que je n'ai pas, tandis que je ne puis vous donner que mon cœur, où vous régnerez toujours; là sont tous mes biens. Mais n'existe-t-il donc pas des trésors dans une éternelle reconnaissance, dans un sourire dont les expressions seront incessamment variées par un immuable bonheur, dans l'attention constante de mon amour à deviner les vœux de votre âme aimante? Un regard céleste ne nous a-t-il pas dit que nous pourrions toujours nous entendre. J'ai donc maintenant une prière à faire tous les soirs à Dieu, prière pleine de vous : — « Faites que ma Pauline soit heureuse ! » Mais ne remplirez-vous donc pas mes jours, comme déjà vous remplissez mon cœur ! Adieu, je ne puis vous confier qu'à Dieu ! »

III.

« Pauline ! dis-moi si j'ai pu te déplaire en quelque chose, hier ? Abjure cette fierté de cœur qui fait endurer secrètement les peines causées par un être aimé. Gronde-moi ! Depuis hier je ne sais quelle crainte vague de t'avoir offensée répand de la tristesse sur cette vie du cœur que tu m'as faite et si douce et si riche. Souvent le plus léger voile qui s'interpose entre deux âmes devient un mur d'airain. Il n'est pas de légers crimes en amour ! Si vous avez tout le génie de ce beau sentiment, vous devez en ressentir toutes les souffrances, et nous devons veiller sans cesse à ne pas vous froisser par quelque parole étourdie. Aussi, mon cher trésor, sans doute la faute vient-elle de moi, s'il y a faute. Je n'ai pas l'orgueil de comprendre un cœur de femme dans toute l'étendue de sa tendresse, dans toutes les grâces de ses dévouements ; seulement, je tâcherai de toujours deviner le prix de ce que tu voudras me révéler dans les secrets du tien. Parle-moi, réponds-moi promptement ? La mélancolie dans laquelle nous jettent les sentiments d'un tort est bien affreuse, elle enveloppe la vie et fait douter de tout. Je suis resté pendant cette matinée assis sur le bord du chemin creux, voyant les tourelles de Villenoix, et n'osant aller jusqu'à notre haie. Si tu savais tout ce que j'ai vu dans mon âme! quels tristes fantômes ont passé devant moi, sous ce ciel gris dont le froid aspect augmentait encore mes sombres dispositions. J'ai eu de sinistres pressentiments. J'ai eu peur de ne pas te rendre heureuse. Il faut tout te dire, ma chère Pauline. Il se rencontre des moments où l'esprit qui m'anime semble se retirer de moi. Je suis comme abandonné par ma force. Tout me pèse alors, chaque fibre de mon corps devient inerte, chaque sens se détend, mon regard s'amollit, ma langue est glacée, l'imagination s'éteint, les désirs meurent, et ma force humaine subsiste seule. Tu serais alors là dans toute la gloire de ta beauté, tu me prodiguerais tes plus curieux sourires et tes plus tendres paroles, il s'élèverait une puissance mauvaise qui m'aveuglerait, et me traduirait en sons discords la plus ravissante des mélodies. En ces moments, du moins je le crois, se dresse devant moi je ne sais quel génie raisonneur qui me fait voir le néant au fond des plus certaines richesses. Ce démon impitoyable fauche toutes les fleurs, ricane des sentiments les plus doux, en me disant : « Eh! bien, après ? » Il flétrit la plus belle œuvre en m'en montrant le principe, et me dévoile le mécanisme des choses en m'en cachant les résultats harmonieux. En ces moments terribles où le mauvais ange s'empare de mon être, où la lumière divine s'obscurcit en mon âme sans que j'en sache la cause, je reste triste et je souffre; je voudrais être sourd et muet; je souhaite la mort en y voyant un repos. Ces heures de doute et d'inquiétude sont peut-être nécessaires ; elles m'apprennent du moins à ne pas avoir d'orgueil, après les élans qui m'ont porté dans les cieux où je moissonne les idées à pleines mains ; car c'est toujours après avoir long-temps parcouru les vastes campagnes de l'intelligence, après des méditations lumineuses que, lassé, fatigué, je roule en ces limbes. En ce moment, mon ange, une femme devrait douter de ma tendresse, elle le pourrait du moins. Souvent capricieuse, maladive ou triste, elle réclamera les caressants trésors d'une tendresse ingénieuse, et je n'aurai pas un regard pour la consoler ! J'ai la honte, Pauline, de t'avouer qu'alors je pourrais pleurer avec toi, mais que rien ne m'arracherait un sourire. Et cependant, une femme trouve dans son amour la force de taire ses douleurs ! Pour son enfant, comme pour celui qu'elle aime, elle sait rire en souffrant. Pour toi, Pauline, ne pourrai-je donc imiter la femme dans ses sublimes délicatesses ? Depuis hier je doute de moi-même. Si j'ai pu te déplaire une fois, si je ne t'ai pas comprise, je tremble d'être emporté souvent ainsi par mon fatal démon hors de notre bonne sphère. Si j'avais beaucoup de ces moments affreux, si mon amour sans bornes ne savait pas racheter les heures mauvaises de ma vie, si j'étais destiné à demeurer tel que je suis ?... Fatales questions ! La puissance est un bien fatal présent, si toutefois ce que je sens en moi est la puissance. Pauline, éloigne-toi de moi, abandonne-moi ! je préfère souffrir tous les maux de la vie à la douleur de te savoir malheureuse par moi. Mais peut-être le démon n'a-t-il pris autant d'empire sur mon âme que parce qu'il ne s'est point encore trouvé près de moi de mains douces et blanches pour le chasser. Jamais une femme ne m'a versé le baume de ses consolations, et j'ignore si, lorsqu'en ces moments de lassitude, l'amour agitera ses ailes au-dessus de ma tête, il ne répandra pas dans mon cœur de nouvelles forces. Peut-être ces cruelles mélancolies sont-elles un fruit de ma solitude, une des souffrances de l'âme abandonnée qui gémit et paie ses trésors par des douleurs inconnues. Aux légers plaisirs, les légères souffrances ; aux immenses bonheurs, des maux inouïs. Quel arrêt ! S'il était vrai, ne devons-nous pas frissonner pour nous, qui sommes surhumainement heureux. Si la nature nous vend les choses selon leur valeur, dans quel abîme allons-nous donc tomber ? Ah ! les amants les plus richement partagés sont ceux qui meurent ensemble au milieu de leur jeunesse et de leur amour ! Quelle tristesse ! Mon âme pressent-elle un méchant avenir ? Je m'examine, et me demande s'il se trouve quelque chose en moi qui doive t'apporter le plus léger souci ? Je t'aime peut-être en égoïste ? Je mettrai peut-être sur ta chère tête un fardeau plus pesant que ma tendresse ne sera douce à ton cœur. S'il existe en moi quelque puissance inexorable à laquelle j'obéis, si je dois maudire quand tu joindras les mains pour prier, si quelque triste pensée me domine lorsque je voudrai me mettre à tes pieds pour jouer avec toi comme un enfant, ne seras-tu pas jalouse de cet exigeant et fantasque génie ? Comprends-tu bien, cœur à moi, que j'ai peur de n'être pas tout à toi, que j'abdiquerais volontiers tous les sceptres, toutes les palmes du monde pour faire de toi mon éternelle pensée ; pour voir, dans notre délicieux amour, une belle vie et un beau poème ; pour y jeter mon âme, y engloutir mes forces, et demander à chaque heure les joies qu'elle nous doit ? Mais voilà que reviennent en foule mes souvenirs d'amour, les nuages de ma tristesse vont se dissiper. Adieu. Je te quitte pour être mieux à toi. Mon âme chérie, j'attends un mot, une parole qui me rende la paix du cœur. Que je sache si j'ai contristé ma Pauline, ou si quelque douteuse expression de ton visage m'a trompé. Je ne voudrais pas avoir à me reprocher, après toute une vie heureuse, d'être venu vers toi sans un sourire plein d'amour, sans une parole de miel. Affliger la femme que l'on aime ! pour moi, Pauline, c'est un crime. Dis-moi la vérité, ne me fais pas quelque généreux mensonge, mais désarme ton pardon de toute cruauté. »

FRAGMENT.

« Un attachement si complet est-il un bonheur ? Oui, car des années de souffrance ne paieraient pas une heure d'amour. Hier, ton apparente tristesse a passé dans mon âme avec la rapidité d'une ombre qui se projette. Étais-tu triste ou souffrais-tu ? J'ai souffert. D'où venait ce chagrin ? Écris-moi vite. Pourquoi ne l'ai-je pas deviné ? Nous ne sommes donc pas encore complétement unis par la pensée ? Je devrais, à deux lieues de toi comme à mille, ressentir tes peines et tes douleurs. Je ne croirai pas t'aimer tant que ma vie ne sera pas assez intimement liée à la tienne pour que nous ayons la même vie, le même cœur, la même idée. Je dois être où tu es, voir ce que tu vois, ressentir ce que tu ressens, et te suivre par la pensée. N'ai-je pas déjà su, le premier, que ta voiture avait versé, que tu étais meurtrie ? Mais aussi ce jour-là, ne t'avais-je pas quittée, je te voyais. Quand mon oncle m'a demandé pourquoi je pâlissais, je lui ai dit : « Mademoiselle de Villenoix vient de tomber ! » Pourquoi donc n'ai-je pas lu dans ton âme, hier ? Voulais-tu me cacher la cause de ce chagrin ? Cependant j'ai cru deviner que tu avais fait en ma faveur quelques efforts malheureux auprès de ce redoutable Salomon qui me glace. Cet homme n'est pas de notre ciel. Pourquoi veux-tu que notre bonheur, qui ne ressemble en rien à celui des autres, se conforme aux lois du monde? Mais j'aime trop tes mille pudeurs, ta religion, tes superstitions, pour ne pas obéir à tes moindres caprices. Ce que tu fais doit être bien; rien n'est plus pur que ta pensée, comme rien n'est plus beau que ton visage où se réfléchit ton âme divine. J'attendrai ta lettre avant d'aller par les chemins chercher le doux moment que tu m'accordes. Ah! si tu savais combien l'aspect des tourelles me fait palpiter, quand enfin je les vois bordées de lueur par la lune, notre amie, notre seule confidente. »

IV.

« Adieu la gloire, adieu l'avenir, adieu la vie que je rêvais! Maintenant, ma tant aimée, ma gloire est d'être à toi, digne de toi; mon avenir est tout entier dans l'espérance de te voir; et ma vie? n'est-ce pas de rester à tes pieds, de me coucher sous tes regards, de respirer en plein dans les cieux que tu m'as créés? Toutes mes forces, toutes mes pensées doivent t'appartenir, à toi qui m'as dit ces enivrantes paroles : « Je veux tes peines ! » Ne serait-ce pas dérober des joies à l'amour, des moments au bonheur, des sentiments à ton âme divine, que de donner des heures à l'étude, des idées au monde, des poésies aux poètes? Non, non, chère vie à moi, je veux tout te réserver, je veux t'apporter toutes les fleurs de mon âme. Existe-t-il rien d'assez beau, d'assez splendide dans les trésors de la terre et de l'intelligence pour fêter un cœur aussi riche, un cœur aussi pur que le tien, et auquel j'ose allier le mien, parfois? Oui, parfois j'ai l'orgueil de croire que je sais aimer autant que tu aimes. Mais non, tu es un *ange-femme :* il se rencontrera toujours plus de charme dans l'expression de tes sentiments, plus de parfum dans ton souffle, plus d'harmonie dans ta voix, plus de grâce dans tes sourires, plus de pureté dans tes regards que dans les miens. Oui, laisse-moi penser que tu es une création d'une sphère plus élevée que ne l'est la mienne; tu auras l'orgueil d'en être descendue, et moi celui de t'avoir méritée, et tu ne seras peut-être pas déchue en venant à moi, pauvre et malheureux. Oui, si le plus bel asile d'une femme est un cœur tout à elle, tu seras toujours souveraine dans le mien. Aucune pensée, aucune action ne ternira jamais ce cœur, riche sanctuaire, tant que tu voudras y résider; mais n'y demeureras-tu pas sans cesse? Ne m'as-tu pas dit ce mot délicieux : *Maintenant et toujours* ! ET NUNC ET SEMPER! J'ai gravé sous ton portrait ces paroles du Rituel, dignes de toi, comme elles sont dignes de Dieu. Il est *et maintenant et toujours*, comme sera mon amour. Non, non, je n'épuiserai jamais ce qui est immense, infini, sans bornes; et tel est le sentiment que je sens en moi pour toi. J'en ai deviné l'incommensurable étendue, comme nous devinons l'espace, par la mesure d'une de ses parties. Ainsi, j'ai eu des jouissances ineffables, des heures entières pleines de méditations chatouilleuses en me rappelant un seul de tes gestes, ou l'accent d'une phrase. Il naîtra donc des souvenirs sous le poids desquels je succomberai, si déjà la souvenance d'une heure douce et familière me fait pleurer de joie, attendrit, pénètre mon âme, et devient une intarissable source de bonheur. Aimer, c'est la vie de l'ange! Il me semble que je n'épuiserai jamais le plaisir que j'éprouve à te voir. Ce plaisir, le plus modeste de tous, mais auquel le temps manque toujours, m'a fait connaître les éternelles contemplations dans lesquelles restent les Séraphins et les Esprits devant Dieu : rien n'est plus naturel, s'il émane de son essence une lumière aussi fertile en sentiments nouveaux que l'est celle de tes yeux, de ton front imposant, de ta belle physionomie, céleste image de ton âme ; l'âme, cet autre nous-mêmes dont la forme pure, ne périssant jamais, rend alors notre amour immortel. Je voudrais qu'il existât un langage autre que celui dont je me sers, pour t'exprimer les renaissantes délices de mon amour ; mais s'il en est un que nous avons créé, si nos regards sont de vivantes paroles, ne faut-il pas nous voir pour entendre par les yeux ces interrogations et ces réponses du cœur si vives, si pénétrantes, que tu m'as dit un soir : — « Taisez-vous ! » quand je ne parlais pas. T'en souviens-tu, ma chère vie ? De loin, quand je suis dans les ténèbres de l'absence, ne suis-je pas forcé d'employer des mots humains trop faibles pour rendre des sensations divines ? les mots accusent au moins les sillons qu'elles tracent dans mon âme, comme le mot Dieu résume imparfaitement les idées que nous avons de ce mystérieux principe. Encore, malgré la science, l'infini du langage, n'ai-je jamais rien trouvé dans ses expressions qui pût te peindre la délicieuse étreinte par laquelle ma vie se fond dans la tienne quand je pense à toi. Puis, par quel mot finir, lorsque je cesse de t'écrire sans pour cela te quitter ? Que signifie adieu, à moins de mourir ? Mais la mort serait-elle un adieu ? Mon âme ne se réunirait-elle pas alors plus intimement à la tienne ? O mon éternelle pensée ! naguère je t'offris à genoux mon cœur et ma vie ; maintenant, quelles nouvelles fleurs de sentiment trouverai-je donc en mon âme, que je ne t'aie données? Ne serait-ce pas t'envoyer une parcelle du bien que tu possèdes entièrement? N'es-tu pas mon avenir? Combien je regrette le passé! Ces années qui ne nous appartiennent plus, je voudrais te les rendre toutes, et t'y faire régner comme tu règnes sur ma vie actuelle. Mais qu'est-ce que le temps de mon existence où je ne te connaissais pas? Ce serait le néant, si je n'avais pas été si malheureux. »

FRAGMENT.

« Ange aimé, quelle douce soirée que celle d'hier. Combien de richesses dans ton cher cœur? ton amour est donc inépuisable, comme le mien. Chaque mot m'apportait de nouvelles joies, et chaque regard en étendait la profondeur. L'expression calme de ta physionomie donnait un horizon sans bornes à nos pensées. Oui, tout était alors infini comme le ciel, et doux comme son azur. La délicatesse de tes traits adorés se reproduisait, je ne sais par quelle magie, dans tes gentils mouvements, dans tes gestes menus. Je savais bien que tu étais tout grâce et tout amour, mais j'ignorais combien tu étais diversement gracieuse. Tout s'accordait à me conseiller ces voluptueuses sollicitations, à me faire demander ces premières grâces qu'une femme refuse toujours, sans doute pour se les laisser ravir. Mais non, toi, chère âme de ma vie, tu ne sauras jamais d'avance ce que tu pourras accorder à mon amour, et tu te donneras sans le vouloir peut-être! tu es vraie, et n'obéis qu'à ton cœur. Comme la douceur de ta voix s'alliait aux tendres harmonies de l'air pur et des cieux tranquilles! Pas un cri d'oiseau, pas une brise; la solitude et nous!

Les feuillages immobilés ne tremblaient même pas dans ces admirables couleurs du couchant qui sont tout à la fois ombre et lumière. Tu as senti ces poésies célestes, toi qui unissais tant de sentiments divers, et reportais si souvent tes yeux vers le ciel pour ne pas me répondre ! Toi, fière et rieuse, humble et despotique, te donnant tout entière en âme, en pensée, et te dérobant à la plus timide des caresses ! Chères coquetteries du cœur ! elles vibrent toujours dans mon oreille, elles s'y roulent et s'y jouent encore, ces délicieuses paroles à demi bégayées comme celles des enfants, et qui n'étaient ni des promesses, ni des aveux, mais qui laissaient à l'amour ses belles espérances sans craintes et sans tourments ! Quel chaste souvenir dans la vie ! Quel épanouissement de toutes les fleurs qui naissent au fond de l'âme, et qu'un rien peut flétrir, mais qu'alors tout animait et fécondait ! Ce sera toujours ainsi, n'est-ce pas, mon aimée ? En me rappelant, au matin, les vives et fraîches douceurs qui sourdirent en ce moment, je me sens dans l'âme un bonheur qui me fait concevoir le véritable amour comme un océan de sensations éternelles et toujours neuves, où l'on se plonge avec de croissantes délices. Chaque jour, chaque parole, chaque caresse, chaque regard doit y ajouter le tribut de sa joie écoulée. Oui, les cœurs assez grands pour ne rien oublier doivent vivre, à chaque battement, de toutes leurs félicités passées, comme de toutes celles que promet l'avenir. Voilà ce que je rêvais autrefois, et ce n'est plus un rêve aujourd'hui : n'ai-je pas rencontré sur cette terre un ange qui m'en a fait connaître toutes les joies pour me récompenser peut-être d'en avoir supporté toutes les douleurs ? Ange du ciel, je te salue par un baiser.

Je t'envoie cette hymne échappée à mon cœur, je te la devais; mais elle te peindra difficilement ma reconnaissance et ces prières matinales que mon cœur adresse chaque jour à celle qui m'a dit tout l'évangile du cœur dans ce mot divin : « CROYEZ ! »

V.

« Comment, cœur chéri, plus d'obstacles ! Nous serons libres d'être l'un à l'autre, chaque jour, à chaque heure, chaque moment, toujours. Nous pourrons rester, pendant toutes les journées de notre vie, heureux comme nous le sommes furtivement en de rares instants ! Quoi ! nos sentiments si purs, si profonds, prendront les formes délicieuses des mille caresses que j'ai rêvées. Ton petit pied se déchaussera pour moi, tu seras toute à moi ! Ce bonheur me tue, il m'accable. Ma tête est trop faible, elle éclate sous la violence de mes pensées. Je pleure et je ris, j'extravague. Chaque plaisir est comme une flèche ardente, il me perce et me brûle ! Mon imagination te fait passer devant mes yeux ravis, éblouis, sous les innombrables et capricieuses figures qu'affecte la volupté. Enfin, toute notre vie est là, devant moi, avec ses torrents, ses repos, ses joies; elle bouillonne, elle s'étale, elle dort; puis elle se réveille jeune, fraîche. Je nous vois tous deux unis, marchant du même pas, vivant de la même pensée; toujours au cœur l'un de l'autre, nous comprenant, nous entendant comme l'écho reçoit et redit les sons à travers les espaces ! Peut-on vivre long-temps en dévorant ainsi sa vie à toute heure ? Ne mourrons-nous pas dans le premier embrassement ? Et que sera-ce donc, si déjà nos âmes se confondaient dans ce doux baiser du soir, qui nous enlevait nos forces ; ce baiser sans durée, dénouement de tous mes désirs, interprète impuissant de tant de prières échappées à mon âme pendant nos heures de séparation, et cachées au fond de mon cœur comme des remords? Moi, qui revenais me coucher dans la haie pour entendre le bruit de tes pas quand tu retournais au château, je vais donc pouvoir t'admirer à mon aise, agissant, riant, jouant, causant, allant. Joies sans fin ! Tu ne sais pas tout ce que je sens de jouissances à te voir marcher, aller et venir : il faut être homme pour éprouver ces sensations profondes. Chacun de tes mouvements me donne plus de plaisir que n'en peut prendre une mère à voir son enfant joyeux ou endormi. Je t'aime de tous les amours ensemble. La grâce de ton moindre geste est toujours nouvelle pour moi. Il me semble que je passerais les nuits à respirer ton souffle ; je voudrais me glisser dans tous les actes de ta vie, être la substance même de tes pensées ; je voudrais être toi-même. Enfin, je ne te quitterai donc plus ! Aucun sentiment humain ne troublera plus notre amour, infini dans ses transformations et pur comme tout ce qui est un ; notre amour vaste comme la mer, vaste comme le ciel ! Tu es à moi, toute à moi ! Je pourrai donc regarder au fond de tes yeux pour y deviner la chère âme qui s'y cache et s'y révèle tour à tour, pour y épier tes désirs ! Ma bien-aimée, écoute certaines choses que je n'osais te dire encore, mais que je puis t'avouer aujourd'hui. Je sentais en moi je ne sais quelle pudeur d'âme qui s'opposait à l'entière expression de mes sentiments, et je tâchais de les revêtir des formes de la pensée. Mais, maintenant, je voudrais mettre mon cœur à nu, te dire toute l'ardeur de mes rêves, te dévoiler la chaude ambition de mes sens irrités par la solitude où j'ai vécu, toujours enflammés par l'attente du bonheur, et réveillés par toi, par toi si douce de formes, si attrayante en tes manières! Mais est-il possible d'exprimer combien je suis altéré de ces félicités inconnues que donne la possession d'une femme aimée, et auxquelles deux âmes étroitement unies par l'amour doivent prêter une force de cohésion effrénée! Sache-le, ma Pauline, je suis resté pendant des heures entières dans une stupeur causée par la violence de mes souhaits passionnés, restant perdu dans le sentiment d'une caresse comme dans un gouffre sans fond. En ces moments, ma vie entière, mes pensées, mes forces, se fondent, s'unissent dans ce que je nomme un désir, faute de mots pour exprimer un délire sans nom! Et maintenant, je puis t'avouer que le jour où j'ai refusé la main que tu me tendais par un si joli mouvement, triste sagesse qui t'a fait douter de mon amour, j'étais dans un de ces moments de folie où l'on médite un meurtre pour posséder une femme. Oui, si j'avais senti la délicieuse pression que tu m'offrais, aussi vivement que ta voix retentissait dans mon cœur, je ne sais où m'aurait conduit la violence de mes désirs. Mais je puis me taire et souffrir beaucoup. Pourquoi parler de ces douleurs quand mes contemplations vont devenir des réalités? Il me sera donc maintenant permis de faire de toute notre vie une seule caresse! Chérie aimée, il se rencontre tel effet de lumière sur tes cheveux noirs qui me ferait rester, les larmes dans les yeux, pendant de longues heures occupé à voir ta chère personne, si tu ne me disais pas en te retournant: « Finis, tu me rends honteuse. » Demain, notre amour se saura donc! Ah! Pauline, ces regards des autres à supporter, cette curiosité publique me serre le cœur. Allons à Villenoix, restons-y loin de tout. Je voudrais qu'aucune créature ayant face humaine n'entrât dans le sanctuaire où tu seras à moi ; je voudrais même qu'après nous il n'existât plus, qu'il fût détruit. Oui, je voudrais dérober à la nature entière un bonheur que nous sommes seuls à comprendre, seuls à sentir, et qui est tellement immense que je m'y jette pour y mourir : c'est un abîme. Ne t'effraie pas des larmes qui ont mouillé cette lettre, c'est des larmes de joie. Mon seul bonheur, nous ne nous quitterons donc plus ! »

En 1823, j'allais de Paris en Touraine par la diligence. A Mer, le conducteur prit un voyageur pour Blois. En le faisant entrer dans la partie de la voiture où je me trouvais, il lui dit en plaisantant : — Vous ne serez pas gêné là, monsieur Lefebvre ! En effet, j'étais seul. En entendant ce nom, en voyant un vieillard à cheveux blancs qui paraissait au moins octogénaire, je pensai tout naturellement à l'oncle de Lambert. Après quelques questions insidieuses, j'appris que je ne me trompais pas. Le bonhomme venait de faire ses vendanges à Mer, il retournait à Blois. Aussitôt je lui demandai des nouvelles de mon ancien *faisant*. Au premier mot, la physionomie du vieil oratorien, déjà grave et sévère comme celle d'un soldat qui aurait beaucoup souffert, devint triste et brune ; les rides de son front se contractèrent légèrement ; il serra ses lèvres, me jeta un regard équivoque et me dit : — Vous ne l'avez pas revu depuis le collége ?

— Non, ma foi, répondis-je. Mais nous sommes aussi coupables l'un que l'autre, s'il y a oubli. Vous le savez, les jeunes gens mènent une vie si aventureuse et si passionnée en quittant les bancs de l'école, qu'il faut se retrouver pour savoir combien l'on s'aime encore. Cependant, parfois, un souvenir de jeunesse arrive, et il est impossible de s'oublier tout à fait, surtout lorsqu'on a été aussi amis que nous l'étions Lambert et moi. On nous avait appelés *le Poète-et-Pythagore !*

Je lui dis mon nom, mais en l'entendant la figure du bonhomme se rembrunit encore.

— Vous ne connaissez donc pas son histoire, reprit-il. Mon pauvre neveu devait épouser la plus riche héritière de Blois, mais la veille de son mariage il est devenu fou.

— Lambert, fou ! m'écriai-je frappé de stupeur. Et par quel événement? C'était la plus riche mémoire, la tête la plus fortement organisée, le jugement le plus sagace que j'aie rencontrés ! Beau génie, un peu trop passionné peut-être pour la mysticité ; mais le meilleur cœur du monde ! Il lui est donc arrivé quelque chose de bien extraordinaire?

— Je vois que vous l'avez bien connu, me dit le bonhomme.

Depuis Mer jusqu'à Blois, nous parlâmes alors de mon pauvre camarade, en faisant de longues digressions par lesquelles je m'instruisis des particularités que j'ai déjà rapportées pour présenter les faits dans un ordre qui les rendît intéressants. J'appris à son oncle le secret de nos études, la nature des occupations de son neveu ; puis le vieillard me raconta les événements survenus dans la vie de Lambert depuis que je l'avais quitté. A entendre monsieur Lefebvre, Lambert aurait donné quelques marques de folie avant son mariage ; mais ces symptômes lui étant communs avec tous ceux qui aiment passionnément, ils me parurent moins caractéristiques lorsque je connus et la violence de son amour et mademoiselle de Villenoix. En province, où les idées se raréfient, un homme plein de pensées neuves et dominé par un système, comme l'était Louis, pouvait passer au moins pour un original. Son langage devait surprendre d'autant plus qu'il parlait plus rarement. Il disait : *Cet homme n'est pas de mon ciel,* là où les autres disaient : *Nous ne mangerons pas un minot de sel ensemble.* Chaque homme de talent a ses idiotismes particuliers. Plus large est le génie, plus tranchées sont les bizarreries qui constituent les divers degrés d'*originalité.* En province, un original passe pour un homme à moitié fou. Les premières paroles de monsieur Lefebvre me firent donc douter de la folie de mon camarade. Tout en écoutant le vieillard, je critiquais intérieurement son récit. Le fait le plus grave était survenu quelques jours avant le mariage des deux amants. Louis avait eu quelques accès de catalepsie bien caractérisés. Il était resté pendant cinquante-neuf heures immobile, les yeux fixes, sans manger ni parler, état purement nerveux dans lequel tombent quelques personnes en proie à de violentes passions ; phénomène rare, mais dont les effets sont bien parfaitement connus des médecins. S'il y avait quelque chose d'extraordinaire, c'est que Louis n'eût pas eu déjà plusieurs accès de cette maladie, à laquelle le prédisposaient son habitude de l'extase et la nature de ses idées. Mais sa constitution extérieure et intérieure était si parfaite qu'elle avait sans doute résisté jusqu'alors à l'abus de ses forces. L'exaltation à laquelle dut le faire arriver l'attente du plus grand plaisir physique, encore agrandi chez lui par la chasteté du corps et par la puissance de l'âme, avait bien pu déterminer cette crise dont les résultats ne sont pas plus connus que la cause. Les lettres que le hasard a conservées accusent d'ailleurs assez bien sa transition de l'idéalisme pur dans lequel il vivait au sensualisme le plus aigu. Jadis, nous avions qualifié d'admirable ce phénomène humain dans lequel Lambert voyait la séparation fortuite de nos deux natures, et les symptômes d'une absence complète de l'être intérieur usant de ses facultés inconnues sous l'empire d'une cause inobservée. Cette maladie, abîme tout aussi profond que le sommeil, se rattachait au système de preuves que Lambert avait données dans son *Traité de la Volonté*. Au moment où monsieur Lefebvre me parla du premier accès de Louis, je me souvins tout à coup d'une conversation que nous eûmes à ce sujet, après la lecture d'un livre de médecine.

— Une méditation profonde, une belle extase sont peut-être, dit-il en terminant, des catalepsies en herbe.

Le jour où il formula si brièvement cette pensée, il avait tâché de lier les phénomènes moraux entre eux par une chaîne d'effets, en suivant pas à pas tous les actes de l'intelligence, commençant par les simples mouvements de l'instinct purement animal qui suffit à tant d'êtres, surtout à certains hommes dont les forces passent toutes dans un travail purement mécanique; puis, allant à l'agrégation des pensées, arrivant à la comparaison, à la réflexion, à la méditation, enfin à l'extase et à la catalepsie. Certes, Lambert crut avec la naïve conscience du jeune âge avoir fait le plan d'un beau livre en échelonnant ainsi ces divers degrés des puissances intérieures de l'homme. Je me rappelle que, par une de ces fatalités qui font croire à la prédestination, nous attrapâmes le grand Martyrologe où sont contenus les faits les plus curieux sur l'abolition complète de la vie corporelle à laquelle l'homme peut arriver dans les paroxysmes de ses facultés intérieures. En réfléchissant aux effets du fanatisme, Lambert fut alors conduit à penser que les collections d'idées auxquelles nous donnons le nom de sentiments pouvaient bien être le jet matériel de quelque fluide que produisent les hommes plus ou moins abondamment, suivant la manière dont leurs organes en absorbent les substances génératrices dans les milieux où ils vivent. Nous nous passionnâmes pour la catalepsie, et, avec l'ardeur que les enfants mettent dans leurs entreprises, nous essayâmes de supporter la douleur *en pensant à autre chose*. Nous nous fatiguâmes beaucoup à faire quelques expériences assez analogues à celles dues aux convulsionnaires dans le siècle dernier, fanatisme religieux qui servira quelque jour à la science humaine. Je montais sur l'estomac de Lambert, et m'y tenais plusieurs minutes sans lui causer la plus légère douleur ; mais, malgré ces folles tentatives, nous n'eûmes aucun accès de catalepsie. Cette digression m'a paru nécessaire pour expliquer mes premiers doutes, que monsieur Lefebvre dissipa complétement.

— Lorsque son accès fut passé, me dit-il, mon neveu tomba dans une terreur profonde, dans une mélancolie que rien ne put dissiper. Il se crut impuissant. Je me mis à le surveiller avec l'attention d'une mère pour son enfant, et le surpris heureusement au moment où il allait pratiquer sur lui-même l'opération à laquelle Origène crut devoir son talent. Je l'emmenai promptement à Paris pour le confier aux soins de M. Esquirol. Pendant le voyage, Louis resta plongé dans une somnolence presque continuelle, et ne me reconnut plus. A Paris, les médecins le regardèrent comme incurable, et conseillèrent unanimement de le laisser dans la plus profonde solitude, en évitant de troubler le silence nécessaire à sa guérison improbable, et de le mettre dans une salle fraîche où le jour serait constamment adouci. — Mademoiselle de Villenoix, à qui j'avais caché l'état de Louis, reprit-il en clignant les yeux, mais dont le mariage passait pour être rompu, vint à Paris, et apprit la décision des médecins. Aussitôt elle désira voir mon neveu, qui la reconnut à peine ; puis elle voulut, d'après la coutume des belles âmes, se consacrer à lui donner les soins nécessaires à sa guérison. « Elle y aurait été obligée, disait-elle, s'il eût été son mari ; devait-elle faire moins pour son amant ? » Aussi a-t-elle emmené Louis à Villenoix, où ils demeurent depuis deux ans.

Au lieu de continuer mon voyage, je m'arrêtai donc à Blois dans le dessein d'aller voir Louis. Le bonhomme Lefebvre ne me permit pas de descendre ailleurs que dans sa maison, où il me montra la chambre de son neveu, les livres et tous les objets qui lui avaient appartenu. A chaque chose, il échappait au vieillard une exclamation douloureuse par laquelle il accusait les espérances que le génie précoce de Lambert lui avait fait concevoir, et le deuil affreux où le plongeait cette perte irréparable.

— Ce jeune homme savait tout, mon cher monsieur ! dit-il en posant sur une table le volume où sont contenues les œuvres de Spinosa. Comment une tête si bien organisée a-t-elle pu se détraquer ?

— Mais, monsieur, lui répondis-je, ne serait-ce pas un effet de sa vigoureuse organisation ? S'il est réellement en proie à cette crise encore inobservée dans tous ses modes et que nous appelons *folie*, je suis tenté d'en attribuer la cause à sa passion. Ses études, son genre de vie avaient porté ses forces et ses facultés à un degré de puissance au delà duquel la plus légère surexcitation devait faire céder la nature ; l'amour les aura donc brisées ou élevées à une nouvelle expression que peut-être calomnions-nous en la qualifiant sans la connaître. Peut-être a-t-il vu dans les plaisirs de son mariage, un obstacle à la perfection de ses sens intérieurs, à son vol à travers les Mondes Spirituels.

— Mon cher monsieur, répliqua le vieillard après m'avoir attentivement écouté, votre raisonnement est sans doute fort logique ; mais je ne comprends pas comment Louis aurait conservé ses forces en s'affaiblissant. Et quand je le comprendrais, ce triste savoir me consolerait-il de sa perte ?

L'oncle de Lambert était un de ces hommes qui ne vivent que par le cœur.

Le lendemain, je partis pour Villenoix. Le bonhomme m'accompagna jusqu'à la porte de Blois. Quand nous fûmes dans le chemin qui mène à Villenoix, il s'arrêta pour me dire : — Vous pensez bien que je n'y vais point. Mais, vous, n'oubliez pas ce que je vous ai dit. En présence de mademoiselle de Villenoix, n'ayez pas l'air de vous apercevoir que Louis est fou.

Il resta sans bouger à la place où je venais de le quitter, et d'où il me regarda jusqu'à ce qu'il m'eût perdu de vue. Je ne cheminai pas sans de profondes émotions vers le château de Villenoix. Mes réflexions croissaient à chaque pas dans cette route que Louis avait tant de fois faite, le cœur plein d'espérance, l'âme exaltée par tous les aiguillons de l'amour. Les buissons, les arbres, les caprices de cette route tortueuse dont les bords étaient déchirés par de petits ravins, acquirent un intérêt prodigieux pour moi. J'y voulais retrouver les impressions et les pensées de mon pauvre camarade. Sans doute ces conversations du soir, au bord de cette brèche où sa maîtresse venait le retrouver, avaient initié mademoiselle de Villenoix aux secrets de cette âme et si noble et si vaste, comme je le fus moi-même quelques années auparavant. Mais le fait qui me préoccupait le plus, et donnait à mon pèlerinage un immense intérêt de curiosité parmi les sentiments presque religieux qui me guidaient, était cette magnifique croyance de mademoiselle de Villenoix que le bonhomme m'avait expliquée : avait-elle, à la longue, contracté la folie de son amant, ou était-elle entrée si avant dans son âme, qu'elle en pût comprendre toutes les pensées, même les plus confuses? Je me perdais dans cet admirable problème de sentiment qui dépassait les plus belles inspirations de l'amour et ses dévouements les plus beaux. Mourir l'un pour l'autre est un sacrifice presque vulgaire. Vivre fidèle à un seul amour est un héroïsme qui a rendu mademoiselle Dupuis immortelle. Lorsque Napoléon-le-Grand et lord Byron ont eu des successeurs là où ils avaient aimé, il est permis d'admirer cette veuve de Bolingbroke; mais mademoiselle Dupuis pouvait vivre par les souvenirs de plusieurs années de bonheur, tandis que mademoiselle de Villenoix, n'ayant connu de l'amour que ses premières émotions, m'offrait le type du dévouement dans sa plus large expression. Devenue presque folle, elle était sublime; mais comprenant, expliquant la folie, elle ajoutait aux beautés d'un grand cœur un chef-d'œuvre de passion digne d'être étudié. Lorsque j'aperçus les hautes tourelles du château, dont l'aspect avait dû faire si souvent tressaillir le pauvre Lambert, mon cœur palpita vivement. Je m'étais associé, pour ainsi dire, à sa vie et à sa situation en me rappelant tous les événements de notre jeunesse. Enfin, j'arrivai dans une grande cour déserte, et pénétrai jusque dans le vestibule du château sans avoir rencontré personne. Le bruit de mes pas fit venir une femme âgée, à laquelle je remis la lettre que monsieur Lefebvre avait écrite à mademoiselle de Villenoix. Bientôt la même femme revint me chercher, et m'introduisit dans une salle basse, dallée en marbre blanc et noir, dont les persiennes étaient fermées, et au fond de laquelle je vis indistinctement Louis Lambert.

— Asseyez-vous, monsieur, me dit une voix douce qui allait au cœur.

Mademoiselle de Villenoix se trouvait à côté de moi sans que je l'eusse aperçue, et m'avait apporté sans bruit une chaise que je ne pris pas d'abord. L'obscurité était si forte que, dans le premier moment, mademoiselle de Villenoix et Louis me firent l'effet de deux masses noires qui tranchaient sur le fond de cette atmosphère ténébreuse. Je m'assis, en proie à ce sentiment qui nous saisit presque malgré nous sous les sombres arcades d'une église. Mes yeux, encore frappés par l'éclat du soleil, ne s'accoutumèrent que graduellement à cette nuit factice.

— Monsieur, lui dit-elle, est ton ami de collége.

Lambert ne répondit pas. Je pus enfin le voir, et il m'offrit un de ces spectacles qui se gravent à jamais dans la mémoire. Il se tenait debout, les deux coudes appuyés sur la saillie formée par la boiserie, en sorte que son buste paraissait fléchir sous le poids de sa tête inclinée. Ses cheveux, aussi longs que ceux d'une femme, tombaient sur ses épaules, et entouraient sa figure de manière à lui donner de la ressemblance avec les bustes qui représentent les grands hommes du siècle de Louis XIV. Son visage était d'une blancheur parfaite. Il frottait habituellement une de ses jambes sur l'autre par un mouvement machinal que rien n'avait pu réprimer, et le frottement continuel des deux os produisait un bruit affreux. Auprès de lui se trouvait un sommier de mousse posé sur une planche.

— Il lui arrive très-rarement de se coucher, me dit mademoiselle de Villenoix, quoique chaque fois il dorme pendant plusieurs jours.

Louis se tenait debout comme je le voyais, jour et nuit, les yeux fixes, sans jamais baisser et relever les paupières comme nous en avons l'habitude. Après avoir demandé à mademoiselle de Villenoix si un peu plus de jour ne causerait aucune douleur à Lambert, sur sa réponse, j'ouvris légèrement la persienne, et pus voir alors l'expression de la physionomie de mon ami. Hélas! déjà ridé, déjà blanchi, enfin déjà plus de lumière dans ses yeux, devenus vitreux comme ceux d'un aveugle. Tous ses traits semblaient tirés par une convulsion vers le haut de sa tête. J'essayai de lui parler à plusieurs reprises; mais il ne m'entendit pas. C'était un débris arraché à la tombe, une espèce de conquête faite par la vie sur la mort, ou par la mort sur la vie. J'étais là depuis une heure environ, plongé dans une indéfinissable rêverie, en proie à mille idées affligeantes. J'écoutais mademoiselle de Villenoix qui me racontait dans tous ses détails cette vie d'enfant au berceau. Tout à coup Louis cessa de frotter ses jambes l'une contre l'autre, et dit d'une voix lente : — *Les anges sont blancs!*

Je ne puis expliquer l'effet produit sur moi par cette parole, par le son de cette voix tant aimée, dont les accents attendus péniblement me paraissaient à jamais perdus pour moi. Malgré moi mes yeux se remplirent de larmes. Un pressentiment involontaire passa rapidement dans mon âme et me fit douter que Louis eût perdu la raison. J'étais cependant bien certain qu'il ne me voyait ni ne m'entendait; mais les harmonies de sa voix, qui semblaient accuser un bonheur divin, communiquèrent à ces mots d'irrésistibles pouvoirs. Incomplète révélation d'un monde inconnu, sa phrase retentit dans nos âmes comme quelque magnifique sonnerie d'église au milieu d'une nuit profonde. Je ne m'étonnai plus que mademoiselle de Villenoix crût Louis parfaitement sain d'entendement. Peut-être la vie de l'âme avait-elle anéanti la vie du corps. Peut-être sa compagne avait-elle, comme je l'eus alors, de vagues intuitions de cette nature mélodieuse et fleurie que nous nommons dans sa plus large expression : LE CIEL. Cette femme, cet ange restait toujours là, assise devant un métier à tapisserie, et chaque fois qu'elle tirait son aiguille elle regardait Lambert en exprimant un sentiment triste et doux. Hors d'état de supporter cet affreux spectacle, car je ne savais pas, comme mademoiselle de Villenoix, en deviner tous les secrets; je sortis, et nous allâmes nous promener ensemble pendant quelques moments pour parler d'elle et de Lambert.

— Sans doute, me dit-elle, Louis doit paraître fou; mais il ne l'est pas, si le nom de fou doit appartenir seulement à ceux dont, par des causes inconnues, le cerveau se vicie, et qui n'offrent aucune raison de leurs actes. Tout est parfaitement coordonné chez mon mari. S'il ne vous a pas reconnu physiquement, ne croyez pas qu'il ne vous ait point vu. Il a réussi à se dégager de son corps, et nous aperçoit sous une autre forme, je ne sais laquelle. Quand il parle, il exprime des choses merveilleuses. Seulement, assez souvent ; il achève par la parole une idée commencée dans son esprit, ou commence une proposition qu'il achève mentalement. Aux autres hommes, il paraîtrait aliéné ; pour moi, qui vis dans sa pensée, toutes ses idées sont lucides. Je parcours le chemin fait par son esprit, et, quoique je n'en connaisse pas tous les détours, je sais me trouver néanmoins au but avec lui. À qui n'est-il pas, maintes fois, arrivé de penser à une chose futile et d'être entraîné vers une pensée grave par des idées ou par des souvenirs qui s'enroulent? Souvent, après avoir parlé d'un objet frivole, innocent point de départ de quelque rapide méditation, un penseur oublie ou tait les liaisons abstraites qui l'ont conduit à sa conclusion, et reprend la parole en ne montrant que le dernier anneau de cette chaîne de réflexions. Les gens posés auxquels cette vélocité de vision mentale est inconnue, ignorant le travail intérieur de l'âme, se mettent à rire du rêveur, et le traitent de fou s'il est coutumier de ces sortes d'oublis. Louis est toujours ainsi : sans cesse il voltige à travers les espaces de la pensée, et s'y promène avec une vivacité d'hirondelle, je sais le suivre dans ses détours. Voilà l'histoire de sa folie. Peut-être un jour Louis reviendra-t-il à cette vie dans laquelle nous végétons ; mais s'il respire l'air des cieux avant le temps où il nous sera permis d'y exister, pourquoi souhaiterions-nous de le revoir parmi nous? Contente d'entendre battre son cœur, tout mon bonheur est d'être auprès de lui. N'est-il pas tout à moi? Depuis trois ans, à deux reprises, je l'ai possédé pendant quelques jours : en Suisse où je l'ai conduit, et au fond de la Bretagne dans une île où je l'ai mené prendre des bains de mer. J'ai été deux fois bien heureuse! Je puis vivre par mes souvenirs.

— Mais, lui dis-je, écrivez-vous les paroles qui lui échappent?

— Pourquoi? me répondit-elle.

Je gardai le silence, les sciences humaines étaient bien petites devant cette femme.

— Dans le temps où il se mit à parler, reprit-elle, je crois avoir recueilli ses premières phrases, mais j'ai cessé de le faire; je n'y entendais rien alors.

Je les lui demandai par un regard; elle me comprit, et voici ce que je pus sauver de l'oubli.

I.

Ici-bas, tout est le produit d'une SUBSTANCE ÉTHÉRÉE, base commune de plusieurs phénomènes connus sous les noms impropres d'*Électricité, Chaleur, Lumière, Fluide galvanique, magnétique*, etc. L'universalité des transmutations de cette *Substance* constitue ce que l'on appelle vulgairement la Matière.

II.

Le Cerveau est le matras où l'ANIMAL transporte ce que, suivant la force de cet appareil, chacune de ses organisations peut absorber de cette SUBSTANCE, et d'où elle sort transformée en Volonté.

La Volonté est un fluide, attribut de tout être doué de mouvement. De là les innombrables formes qu'affecte l'ANIMAL, et qui sont les effets de sa combinaison avec la SUBSTANCE. Ses instincts sont le produit des nécessités que lui imposent les milieux où il se développe. De là ses variétés.

III.

En l'homme, la Volonté devient une force qui lui est propre, et qui surpasse en intensité celle de toutes les espèces.

IV.

Par sa constante alimentation, la Volonté tient à la SUBSTANCE qu'elle retrouve dans toutes les transmutations en les pénétrant par la Pensée, qui est un produit particulier de la Volonté humaine, combinée avec les modifications de la SUBSTANCE.

V.

Du plus ou moins de perfection de l'appareil humain, viennent les innombrables formes qu'affecte la Pensée.

VI.

La Volonté s'exerce par des organes vulgairement nommés les cinq sens, qui n'en sont qu'un seul, la faculté de voir. Le tact comme le goût, l'ouïe comme l'odorat, est une vue adaptée aux transformations de la SUBSTANCE que l'homme peut saisir dans ses deux états, transformée et non transformée.

VII.

Toutes les choses qui tombent par la Forme dans le domaine du sens unique, la faculté de voir, se réduisent à quelques corps élémentaires dont les principes sont dans l'air, dans la lumière ou dans les principes de l'air et de la lumière. Le son est une modification de l'air; toutes les couleurs sont des modifications de la lumière; tout parfum est une combinaison d'air et de lumière; ainsi les quatre expressions de la matière par rapport à l'homme, le son, la couleur, le parfum et la forme, ont une même origine ; car le jour n'est pas loin où l'on reconnaîtra la filiation des principes de la lumière dans ceux de l'air. Sa pensée qui tient à la lumière s'exprime par la parole qui tient au son. Pour lui, tout provient donc de la SUBSTANCE dont les transformations ne diffèrent que par le NOMBRE, par un certain *dosage* dont les proportions produisent les individus ou les choses de ce que l'on nomme les RÈGNES.

VIII.

Quand la SUBSTANCE est absorbée en un Nombre suffisant, elle fait de l'homme un appareil d'une énorme puissance, qui communique avec le principe même de la SUBSTANCE, et agit sur la nature organisée à la manière des grands courants qui absorbent les petits. La volition met en œuvre cette force indépendante de la pensée, et qui, par sa concentration, obtient quelques-unes des propriétés de la SUBSTANCE, comme la rapidité de la lumière, comme la pénétration de l'électricité, comme la faculté de saturer les corps, et auxquelles il faut ajouter l'intelligence de ce qu'elle peut. Mais il est en l'homme un phénomène primitif et dominateur qui ne souffre aucune analyse. On décomposera l'homme en entier, l'on trouvera peut-être les éléments de la Pensée et de la Volonté ; mais on rencontrera toujours, sans pouvoir le résoudre, cet X contre lequel je me suis autrefois heurté. Cet X est la PAROLE, dont la communication brûle et dévore ceux qui ne sont pas préparés à la recevoir. Elle engendre incessamment la SUBSTANCE.

IX.

La colère, comme toutes nos expressions passionnées, est un courant de la force humaine qui agit électriquement; sa commotion, quand il se dégage, agit sur les personnes présentes, même sans qu'elles en soient le but ou la cause. Ne se rencontre-t-il pas des hommes qui, par une décharge de leur volition, cohobent les sentiments des masses?

X.

Le fanatisme et tous les sentiments sont des forces vives. Ces forces, chez certains êtres, deviennent des fleuves de Volonté qui réunissent et entraînent tout.

XI.

Si l'espace existe, certaines facultés donnent le pouvoir de le franchir avec une telle vitesse que leurs effets équivalent à son abolition. De ton lit aux frontières du monde, il n'y a que deux pas : LA VOLONTÉ — LA FOI!

XII.

Les faits ne sont rien, ils n'existent pas, il ne subsiste de nous que des Idées.

XIII.

Le monde des Idées se divise en trois sphères : celle de l'Instinct, celle des Abstractions, celle de la Spécialité.

XIV.

La plus grande partie de l'Humanité visible, la partie la plus faible, habite la sphère de l'Instinctivité. Les Instinctifs naissent, travaillent et meurent sans s'élever au second degré de l'intelligence humaine, l'Abstraction.

XV.

A l'Abstraction commence la Société. Si l'Abstraction comparée à l'Instinct est une puissance presque divine, elle est une faiblesse inouïe, comparée au don de Spécialité qui peut seul expliquer Dieu. L'Abstraction comprend toute une nature en germe plus virtuellement que la graine ne contient le système d'une plante et ses produits. De l'abstraction naissent les lois, les arts, les intérêts, les idées sociales. Elle est la gloire et le fléau du monde : la gloire, elle a créé les sociétés ; le fléau, elle dispense l'homme d'entrer dans la Spécialité, qui est un des chemins de l'Infini. L'homme juge tout par ses abstractions, le bien, le mal, la vertu, le crime. Ses formules de droit sont ses balances, sa justice est aveugle : celle de Dieu voit, tout est là. Il se trouve nécessairement des êtres intermédiaires qui séparent le Règne des Instinctifs du Règne des Abstractifs, et chez lesquels l'Instinctivité se mêle à l'Abstractivité dans des proportions infinies. Les uns ont plus d'Instinctivité que d'Abstractivité, *et vice versa;* que les autres. Puis, il est des êtres chez lesquels les deux actions se neutralisent en agissant par des forces égales.

XVI.

La Spécialité consiste à voir les choses du monde matériel aussi bien que celles du monde spirituel dans leurs ramifications originelles et conséquentielles. Les plus beaux génies humains sont ceux qui sont partis des ténèbres de l'Abstraction pour arriver aux lumières de la Spécialité. (Spécialité, *species*, vue, spéculer, voir tout, et d'un seul coup ; *Speculum*, miroir ou moyen d'apprécier une chose en la voyant tout entière.) Jésus était Spécialiste, il voyait le fait dans ses racines et dans ses productions, dans le passé qui l'avait engendré, dans le présent où il se manifestait, dans l'avenir où il se développait; sa vue pénétrait l'entendement d'autrui La perfection de la vue intérieure enfante le don de Spécialité. La Spécialité emporte l'intuition. L'intuition est une des facultés de L'HOMME INTÉRIEUR dont le Spécialisme est un attribut. Elle agit par une imperceptible sensation ignorée de celui qui lui obéit : Napoléon s'en allant instinctivement de sa place avant qu'un boulet n'y arrive.

XVII.

Entre la sphère du Spécialisme et celle de l'Abstractivité se trouvent, comme entre celle-ci et celle de l'Instinctivité, des êtres chez lesquels les divers attributs des deux règnes se confondent et produisent des mixtes : les hommes de génie.

XVIII.

Le Spécialiste est nécessairement la plus parfaite expression de l'HOMME, l'anneau qui lie le monde visible aux mondes supérieurs : il agit, il voit et il sent par son INTÉRIEUR. L'Abstractif pense. L'Instinctif agit.

XIX.

De là trois degrés pour l'homme : *Instinctif,* il est au-dessous de la mesure ; *Abstractif,* il est au niveau ; *Spécialiste,* il est au-dessus. Le *Spécialisme* lui ouvre sa véritable carrière. L'infini commence à poindre en lui Là, il entrevoit sa destinée.

XX.

Il existe trois mondes : le NATUREL, le SPIRITUEL, le DIVIN. L'Humanité transite dans le Naturel, qui n'est fixe ni dans son essence ni dans ses facultés. Le Spirituel est fixe dans son essence et mobile dans ses facultés. Le Divin est fixe dans ses facultés et dans son essence. Il existe donc nécessairement un culte matériel, un culte spirituel, un culte divin; trois formes qui s'expriment par l'Action, par la Parole, par la Prière : le Fait, l'Entendement et l'Amour. L'Instinctif veut des faits, l'Abstractif des idées, le Spécialiste voit la fin, il aspire à Dieu qu'il pressent ou contemple.

XXI.

Aussi, peut-être un jour le sens inverse de l'ET VERBUM CARO FACTUM EST, sera-t-il le résumé d'un nouvel évangile qui dira : ET LA CHAIR SE FERA LE VERBE, ELLE DEVIENDRA LA PAROLE DE DIEU.

XXII.

La résurrection se fait par le vent du ciel qui balaie les mondes. L'ange porté par le vent ne dit pas : — Morts, levez-vous! Il dit : — Que les vivants se lèvent!

Telles sont les pensées auxquelles j'ai pu, non sans de grandes peines, donner des formes en rapport avec notre entendement. Il en est d'autres desquelles Pauline se souvenait plus particulièrement, je ne sais par quelle raison, et que j'ai transcrites; mais elles font le désespoir de l'esprit, quand, sachant de quelle intelligence elles procèdent, on cherche à les comprendre. J'en citerai quelques-unes, pour achever le dessin de cette figure, peut-être aussi parce que dans ces dernières idées la formule de Lambert embrasse-t-elle mieux les mondes que la précédente, qui semble s'appliquer seulement au mouvement zoologique. Mais entre ces deux fragments, il est une corrélation évidente aux yeux des personnes, assez rares d'ailleurs, qui se plaisent à plonger dans ces sortes de gouffres intellectuels.

I.

Tout ici-bas n'existe que par le Mouvement et par le Nombre.

II.

Le Mouvement est en quelque sorte le Nombre agissant.

III.

Le Mouvement est le produit d'une force engendrée par la Parole et par une résistance qui est la Matière. Sans la résistance, le Mouvement aurait été sans résultat, son action eût été infinie. L'attraction de Newton n'est pas une loi, mais un effet de la loi générale du Mouvement universel.

IV.

Le Mouvement, en raison de la résistance, produit une combinaison qui est la vie ; dès que l'un ou l'autre est plus fort, la vie cesse.

V.

Nulle part le Mouvement n'est stérile, partout il engendre le Nombre ; mais il peut être neutralisé par une résistance supérieure, comme dans le minéral.

VI.

Le Nombre qui produit toutes les variétés engendre également l'harmonie, qui, dans sa plus haute acception, est le rapport entre les parties et l'Unité.

VII.

Sans le Mouvement, tout serait une seule et même chose. Ses produits, identiques dans leur essence, ne diffèrent que par le Nombre qui a produit les facultés.

VIII.

L'homme tient aux facultés, l'ange tient à l'essence.

IX.

En unissant son corps à l'action élémentaire, l'homme peut arriver à s'unir à la lumière par son INTÉRIEUR.

X.

Le Nombre est un témoin intellectuel qui n'appartient qu'à l'homme, et par lequel il peut arriver à la connaissance de la Parole.

XI.

Il est un nombre que l'Impur ne franchit pas, le Nombre où la création est finie.

XII.

L'Unité a été le point de départ de tout ce qui fut produit; il en est résulté des Composés, mais la fin doit être identique au commencement. De là cette formule *spirituelle* : Unité composée, Unité variable, Unité fixe.

XIII.

L'univers est donc la variété dans l'Unité. Le Mouvement est le moyen, le Nombre est le résultat. La fin est le retour de toutes choses à l'unité, qui est Dieu.

XIV.

Trois et sept sont les deux plus grands nombres *spirituels*.

XV.

Trois est la formule des Mondes créés. Il est le signe *spirituel* de la création comme il est le signe *matériel* de la circonférence. En effet, Dieu n'a procédé que par des lignes circulaires. La ligne droite est l'attribut de l'infini ; aussi l'homme qui pressent l'infini la reproduit-il dans ses œuvres. Deux est le Nombre de la génération. Trois est le Nombre de l'existence, qui comprend la génération et le produit. Ajoutez le Quaternaire, vous avez le sept, qui est la formule du ciel. Dieu est au-dessus, il est l'Unité.

Après être allé revoir encore une fois Lambert, je quittai sa femme et revins en proie à des idées si contraires à la vie sociale, que je renonçai, malgré ma promesse, à retourner à Villenoix. La vue de Louis avait exercé sur moi je ne sais quelle influence sinistre. Je redoutai de me retrouver dans cette atmosphère enivrante où l'extase était contagieuse. Chacun aurait éprouvé comme moi l'envie de se précipiter dans l'infini, de même que les soldats se tuaient tous dans la guérite où s'était suicidé l'un d'eux au camp de Boulogne. On sait que Napoléon fut obligé de faire brûler ce bois, dépositaire d'idées arrivées à l'état de miasmes mortels. Peut-être en était-il de la chambre de Louis comme de cette guérite? Ces deux faits seraient des preuves de plus en faveur de son système sur la transmission de la Volonté. J'y ressentis des troubles extraordinaires qui surpassèrent les effets les plus fantastiques causés par le thé, le café, l'opium, par le sommeil et la fièvre, agents mystérieux dont les terribles actions embrasent si souvent nos têtes. Peut-être aurais-je pu transformer en un livre complet ces débris de pensée, compréhensibles seulement pour certains esprits habitués à se pencher sur le bord des abîmes, dans l'espérance d'en apercevoir le fond. La vie de cet immense cerveau, qui sans doute a craqué de toutes parts comme un empire trop vaste, y eût été développée dans le récit des visions de cet être, incomplet par trop de force ou par faiblesse; mais j'ai mieux aimé rendre compte de mes impressions que de faire une œuvre plus ou moins poétique.

Lambert mourut à l'âge de vingt-huit ans, le 25 septembre 1824, entre les bras de son amie. Elle le fit ensevelir dans une des îles du parc de Villenoix. Son tombeau consiste en une simple croix de pierre, sans nom, sans date. Fleur née sur le bord d'un gouffre, elle devait y tomber inconnue avec ses couleurs et ses parfums inconnus. Comme beaucoup de gens incompris, n'avait-il pas souvent voulu se plonger avec orgueil dans le néant pour y perdre les secrets de sa vie! Cependant mademoiselle de Villenoix aurait bien eu le droit d'inscrire sur cette croix les noms de Lambert, en y indiquant les siens. Depuis la perte de son mari, cette nouvelle union n'est-elle pas son espérance de toutes les heures? Mais les vanités de la douleur sont étrangères aux âmes fidèles. Villenoix tombe en ruines.

La femme de Lambert ne l'habite plus, sans doute pour mieux s'y voir comme elle y fut jadis. Ne lui a-t-on pas entendu dire naguère : — J'ai eu son cœur, à Dieu son génie !

Au château de Saché, juin-juillet 1832.

FIN DE LOUIS LAMBERT

SÉRAPHITA.

DÉDICACE.

A MADAME ÉVELINE DE HANSKA,

NÉE COMTESSE RZEWUSKA

Madame,

Voici l'œuvre que vous m'avez demandée : je suis heureux, en vous la dédiant, de pouvoir vous donner un témoignage de la respectueuse affection que vous m'avez permis de vous porter. Si je suis accusé d'impuissance après avoir tenté d'arracher aux profondeurs de la mysticité ce livre qui, sous la transparence de notre belle langue, voulait les lumineuses poésies de l'Orient, à vous la faute! Ne m'avez-vous pas ordonné cette lutte, semblable à celle de Jacob, en me disant que le plus imparfait dessin de cette figure par vous rêvée, comme elle le fut par moi dès l'enfance, serait encore pour vous quelque chose? Le voici donc, ce quelque chose. Pourquoi cette œuvre ne peut-elle appartenir exclusivement à ces nobles esprits préservés, comme vous l'êtes, des petitesses mondaines par la solitude? ceux-là sauraient lui rendre la mélodieuse mesure qui lui manque, et qui en aurait fait entre les mains d'un de nos poëtes la glorieuse épopée que la

France attend encore. Ceux-là l'accepteront de moi comme une de ces balustrades sculptées par quelque artiste plein de foi, et sur lesquelles les pèlerins s'appuient pour méditer la fin de l'homme en contemplant le chœur d'une belle église.

Je suis avec respect,

MADAME,

Votre dévoué serviteur,

DE BALZAC.

Paris, 23 août 1835.

SÉRAPHÎTÜS.

I.

A voir sur une carte les côtes de la Norwège, quelle imagination ne serait émerveillée de leurs fantasques découpures, longue dentelle de granit où mugissent incessamment les flots de la mer du Nord? Qui n'a rêvé les majestueux spectacles offerts par ces rivages sans grèves, par cette multitude de criques, d'anses, de petites baies dont aucune ne se ressemble, et qui toutes sont des abîmes sans chemins? Ne dirait-on pas que la nature s'est plu à dessiner par d'ineffaçables hiéroglyphes le symbole de la vie norwégienne, en donnant à ces côtes la configuration des arêtes d'un immense poisson; car la pêche forme le principal commerce et fournit presque toute la nourriture de quelques hommes attachés comme une touffe de lichen à ces arides rochers? Là, sur quatorze degrés de longueur, à peine existe-t-il sept cent mille âmes. Grâce aux périls dénués de gloire, aux neiges constantes que réservent aux voyageurs ces pics de la Norwège, dont le nom donne froid déjà, leurs sublimes beautés sont restées vierges et s'harmonieront aux phénomènes humains, vierges encore pour la poésie du moins, qui s'y sont accomplis, et dont voici l'histoire.

Lorsqu'une de ces baies, simple fissure aux yeux des eiders, est assez ouverte pour que la mer ne gèle pas entièrement dans cette prison de pierre où elle se débat, les gens du pays nomment ce petit golfe un *fiord*, mot que presque tous les géographes ont essayé de naturaliser dans leurs langues respectives. Malgré la ressemblance qu'ont entre eux ces espèces de canaux, chacun a sa physionomie particulière : partout la mer est entrée dans leurs cassures, mais partout les rochers s'y sont diversement fendus, et leurs tumultueux précipices défient les termes bizarres de la géométrie : ici le roc s'est dentelé comme une scie, là ses tables trop droites ne souffrent ni le séjour de la neige, ni les sublimes aigrettes des sapins du nord; plus loin, les commotions du globe ont arrondi quelque sinuosité coquette, belle vallée que meublent par étages des arbres au noir plumage. Vous seriez tenté de nommer ce pays la Suisse des mers. Entre Drontheim et Christiania, se trouve une de ces baies, nommée le Stromfiord. Si le Stromfiord n'est pas le plus beau de ces paysages, il a du moins le mérite de résumer les magnificences terrestres de la Norwège, et d'avoir servi de théâtre aux scènes d'une histoire vraiment céleste.

La forme générale du Stromfiord est, au premier aspect, celle d'un entonnoir ébréché par la mer. Le passage que les flots s'y étaient ouvert présente à l'œil l'image d'une lutte entre l'Océan et le granit, deux créations également puissantes : l'une par son inertie, l'autre par sa mobilité. Pour preuves, quelques écueils de formes fantastiques en défendent l'entrée aux vaisseaux. Les intrépides enfants de la Norwège peuvent, en quelques endroits, sauter d'un roc à un autre sans s'étonner d'un abîme profond de cent toises, large de six pieds. Tantôt un frêle et chancelant morceau de gneiss, jeté en travers, unit deux rochers. Tantôt les chasseurs ou les pêcheurs ont lancé des sapins, en guise de pont, pour joindre les deux quais taillés à pic au fond desquels gronde incessamment la mer. Ce dangereux goulet se dirige vers la droite par un mouvement de serpent, y rencontre une montagne élevée de trois cents toises au-dessus du niveau de la mer, et dont les pieds forment un banc vertical d'une demi-lieue de longueur, où l'inflexible granit ne commence à se briser, à se crevasser, à s'onduler, qu'à deux cents pieds environ au-dessus des eaux. Entrant avec violence, la mer est donc repoussée avec une violence égale par la force d'inertie de la montagne vers les bords opposés auxquels les réactions du flot ont imprimé de douces courbures. Le Fiord est fermé dans le fond par un bloc de gneiss couronné de forêts, d'où tombe en cascades une rivière qui à la fonte des neiges devient un fleuve, forme une nappe d'une immense étendue, s'échappe avec fracas en vomissant de vieux sapins et d'antiques mélèzes, aperçus à peine dans la chute des eaux. Vigoureusement plongés au fond du golfe, ces arbres reparaissent bientôt à sa surface, s'y marient, et construisent des îlots qui viennent échouer sur la rive gauche, où les habitants du petit village assis au bord du Stromfiord, les retrouvent brisés, fracassés, quelquefois entiers, mais toujours nus et sans branches. La montagne qui dans le Stromfiord reçoit à ses pieds les assauts de la mer et à sa cime ceux des vents du nord, se nomme le Falberg. Sa crête, toujours enveloppée d'un manteau de neige et de glace, est la plus aiguë de la Norwège, où le voisinage du pôle produit, à une hauteur de dix-huit cents pieds, un froid égal à celui qui règne sur les montagnes les plus élevées du globe. La cime de ce rocher, droite vers la mer, s'abaisse graduellement vers l'est, et se joint aux chutes de la Sieg par des vallées disposées en gradins sur lesquels le froid ne laisse venir que des bruyères et des arbres souffrants. La partie du Fiord d'où s'échappent les eaux, sous les pieds de la forêt, s'appelle le Siegdalhen, mot qui pourrait être traduit par le versant de la Sieg, nom de la rivière. La courbure qui fait face aux tables du Falberg est la vallée de Jarvis, joli paysage dominé par des collines chargées de sapins, de mélèzes, de bouleaux, de quelques chênes et de hêtres, la plus riche, la mieux colorée de toutes les tapisseries que la nature du nord a tendues sur ses âpres rochers. L'œil pouvait facilement y saisir la ligne où les terrains réchauffés par les rayons solaires commencent à souffrir la culture et laissent apparaître les végétations de la Flore norwégienne. En cet endroit, le golfe est assez large pour que la mer, refoulée par le Falberg, vienne expirer en murmurant sur la dernière frange de ces collines, rive doucement bordée d'un sable fin, parsemé de mica, de paillettes, de jolis cailloux, de porphyres, de marbres aux mille nuances amenés de la Suède par les eaux de la rivière, et de débris marins, de coquillages, fleurs de la mer que poussent les tempêtes, soit du pôle, soit du midi.

Au bas des montagnes de Jarvis se trouve le village composé de deux cents maisons de bois, où vit une population perdue là, comme dans une forêt ces ruches d'abeilles qui, sans augmenter ni diminuer, végètent heureuses, en butinant leur vie au sein d'une sauvage nature. L'existence anonyme de ce village s'explique facilement. Peu d'hommes avaient la hardiesse de s'aventurer dans les rescifs pour gagner les bords de la mer et s'y livrer à la pêche que font en grand les Norwégiens sur des côtes moins dangereuses. Les nombreux poissons du Fiord suffisent en partie à la nourriture de ses habitants ; les pâturages des vallées leur donnent du lait et du beurre ; puis quelques terrains excellents leur permettent de récolter du seigle, du chanvre, des légumes qu'ils savent défendre contre les rigueurs du froid et contre l'ardeur passagère, mais terrible, de leur soleil, avec l'habileté que déploie le Norwégien dans cette double lutte. Le défaut de communications, soit par terre où les chemins sont impraticables, soit par mer où de faibles barques peuvent seules parvenir à travers les défilés maritimes du Fiord, les empêche de s'enrichir en tirant parti de leurs bois. Il faudrait des sommes aussi énormes pour déblayer le chenal du golfe, que pour s'ouvrir une voie dans l'intérieur des terres. Les routes de Christiania à Drontheim tournent toutes le Stromfiord, et passent la Sieg sur un pont situé à plusieurs lieues de sa chute ; la côte, entre la vallée de Jarvis et Drontheim, est garnie d'immenses forêts inabordables ; enfin le Falberg se trouve également séparé de Christiania par d'inaccessibles précipices. Le village de Jarvis aurait peut-être pu communiquer avec la Norwège intérieure et la Suède par la Sieg ; mais, pour être mis en rapport avec la civilisation, le Stromfiord voulait un homme de génie. Ce génie parut en effet : ce fut un poète, un Suédois religieux qui mourut en admirant et respectant les beautés de ce pays, comme un des plus magnifiques ouvrages du Créateur.

Maintenant, les hommes que l'étude a doués de cette vue intérieure dont les véloces perceptions amènent tour à tour dans l'âme, comme sur une toile, les paysages les plus contrastants du globe, peuvent facilement embrasser l'ensemble du Stromfiord. Eux seuls, peut-être, sauront s'engager dans les tortueux rescifs du goulet où se débat la mer, fuir avec ses flots le long des tables éternelles du Falberg dont les pyramides blanches se confondent avec les nuées brumeuses d'un ciel presque toujours gris de perle ; admirer la jolie nappe échancrée du golfe, y entendre les chutes de la Sieg qui pend en longs filets et tombe sur un abatis pittoresque de beaux arbres confusément épars, debout ou couchés parmi des fragments de gneiss ; puis, se reposer sur les riants tableaux que présentent les collines abaissées de Jarvis d'où s'élancent les plus riches végétaux du nord, par familles, par myriades : ici des bouleaux gracieux comme des jeunes filles, inclinés comme elles ; là des colonnades de hêtres aux fûts centenaires et moussus ; tous les contrastes des différents verts, de blanches nuées parmi les sapins noirs, des landes de bruyères pourprées et nuancées à l'infini ; enfin toutes les couleurs, tous les parfums de cette Flore aux merveilles ignorées. Étendez les proportions de ces amphithéâtres, élancez-vous dans les nuages, perdez-vous dans le creux des roches où reposent les chiens de mer, votre pensée n'atteindra ni à la richesse, ni aux poésies de ce site norwégien ! Votre pensée pourrait-elle être aussi grande que l'Océan qui le borne, aussi capricieuse que les fantastiques figures dessinées par ces forêts, ses nuages, ses ombres, et par les changements de sa lumière ? Voyez-vous, au-dessus des prairies de la plage, sur le dernier pli de terrain qui s'ondule au bas des hautes collines de Jarvis, deux ou trois cents maisons couvertes en *nœver*, espèce de couvertures faites avec l'écorce du bouleau, maisons toutes frêles, plates et qui ressemblent à des vers à soie sur une feuille de mûrier jetée là par les vents ? Au-dessus de ces humbles, de ces paisibles demeures, est une église construite avec une simplicité qui s'harmonie à la misère du village. Un cimetière entoure le chevet de cette église, et plus loin se trouve le presbytère. Encore plus haut, sur une bosse de la montagne est située une habitation, la seule qui soit en pierre, et que pour cette raison les habitants ont nommée le Château Suédois. En effet, un homme riche vint de Suède, trente ans avant le jour où cette histoire commence, et s'établit à Jarvis, en s'efforçant d'en améliorer la fortune. Cette petite maison, construite dans le but d'engager les habitants à s'en bâtir de semblables, était remarquable par sa solidité, par un mur d'enceinte, chose rare en Norwège, où, malgré l'abondance des pierres, l'on se sert de bois pour toutes les clôtures, même pour celles des champs. La maison, ainsi garantie des neiges, s'élevait sur un tertre, au milieu d'une cour immense. Les fenêtres en étaient abritées par ces auvents d'une saillie prodigieuse appuyés sur de grands sapins équarris qui donnent aux constructions du nord une espèce de physionomie patriarcale. Sous ces abris, il était facile d'apercevoir les sauvages nudités du Falberg, de comparer l'infini de la pleine mer à la goutte d'eau du golfe écumeux, d'écouter les vastes épanchements de la Sieg, dont la nappe semblait de loin immobile en tombant dans sa coupe de granit bordée sur trois lieues de tour par les glaciers du nord, enfin tout le paysage où vont se passer les surnaturels et simples événements de cette histoire.

L'hiver de 1799 à 1800 fut un des plus rudes dont le souvenir ait été gardé par les Européens, la mer de Norwège se prit entièrement dans les Fiords, où la violence du ressac l'empêche ordinairement de geler. Un vent dont les effets ressemblaient à ceux du levantis espagnol, avait balayé la glace du Stromfiord en repoussant les neiges vers le fond du golfe. Depuis long-temps il n'avait pas été permis aux gens de Jarvis de voir en hiver le vaste miroir des eaux réfléchissant les couleurs du ciel, spectacle curieux au sein de ces montagnes dont tous les accidents étaient nivelés sous les couches successives de la neige, et où les plus vives arêtes comme les vallons les plus creux ne formaient que de faibles plis dans l'immense tunique jetée par la nature sur ce paysage, alors tristement éclatant et monotone. Les longues nappes de la Sieg, subitement glacées, décrivaient une énorme arcade sous laquelle les habitants auraient pu passer à l'abri des tourbillons, si quelques-uns d'entre eux eussent été assez hardis pour s'aventurer dans le pays. Mais les dangers de la moindre course retenaient au logis les plus intrépides chasseurs qui craignaient de ne plus reconnaître sous la neige les étroits passages pratiqués au bord des précipices, des crevasses ou des versants. Aussi nulle créature n'animait-elle ce désert blanc où régnait la bise du pôle, seule voix qui résonnât en de rares moments. Le ciel, presque toujours grisâtre, donnait au lac les teintes de l'acier bruni. Peut-être un vieil eider traversait-il parfois impunément l'espace à l'aide du chaud duvet sous lequel glissent les songes des riches, qui ne savent par combien de dangers cette plume s'achète; mais, semblable au Bédouin qui sillonne seul les sables de l'Afrique, l'oiseau n'était ni vu ni entendu ; l'atmosphère engourdie, privée de ses communications électriques, ne répétait ni le sifflement de ses ailes, ni ses joyeux cris. Quel œil assez vif eût d'ailleurs pu soutenir l'éclat de ce précipice garni de cristaux étincelants, et les rigides reflets des neiges à peine irisées à leurs sommets par les rayons d'un pâle soleil, qui, par moments, apparaissait comme un moribond jaloux d'attester sa vie ? Souvent, lorsque des amas de nuées grises, chassées par escadrons à travers les montagnes et les sapins, cachaient le ciel sous de triples voiles, la terre, à défaut de lueurs célestes, s'éclairait par elle-même. Là donc se rencontraient toutes les majestés du froid éternellement assis sur le pôle, et dont le principal caractère est le royal silence au sein duquel vivent les monarques absolus. Tout principe extrême porte en soi l'apparence d'une négation et les symptômes de la mort : la vie n'est-elle pas le combat de deux forces? Là, rien ne trahissait la vie. Une seule puissance, la force improductive de la glace, régnait sans contradiction. Le bruissement de la pleine mer agitée n'arrivait même pas dans ce muet bassin, si bruyant durant les trois courtes saisons où la nature se hâte de produire les chétives récoltes nécessaires à la vie de ce peuple patient. Quelques hauts sapins élevaient leurs noires pyramides chargées de festons neigeux, et la forme de leurs rameaux à barbes inclinées complétait le deuil de ces cimes, où, d'ailleurs, ils se montraient comme des points bruns. Chaque famille restait au coin du feu, dans une maison soigneusement close, fournie de biscuit, de beurre fondu, de poisson sec, de provisions faites à l'avance pour les sept mois d'hiver. A peine voyait-on la fumée de ces habitations. Presque toutes sont ensevelies sous les neiges, contre le poids desquelles elles sont néanmoins préservées par de longues planches qui partent du toit et vont s'attacher à une grande distance sur de solides poteaux en formant un chemin couvert autour de la maison. Pendant ces terribles hivers, les femmes tissent et teignent les étoffes de laine ou de toile dont se font les vêtements, tandis que la plupart des hommes lisent ou se livrent à ces prodigieuses méditations qui ont enfanté les profondes théories, les rêves mystiques du nord, ses croyances, ses études si complètes sur un point de la science fouillé comme avec une sonde ; mœurs à demi monastiques qui forcent l'âme à réagir sur elle-même, à y trouver sa nourriture, et qui font du paysan norwégien un être à part dans la population européenne. Dans la première année du dix-neuvième siècle, et vers le milieu du mois de mai, tel était donc l'état du Stromfiord.

Par une matinée où le soleil éclatait au sein de ce paysage en y allumant les feux de tous les diamants éphémères produits par les cristallisations de la neige et des glaces, deux personnes passèrent sur le golfe, le traversèrent, et volèrent le long des bases du Falberg, vers le sommet duquel elles s'élevèrent de frise en frise. Était-ce deux créatures, était-ce deux flèches ? Qui les eût vues à cette hauteur les aurait prises pour deux eiders cinglant de conserve à travers les nuées. Ni le pêcheur le plus superstitieux, ni le chasseur le plus intrépide n'eût attribué à des créatures humaines le pouvoir de se tenir le long des faibles lignes tracées sur les flancs du granit, où ce couple glissait néanmoins avec l'effrayante dextérité que possèdent les somnambules quand, ayant oublié toutes les conditions de leur pesanteur et les dangers de la moindre déviation, ils courent au bord des toits en gardant leur équilibre sous l'empire d'une force inconnue.

— Arrête-moi, SÉRAPHITUS, dit une pâle jeune fille, et laisse-moi respirer. Je n'ai voulu regarder que toi en côtoyant les murailles de ce gouffre ; autrement, que serais-je devenue ? Mais aussi ne suis-je qu'une bien faible créature. Te fatigué-je ?

— Non, dit l'être sur le bras de qui elle s'appuyait. Allons toujours, Minna ? la place où nous sommes n'est pas assez solide pour nous y arrêter.

De nouveau, tous deux ils firent siffler sur la neige de longues planches attachées à leurs pieds, et parvinrent sur la première plinthe que le hasard avait nettement dessinée sur le flanc de cet abîme. La personne que Minna nommait Séraphîtüs s'appuya sur son talon droit pour relever la planche longue d'environ une toise, étroite comme un pied d'enfant, et qui était attachée à son brodequin par deux courroies en cuir de chien marin. Cette planche, épaisse de deux doigts, était doublée en peau de renne dont le poil, en se hérissant sur la neige, arrêta soudain Séraphîtüs ; il ramena son pied gauche dont le patin n'avait pas moins de deux toises de longueur, tourna lestement sur lui-même, vint saisir sa peureuse compagne, l'enleva malgré les longs patins qui armaient ses pieds, et l'assit sur un quartier de roche, après en avoir chassé la neige avec sa pelisse.

— Ici, Minna, tu es en sûreté, tu pourras y trembler à ton aise.

— Nous sommes déjà montés au tiers du *Bonnet de glace,* dit-elle en regardant le pic auquel elle donna le nom populaire sous lequel on le connaît en Norwége. Je ne le crois pas encore.

Mais, trop essoufflée pour parler davantage, elle sourit à Séraphîtüs, qui, sans répondre et la main posée sur son cœur, la tenait en écoutant de sonores palpitations aussi précipitées que celles d'un jeune oiseau surpris.

— Il bat souvent aussi vite sans que j'aie couru, dit-elle.

Séraphîtüs inclina la tête sans dédain ni froideur. Malgré la grâce qui rendit ce mouvement presque suave, il n'en trahissait pas moins une négation qui, chez une femme, eût été d'une enivrante coquetterie. Séraphîtüs pressa vivement la jeune fille. Minna prit cette caresse pour une réponse, et continua de le contempler. Au moment où Séraphîtüs releva la tête en rejetant en arrière par un geste presque impatient les rouleaux dorés de sa chevelure, afin de se découvrir le front, il vit alors du bonheur dans les yeux de sa compagne.

— Oui, Minna, dit-il d'une voix dont l'accent paternel avait quelque chose de charmant chez un être encore adolescent, regarde-moi, n'abaisse pas la vue.

— Pourquoi?

— Tu veux le savoir? essaie.

Minna jeta vivement un regard à ses pieds, et cria soudain comme un enfant qui aurait rencontré un tigre. L'horrible sentiment des abîmes l'avait envahie, et ce seul coup d'œil avait suffi pour lui en communiquer la contagion. Le Fiord, jaloux de sa pâture, avait une grande voix par laquelle il l'étourdissait en tintant à ses oreilles, comme pour la dévorer plus sûrement en s'interposant entre elle et la vie. Puis, de ses cheveux à ses pieds, le long de son dos, tomba un frisson glacial d'abord, mais qui bientôt lui versa dans les nerfs une insupportable chaleur, battit dans ses veines, et brisa toutes ses extrémités par des atteintes électriques semblables à celles que cause le contact de la torpille. Trop faible pour résister, elle se sentait attirée par une force inconnue en bas de cette table, où elle croyait voir quelque monstre qui lui lançait son venin, un monstre dont les yeux magnétiques la charmaient, dont la gueule ouverte semblait broyer sa proie par avance.

— Je meurs, mon Séraphîtüs, n'ayant aimé que toi, dit-elle en faisant un mouvement machinal pour se précipiter.

Séraphîtüs lui souffla doucement sur le front et sur les yeux. Tout à coup, semblable au voyageur délassé par un bain, Minna n'eut plus que la mémoire de ses vives douleurs, déjà dissipées par cette haleine caressante qui pénétra son corps et l'inonda de balsamiques effluves, aussi rapidement que le souffle avait traversé l'air.

— Qui donc es-tu? dit-elle avec un sentiment de douce terreur. Mais je le sais, tu es ma vie. — Comment peux-tu regarder ce gouffre sans mourir? reprit-elle après une pause.

Séraphîtüs laissa Minna cramponnée au granit, et, comme eût fait une ombre, il alla se poser sur le bord de la table, d'où ses yeux plongèrent au fond du Fiord en en défiant l'éblouissante profondeur; son corps ne vacilla point, son front resta blanc et impassible comme celui d'une statue de marbre : abîme contre abîme.

— Séraphîtüs, si tu m'aimes, reviens! cria la jeune fille. Ton danger me rend mes douleurs. — Qui donc es-tu pour avoir cette force surhumaine à ton âge? lui demanda-t-elle en se sentant de nouveau dans ses bras.

— Mais, répondit Séraphîtüs, tu regardes sans peur des espaces encore plus immenses.

14

Et, de son doigt levé, cet être singulier lui montra l'auréole bleue que les nuages dessinaient en laissant un espace clair au-dessus de leurs têtes, et dans lequel les étoiles se voyaient pendant le jour en vertu de lois atmosphériques encore inexpliquées.

— Quelle différence ! dit-elle en souriant.

— Tu as raison, répondit-il, nous sommes nés pour tendre au ciel. La patrie, comme le visage d'une mère, n'effraie jamais un enfant.

Sa voix vibra dans les entrailles de sa compagne devenue muette.

— Allons, viens, reprit-il.

Tous les deux ils s'élancèrent sur les faibles sentiers tracés le long de la montagne, en y dévorant les distances et volant d'étage en étage, de ligne en ligne, avec la rapidité dont est doué le cheval arabe, cet oiseau du désert. En quelques moments, ils atteignirent un tapis d'herbes, de mousses et de fleurs, sur lequel personne ne s'était encore assis.

— Le joli *sœler !* dit Minna en donnant à cette prairie son véritable nom; mais comment se trouve-t-il à cette hauteur ?

— Là cessent, il est vrai, les végétations de la Flore norwégienne, dit Séraphîtüs; mais, s'il se rencontre ici quelques herbes et des fleurs, elles sont dues à ce rocher qui les garantit contre le froid du pôle. — Mets cette touffe dans ton sein, Minna, dit-il en arrachant une fleur, prends cette suave création qu'aucun œil humain n'a vue encore, et garde cette fleur unique comme un souvenir de cette matinée unique dans ta vie ! Tu ne trouveras plus de guide pour te mener à ce sœler.

Il lui donna soudain une plante hybride que ses yeux d'aigle lui avaient fait apercevoir parmi des silènes acaulis et des saxifrages, véritable merveille éclose sous le souffle des anges. Minna saisit avec un empressement enfantin la touffe d'un vert transparent et brillant comme celui de l'émeraude, formée par de petites feuilles roulées en cornet, d'un brun clair au fond, mais qui, de teinte en teinte, devenaient vertes à leurs pointes partagées en découpures d'une délicatesse infinie. Ces feuilles étaient si pressées qu'elles semblaient se confondre, et produisaient une foule de jolies rosaces. Çà et là, sur ce tapis, s'élevaient des étoiles blanches, bordées d'un filet d'or, du sein desquelles sortaient des anthères pourprées, sans pistil. Une odeur qui tenait à la fois de celle des roses et des calices de l'oranger, mais fugitive et sauvage, achevait de donner je ne sais quoi de céleste à cette fleur mystérieuse que Séraphîtüs contemplait avec mélancolie, comme si la senteur lui en eût exprimé de plaintives idées que, lui seul ! il comprenait. Mais à Minna, ce phénomène inouï parut être un caprice par lequel la nature s'était plu à douer quelques pierreries de la fraîcheur, de la mollesse et du parfum des plantes.

— Pourquoi serait-elle unique ? Elle ne se reproduira donc plus ? dit la jeune fille à Séraphîtüs qui rougit et changea brusquement de conversation.

— Asseyons-nous, retourne-toi, vois ! A cette hauteur, peut-être, ne trembleras-tu point ? Les abîmes sont assez profonds pour que tu n'en distingues plus la profondeur ; ils ont acquis la perspective unie de la mer, le vague des nuages, la couleur du ciel ; la glace du Fiord est une assez jolie turquoise ; tu n'aperçois les forêts de sapins que comme de légères lignes de bistre ; pour vous, les abîmes doivent être parés ainsi.

Séraphîtüs jeta ces paroles avec cette onction dans l'accent et le geste connue seulement de ceux qui sont parvenus au sommet des hautes montagnes du globe, et contractée si involontairement, que le maître le plus orgueilleux se trouve obligé de traiter son guide en frère, et ne s'en croit le supérieur qu'en s'abaissant vers les vallées où demeurent les hommes. Il défaisait les patins de Minna, aux pieds de laquelle il s'était agenouillé. L'enfant ne s'en apercevait pas, tant elle s'émerveillait du spectacle imposant que présente la vue de la Norwège, dont les longs rochers pouvaient être embrassés d'un seul coup d'œil, tant elle était émue par la solennelle permanence de ces cimes froides, et que les paroles ne sauraient exprimer.

— Nous ne sommes pas venus ici par la seule force humaine, dit-elle en joignant les mains, je rêve sans doute.

— Vous appelez surnaturels les faits dont les causes vous échappent, répondit-il.

— Tes réponses, dit-elle, sont toujours empreintes de je ne sais quelle profondeur. Près de toi, je comprends tout sans effort. Ah! je suis libre.

— Tu n'as plus tes patins, voilà tout.

— Oh! dit-elle, moi qui aurais voulu délier les tiens en te baisant les pieds.

— Garde ces paroles pour Wilfrid, répondit doucement Séraphîtüs.

— Wilfrid! répéta Minna d'un ton de colère qui s'apaisa dès qu'elle eut regardé son compagnon. — Tu ne t'emportes jamais, toi! dit-elle en essayant mais en vain de lui prendre la main, tu es en toute chose d'une perfection désespérante.

— Tu en conclus alors que je suis insensible.

Minna fut effrayée d'un regard si lucidement jeté dans sa pensée.

— Tu me prouves que nous nous entendons, répondit-elle avec la grâce de la femme qui aime.

Séraphîtüs agita mollement la tête en lui lançant un regard à la fois triste et doux.

— Toi qui sais tout, reprit Minna, dis-moi pourquoi la timidité que je ressentais là-bas, près de toi, s'est dissipée en montant ici? Pourquoi j'ose te regarder pour la première fois en face, tandis que là-bas, à peine osé-je te voir à la dérobée?

— Ici, peut-être, avons-nous dépouillé les petitesses de la terre, répondit-il en défaisant sa pelisse.

— Jamais tu n'as été si beau, dit Minna en s'asseyant sur une roche moussue et s'abîmant dans la contemplation de l'être qui l'avait conduite sur une partie du pic qui de loin semblait inaccessible.

Jamais, à la vérité, Séraphîtüs n'avait brillé d'un si vif éclat, seule expression qui rende l'animation de son visage et l'aspect de sa personne. Cette splendeur était-elle due à la nitescence que donnent au teint l'air pur des montagnes et le reflet des neiges? était-elle produite par le mouvement intérieur qui surexcite le corps à l'instant où il se repose d'une longue agitation? provenait-elle du contraste subit entre la clarté d'or projetée par le soleil, et l'obscurité des nuées à travers lesquelles ce joli couple avait passé! Peut-être à ces causes faudrait-il encore ajouter les effets d'un des plus beaux phénomènes que puisse offrir la nature humaine. Si quelque habile physiologiste eût examiné cette créature, qui dans ce moment, à voir la fierté de son front et l'éclair de ses yeux, paraissait être un jeune homme de dix-sept ans; s'il eût cherché les ressorts de cette florissante vie sous le tissu le plus blanc que jamais le nord ait fait à l'un de ses enfants, il aurait cru sans doute à l'existence d'un fluide phosphorique en des nerfs qui semblaient reluire sous l'épiderme, ou à la constante présence d'une lumière intérieure qui colorait Séraphîtüs à la manière de ces lueurs contenues dans une coupe d'albâtre. Quelque mollement effilées que fussent ses mains qu'il avait dégantées pour délier les patins de Minna, elles paraissaient avoir une force égale à celle que le Créateur a mise dans les diaphanes attaches du crabe. Les feux jaillissant de son regard d'or luttaient évidemment avec les rayons du soleil, et il semblait ne pas en recevoir, mais lui donner de la lumière. Son corps, mince et grêle comme celui d'une femme, attestait une de ces natures faibles en apparence, mais dont la puissance égale toujours le désir, et qui sont fortes à temps. De taille ordinaire, Séraphîtüs se grandissait en présentant son front, comme s'il eût voulu s'élancer. Ses cheveux, bouclés par la main d'une fée, et comme soulevés par un souffle, ajoutaient à l'illusion que produisait son attitude aérienne ; mais ce maintien dénué d'efforts résultait plus d'un phénomène moral que d'une habitude corporelle. L'imagination de Minna était complice de cette constante hallucination sous l'empire de laquelle chacun serait tombé, et qui prêtait à Séraphîtüs l'apparence des figures rêvées dans un heureux sommeil. Nul type connu ne pourrait donner une image de cette figure majestueusement mâle pour Minna, mais qui, aux yeux d'un homme, eût éclipsé par sa grâce féminine les plus belles têtes dues à Raphaël. Ce peintre des cieux a constamment mis une sorte de joie tranquille, une amoureuse suavité dans les lignes de ses beautés angéliques ; mais, à moins de contempler Séraphîtüs lui-même, quelle âme inventerait la tristesse mêlée d'espérance qui voilait à demi les sentiments ineffables empreints dans ses traits ? Qui saurait, même dans les fantaisies d'artiste où tout devient possible, voir les ombres que jetait une mystérieuse terreur sur ce front trop intelligent qui semblait interroger les cieux et toujours plaindre la terre ? Cette tête planait avec dédain comme un sublime oiseau de proie dont les cris troublent l'air, et se résignait comme la tourterelle dont la voix verse la tendresse au fond des bois silencieux. Le teint de Séraphîtüs était d'une blancheur surprenante que faisaient encore ressortir des lèvres rouges, des sourcils bruns et des cils soyeux, seuls traits qui tranchassent sur la pâleur d'un visage dont la parfaite régularité ne nuisait en rien à l'éclat des sentiments : ils s'y reflétaient sans secousse ni violence, mais avec cette majestueuse et naturelle gravité que nous aimons à prêter aux êtres supérieurs. Tout, dans cette figure marmorine, exprimait la force et le repos. Minna se leva pour prendre la main de Séraphîtüs, en espérant qu'elle pourrait ainsi l'attirer à elle, et déposer sur ce front séducteur un baiser arraché plus à l'admiration qu'à l'amour ; mais un regard du jeune homme, regard qui la pénétra comme un rayon de soleil traverse le prisme, glaça la pauvre fille. Elle sentit, sans le comprendre, un abîme entre eux, détourna la tête et pleura. Tout à coup une main puissante la saisit par la taille, une voix pleine de suavité lui dit :

— Viens. Elle obéit, posa sa tête soudain rafraîchie sur le cœur du jeune homme, qui réglant son pas sur le sien, douce et attentive conformité, la mena vers une place d'où ils purent voir les radieuses décorations de la nature polaire.

— Avant de regarder et de t'écouter, dis-moi, Séraphîtüs, pourquoi tu me repousses ? T'ai-je déplu ? comment? dis. Je voudrais ne rien avoir à moi; je voudrais que mes richesses terrestres fussent à toi, comme à toi sont déjà les richesses de mon cœur; que la lumière ne me vînt que par tes yeux, comme ma pensée dérive de ta pensée; je ne craindrais plus de t'offenser en te renvoyant ainsi les reflets de ton âme, les mots de ton cœur, le jour de ton jour, comme nous renvoyons à Dieu les contemplations dont il nourrit nos esprits. Je voudrais être tout toi!

— Hé! bien, Minna, un désir constant est une promesse que nous fait l'avenir. Espère! Mais si tu veux être pure, mêle toujours l'idée du Tout-Puissant aux affections d'ici-bas, tu aimeras alors toutes les créatures, et ton cœur ira bien haut!

— Je ferai tout ce que tu voudras, répondit-elle en levant les yeux sur lui par un mouvement timide.

— Je ne saurais être ton compagnon, dit Séraphîtüs avec tristesse.

Il réprima quelques pensées, étendit les bras vers Christiania, qui se voyait comme un point à l'horizon, et dit: — Vois!

— Nous sommes bien petits, répondit-elle.

— Oui, mais nous devenons grands par le sentiment et par l'intelligence, reprit Séraphîtüs. A nous seuls, Minna, commence la connaissance des choses; le peu que nous apprenons des lois du monde visible nous fait découvrir l'immensité des mondes supérieurs. Je ne sais s'il est temps de te parler ainsi; mais je voudrais tant te communiquer la flamme de mes espérances! Peut-être serions-nous un jour ensemble, dans le monde où l'amour ne périt pas.

— Pourquoi pas maintenant et toujours? dit-elle en murmurant.

— Rien n'est stable ici, reprit-il dédaigneusement. Les passagères félicités des amours terrestres sont des lueurs qui trahissent à certaines âmes l'aurore de félicités plus durables, de même que la découverte d'une loi de la nature en fait supposer, à quelques êtres privilégiés, le système entier. Notre fragile bonheur d'ici-bas n'est-il donc point l'attestation d'un autre bonheur complet, comme la terre, fragment du monde, atteste le monde? Nous ne pouvons mesurer l'orbite immense de la pensée divine de laquelle nous ne sommes qu'une parcelle aussi petite que Dieu est grand, mais nous pouvons en pressentir l'étendue, nous agenouiller, adorer, attendre. Les hommes se trompent toujours dans leurs sciences, en ne voyant pas que tout, sur leur globe, est relatif et s'y coordonne à une révolution générale, à une production constante qui nécessairement entraîne un progrès et une fin. L'homme lui-même n'est pas une création finie, sans quoi Dieu ne serait pas!

— Comment as-tu trouvé le temps d'apprendre tant de choses? dit la jeune fille.

— Je me souviens, répondit-il.

— Tu me sembles plus beau que tout ce que je vois.

— Nous sommes un des plus grands ouvrages de Dieu. Ne nous a-t-il pas donné la faculté de réfléchir la nature, de la concentrer en nous par la pensée, et de nous en faire un marche-pied pour nous élancer vers lui? Nous nous aimons en raison du plus ou du moins de ciel que contiennent nos âmes. Mais ne sois pas injuste, Minna, vois le spectacle qui s'étale à tes pieds, n'est-il pas grand? A tes pieds, l'Océan se déroule comme un tapis, les montagnes sont comme les murs d'un cirque, l'éther est au-dessus comme le voile arrondi de ce théâtre, et d'ici l'on respire les pensées de Dieu comme un parfum. Vois? les tempêtes qui brisent des vaisseaux chargés d'hommes ne nous semblent ici que de faibles bouillonnements, et si tu lèves la tête au-dessus de nous, tout est bleu. Voici comme un diadème d'étoiles. Ici, disparaissent les nuances des expressions terrestres. Appuyée sur cette nature subtilisée par l'espace, ne sens-tu point en toi plus de profondeur que d'esprit; n'as-tu pas plus de grandeur que d'enthousiasme, plus d'énergie que de volonté? n'éprouves-tu pas des sensations dont l'interprète n'est plus en nous? Ne te sens-tu pas des ailes? Prions.

Séraphîtüs plia le genou, se posa les mains en croix sur le sein, et Minna tomba sur ses genoux en pleurant. Ils restèrent ainsi pendant quelques instants, pendant quelques instants l'auréole bleue qui s'agitait dans les cieux au-dessus de leurs têtes s'agrandit, et de lumineux rayons les enveloppèrent à leur insu.

— Pourquoi ne pleures-tu pas quand je pleure? lui dit Minna d'une voix entrecoupée.

— Ceux qui sont tout esprit ne pleurent pas, répondit Séraphîtüs en se levant. Comment pleurerais-je? Je ne vois plus les misères humaines. Ici, le bien éclate dans toute sa majesté; en bas, j'entends les supplications et les angoisses de la harpe des douleurs qui vibre sous les mains de l'esprit-captif. D'ici, j'écoute le concert des harpes harmonieuses. En bas, vous avez l'espérance, ce beau commencement de la foi; mais ici règne la foi, qui est l'espérance réalisée!

— Tu ne m'aimeras jamais, je suis trop imparfaite, tu me dédaignes, dit la jeune fille.

— Minna, la violette cachée au pied du chêne se dit: « Le soleil ne m'aime pas, il ne vient pas. » Le soleil se dit: « Si je l'éclairais, elle périrait, cette pauvre fleur! » Ami de la fleur, il glisse ses rayons à travers les feuilles de chênes, et les affaiblit pour colorer le calice de sa bien-aimée. Je ne me trouve pas assez de voiles et crains que tu ne me voies encore trop : tu frémirais si tu me connaissais mieux. Écoute, je suis sans goût pour les fruits de la terre; vos joies, je les ai trop bien comprises; et comme ces empereurs débauchés de la Rome profane, je suis arrivé au dégoût de toutes choses, car j'ai reçu le don de vision. — Abandonne-moi, dit douloureusement Séraphîtüs.

Puis il alla se poser sur un quartier de roche, en laissant tomber sa tête sur son sein.

— Pourquoi me désespères-tu donc ainsi? lui dit Minna.

— Va-t'en! s'écria Séraphîtüs, je n'ai rien de ce que tu veux de moi. Ton amour est trop grossier pour moi. Pourquoi n'aimes-tu pas Wilfrid? Wilfrid est un homme, un homme éprouvé par les passions, qui saura te serrer dans ses bras nerveux, qui te fera sentir une main large et forte. Il a de beaux cheveux noirs, des yeux pleins de pensées humaines, un cœur qui verse des torrents de lave dans les mots que sa bouche prononce. Il te brisera de caresses. Ce sera ton bien-aimé, ton époux. A toi Wilfrid.

Minna pleurait à chaudes larmes.

— Oses-tu dire que tu ne l'aimes pas? dit-il d'une voix qui entrait dans le cœur comme un poignard.

— Grâce, grâce, mon Séraphîtüs?

— Aime-le, pauvre enfant de la terre où ta destinée te cloue invinciblement, dit le terrible Séraphîtüs en s'emparant de Minna par un geste qui la força de venir au bord du sœler d'où la scène était si étendue qu'une jeune fille pleine d'enthousiasme pouvait facilement se croire au-dessus du monde. Je souhaitais un compagnon pour aller dans le royaume de lumière, j'ai voulu te montrer ce morceau de boue, et je t'y vois encore attachée. Adieu. Restes-y, jouis par les sens, obéis à ta nature, pâlis avec les hommes pâles, rougis avec les femmes, joue avec les enfants, prie avec les coupables, lève les yeux vers le ciel dans tes douleurs ; tremble, espère, palpite ; tu auras un compagnon, tu pourras encore rire et pleurer, donner et recevoir. Moi, je suis comme un proscrit, loin du ciel ; et comme un monstre, loin de la terre. Mon cœur ne palpite plus ; je ne vis que par moi et pour moi. Je sens par l'esprit, je respire par le front, je vois par la pensée, je meurs d'impatience et de désirs. Personne ici-bas n'a le pouvoir d'exaucer mes souhaits, de calmer mon impatience, et j'ai désappris à pleurer. Je suis seul. Je me résigne et j'attends.

Séraphîtüs regarda le tertre plein de fleurs sur lequel il avait placé Minna, puis il se tourna du côté des monts sourcilleux dont les pitons étaient couverts de nuées épaisses dans lesquelles il jeta le reste de ses pensées.

— N'entendez-vous pas un délicieux concert, Minna? reprit-il de sa voix de tourterelle, car l'aigle avait assez crié. Ne dirait-on pas la musique des harpes éoliennes que vos poètes mettent au sein des forêts et des montagnes? Voyez-vous les indistinctes figures qui passent dans ces nuages ? apercevez-vous les pieds ailés de ceux qui préparent les décorations du ciel? Ces accents rafraîchissent l'âme ; le ciel va bientôt laisser tomber les fleurs du printemps ; une lueur s'est élancée du pôle. Fuyons, il est temps.

En un moment, leurs patins furent rattachés, et tous deux descendirent le Falberg par les pentes rapides qui l'unissaient aux vallées de la Sieg. Une intelligence miraculeuse présidait à leur course, ou, pour mieux dire, à leur vol. Quand une crevasse couverte de neige se rencontrait, Séraphîtüs saisissait Minna et s'élançait par un mouvement rapide sans peser plus qu'un oiseau sur la fragile couche qui couvrait un abîme. Souvent, en poussant sa compagne, il faisait une légère déviation pour éviter un précipice, un arbre, un quartier de roche qu'il semblait voir sous la neige, comme certains marins habitués à l'Océan en devinent les écueils à la couleur, au remous, au gisement des eaux. Quand ils atteignirent les chemins du Siegdalhen et qu'il leur fut permis de voyager presque sans crainte en ligne droite pour regagner la glace du Stromfiord, Séraphîtüs arrêta Minna : — Tu ne me dis plus rien, demanda-t-il.

— Je croyais, répondit respectueusement la jeune fille, que vous vouliez penser tout seul.

— Hâtons-nous, ma Minette, la nuit va venir, reprit-il.

Minna tressaillit en entendant la voix, pour ainsi dire nouvelle, de son guide : voix pure comme celle d'une jeune fille et qui dissipa les lueurs fantastiques du songe à travers lequel jusqu'alors elle avait marché. Séraphîtüs commençait à laisser sa force mâle et à dépouiller ses regards de leur trop vive intelligence. Bientôt ces deux jolies créatures cinglèrent sur le Fiord, atteignirent la prairie de neige qui se trouvait entre la rive du golfe et la première rangée des maisons de Jarvis; puis, pressées par la chute du jour, elles s'élancèrent en montant vers le presbytère, comme si elles eussent gravi les rampes d'un immense escalier.

— Mon père doit être inquiet, dit Minna.

— Non, répondit Séraphîtüs.

En ce moment, le couple était devant le porche de

l'humble demeure où monsieur Becker, le pasteur de Jarvis, lisait en attendant sa fille pour le repas du soir.

— Cher monsieur Becker, dit Séraphîtüs, je vous ramène Minna saine et sauve.

— Merci, mademoiselle, répondit le vieillard en posant ses lunettes sur le livre. Vous devez être fatiguées.

— Nullement, dit Minna qui reçut en ce moment sur le front le souffle de sa compagne.

— Ma petite, voulez-vous après-demain soir venir chez moi prendre du thé?

— Volontiers, chère.

— Monsieur Becker, vous me l'amènerez.

— Oui, mademoiselle.

Séraphîtüs inclina la tête par un geste coquet, salua le vieillard, partit, et en quelques instants arriva dans la cour du château suédois. Un serviteur octogénaire apparut sous l'immense auvent en tenant une lanterne. Séraphîtüs quitta ses patins avec la dextérité gracieuse d'une femme, s'élança dans le salon du château, tomba sur un grand divan couvert de pelleteries, et s'y coucha.

— Qu'allez-vous prendre? lui dit le vieillard en allumant les bougies démesurément longues dont on se sert en Norwège.

— Rien, David, je suis trop lasse.

Séraphîtüs défit sa pelisse fourrée de martre, s'y roula, et dormit. Le vieux serviteur resta pendant quelques moments debout à contempler avec amour l'être singulier qui reposait sous ses yeux, et dont le genre eût été difficilement défini par qui que ce soit, même par les savants. A le voir ainsi posé, enveloppé de son vêtement habituel, qui ressemblait autant à un peignoir de femme qu'à un manteau d'homme, il était impossible de ne pas attribuer à une jeune fille les pieds menus qu'il laissait pendre, comme pour montrer la délicatesse avec laquelle la nature les avait attachés; mais son front, mais le profil de sa tête eussent semblé l'expression de la force humaine arrivée à son plus haut degré.

— Elle souffre et ne veut pas me le dire, pensa le vieillard ; elle se meurt comme une fleur frappée par un rayon de soleil trop vif.

Et il pleura, le vieil homme.

SÉRAPHÎTA.

II.

Pendant la soirée, David rentra dans le salon.

— Je sais qui vous m'annoncez, lui dit SÉRAPHÎTA d'une voix endormie. Wilfrid peut entrer.

En entendant ces mots, un homme se présenta soudain, et vint s'asseoir auprès d'elle.

— Ma chère Séraphîta, souffrez-vous? Je vous trouve plus pâle que de coutume.

Elle se tourna lentement vers lui, après avoir chassé ses cheveux en arrière comme une jolie femme qui, accablée par la migraine, n'a plus la force de se plaindre.

— J'ai fait, dit-elle, la folie de traverser le Fiord avec Minna, nous avons monté sur le Falberg.

— Vous vouliez donc vous tuer? dit-il avec l'effroi d'un amant.

— N'ayez pas peur, bon Wilfrid, j'ai eu bien soin de votre Minna.

Wilfrid frappa violemment de sa main la table, se

leva, fit quelques pas vers la porte en laissant échapper une exclamation pleine de douleur, puis il revint et voulut exprimer une plainte.

— Pourquoi ce tapage, si vous croyez que je souffre? dit Séraphîta.

— Pardon, grâce! répondit-il en s'agenouillant. Parlez-moi durement, exigez de moi tout ce que vos cruelles fantaisies de femme vous feront imaginer de plus cruel à supporter; mais, ma bien-aimée, ne mettez pas en doute mon amour. Vous prenez Minna comme une hache, et m'en frappez à coups redoublés. Grâce!

— Pourquoi me dire de telles paroles, mon ami, quand vous les savez inutiles? répondit-elle en lui jetant des regards qui finissaient par devenir si doux que Wilfrid ne voyait plus les yeux de Séraphîta mais une fluide lumière dont les tremblements ressemblaient aux dernières vibrations d'un chant plein de mollesse italienne.

— Ah! l'on ne meurt pas d'angoisse, dit-il.

— Vous souffrez? reprit-elle d'une voix dont les émanations produisaient au cœur de cet homme un effet semblable à celui des regards. Que puis-je pour vous?

— Aimez-moi comme je vous aime.

— Pauvre Minna, répondit-elle.

— Je n'apporte jamais d'armes, cria Wilfrid.

— Vous êtes d'une humeur massacrante, fit en souriant Séraphîta. N'ai-je pas bien dit ces mots comme ces Parisiennes de qui vous me racontez les amours?

Wilfrid s'assit, se croisa les bras, et contempla Séraphîta d'un air sombre.

— Je vous pardonne, dit-il, car vous ne savez ce que vous faites.

— Oh! reprit-elle, une femme, depuis Ève, a toujours fait sciemment le bien et le mal.

— Je le crois, dit-il.

— J'en suis sûre, Wilfrid. Notre instinct est précisément ce qui nous rend si parfaites. Ce que vous apprenez, vous autres, nous le sentons, nous.

— Pourquoi ne sentez-vous pas alors combien je vous aime.

— Parce que vous ne m'aimez pas.

— Grand Dieu !

— Pourquoi donc vous plaignez-vous de vos angoisses ? demanda-t-elle.

— Vous êtes terrible ce soir, Séraphîta. Vous êtes un vrai démon.

— Non, je suis douée de la faculté de comprendre, et c'est affreux. La douleur, Wilfrid, est une lumière qui nous éclaire la vie.

— Pourquoi donc alliez-vous sur le Falberg ?

— Minna vous le dira, moi je suis trop lasse pour parler. A vous la parole, à vous qui savez tout, qui avez tout appris et n'avez rien oublié, vous qui avez passé par tant d'épreuves sociales. Amusez-moi, j'écoute.

— Que vous dirai-je, que vous ne sachiez ? D'ailleurs votre demande est une raillerie. Vous n'admettez rien du monde, vous en brisez les nomenclatures ; vous en foudroyez les lois, les mœurs, les sentiments, les sciences, en les réduisant aux proportions que ces choses contractent quand on se pose en dehors du globe.

— Vous voyez bien, mon ami, que je ne suis pas une femme. Vous avez tort de m'aimer. Quoi ! je quitte les régions éthérées de ma prétendue force ; je me fais humblement petite, je me courbe à la manière des pauvres femelles de toutes les espèces ; et vous me rehaussez aussitôt ! Enfin je suis en pièces, je suis brisée, je vous demande du secours, j'ai besoin de votre bras, et vous me repoussez. Nous ne nous entendons pas.

— Vous êtes ce soir plus méchante que je ne vous ai jamais vue.

— Méchante ! dit-elle en lui lançant un regard qui fondait tous les sentiments en une sensation céleste. Non, je suis souffrante, voilà tout. Alors quittez-moi, mon ami. Ne sera-ce pas user de vos droits d'homme ? Nous devons toujours vous plaire, vous délasser, être toujours gaies, et n'avoir que les caprices qui vous amusent. Que dois-je faire, mon ami ? Voulez-vous que je chante, que je danse, quand la fatigue m'ôte l'usage de la voix et des jambes ? Messieurs, fussions-nous à l'agonie, nous devons encore vous sourire ! Vous appelez cela, je crois, régner. Les pauvres femmes ! je les plains. Dites-moi, vous les abandonnez quand elles vieillissent, elles n'ont donc ni cœur ni âme ? Eh ! bien, j'ai plus de cent ans, Wilfrid, allez-vous-en ! allez aux pieds de Minna.

— Oh ! mon éternel amour !

— Savez-vous ce qu'est l'éternité ? Taisez-vous, Wilfrid. Vous me désirez et ne m'aimez pas. Dites-moi, ne vous rappelé-je pas bien quelque femme coquette ?

— Oh ! certes, je ne reconnais plus en vous la pure et céleste jeune fille que j'ai vue pour la première fois dans l'église de Jarvis.

A ces mots, Séraphîta se passa les mains sur le front, et quand elle se dégagea la figure, Wilfrid fut étonné de la religieuse et sainte expression qui s'y était répandue.

— Vous avez raison, mon ami. J'ai toujours tort de mettre les pieds sur votre terre.

— Oui, chère Séraphîta, soyez mon étoile, et ne quittez pas la place d'où vous répandez sur moi de si vives lumières.

En achevant ces mots, il avança la main pour prendre celle de la jeune fille, qui la lui retira sans dédain ni colère. Wilfrid se leva brusquement, et s'alla placer près de la fenêtre, vers laquelle il se tourna pour ne pas laisser voir à Séraphîta quelques larmes qui lui roulèrent dans les yeux.

— Pourquoi pleurez-vous? lui dit-elle. Vous n'êtes plus un enfant, Wilfrid. Allons, revenez près de moi, je le veux. Vous me boudez quand je devrais me fâcher. Vous voyez que je suis souffrante, et vous me forcez, je ne sais par quels doutes, de penser, de parler, ou de partager des caprices et des idées qui me lassent. Si vous aviez l'intelligence de ma nature, vous m'auriez fait de la musique, vous auriez endormi mes ennuis; mais vous m'aimez pour vous et non pour moi.

L'orage qui bouleversait le cœur de Wilfrid fut soudain calmé par ces paroles; il se rapprocha lentement pour mieux contempler la séduisante créature qui gisait étendue à ses yeux, mollement couchée, la tête appuyée sur sa main et accoudée dans une pose décevante.

— Vous croyez que je ne vous aime point, reprit-elle, Vous vous trompez. Écoutez-moi, Wilfrid. Vous commencez à savoir beaucoup, vous avez beaucoup souffert. Laissez-moi vous expliquer votre pensée. Vous vouliez ma main? Elle se leva sur son séant, et ses jolis mouvements semblèrent jeter des lueurs. — Une jeune fille qui se laisse prendre la main, ne fait-elle pas une promesse, et ne doit-elle pas l'accomplir? Vous savez bien que je ne puis être à vous. Deux sentiments dominent les amours qui séduisent les femmes de la terre. Ou elles se dévouent à des êtres souffrants, dégradés, criminels, qu'elles veulent consoler, relever, racheter; ou elles se donnent à des êtres supérieurs, sublimes, forts, qu'elles veulent adorer, comprendre, et par lesquels souvent elles sont écrasées. Vous avez été dégradé, mais vous vous êtes épuré dans les feux du repentir, et vous êtes grand aujourd'hui ; moi je me sens trop faible pour être votre égale, et suis trop religieuse pour m'humilier sous une puissance autre que celle d'En-Haut. Votre vie, mon ami, peut se traduire ainsi, nous sommes dans le nord, parmi les nuées où les abstractions ont cours.

— Vous me tuez, Séraphîta, lorsque vous parlez ainsi, répondit-il. Je souffre toujours en vous voyant user de la science monstrueuse avec laquelle vous dépouillez toutes les choses humaines des propriétés que leur donnent le temps, l'espace, la forme, pour les considérer mathématiquement sous je ne sais quelle expression pure, ainsi que le fait la géométrie pour les corps desquels elle abstrait la solidité.

— Bien, Wilfrid, je vous obéirai. Laissons cela. Comment trouvez-vous ce tapis de peau d'ours que mon pauvre David a tendu là ?

— Mais très-bien.

— Vous ne me connaissiez pas cette *Doucha greka?*

C'était une espèce de pelisse en cachemire doublée en peau de renard noir, et dont le nom signifie *chaude à l'âme.*

— Croyez-vous, reprit-elle, que, dans aucune cour, un souverain possède une fourrure semblable ?

— Elle est digne de celle qui la porte.

— Et que vous trouvez bien belle ?

— Les mots humains ne lui sont pas applicables, il faut lui parler de cœur à cœur.

— Wilfrid, vous êtes bon d'endormir mes douleurs par de douces paroles... que vous avez dites à d'autres.

— Adieu.

— Restez. Je vous aime bien vous et Minna, croyez-le ! Mais je vous confonds en un seul être. Réunis ainsi, vous êtes un frère, ou, si vous voulez, une sœur pour moi. Mariez-vous, que je vous voie heureux avant de quitter pour toujours cette sphère d'épreuves et de douleurs. Mon Dieu, de simples femmes ont tout obtenu de leurs amants ! Elles leur ont dit : — Taisez-vous ! Ils ont été muets. Elles leur ont dit : — Mourez ! Ils sont morts. Elles leur ont dit : — Aimez-moi de loin ! Ils sont restés à distance comme les courtisans devant un roi. Elles leur ont dit : — Mariez-vous ! Ils se sont mariés. Moi, je veux que vous soyez heureux, et vous me refusez. Je suis donc sans pouvoir ? Eh ! bien, Wilfrid, écoutez, venez plus près de moi, oui, je serais fâchée de vous voir épouser Minna ; mais quand vous ne me verrez plus, alors... promettez-moi de vous unir, le ciel vous a destinés l'un à l'autre.

— Je vous ai délicieusement écoutée, Séraphîta. Quelque incompréhensibles que soient vos paroles, elles ont des charmes. Mais que voulez-vous dire ?

— Vous avez raison, j'oublie d'être folle, d'être cette pauvre créature dont la faiblesse vous plaît. Je vous tourmente, et vous êtes venu dans cette sauvage contrée pour y trouver le repos, vous, brisé par les impétueux assauts d'un génie méconnu, vous, exténué par les patients travaux de la science, vous qui avez presque trempé vos mains dans le crime et porté les chaînes de la justice humaine.

Wilfrid était tombé demi-mort sur le tapis, mais Séraphîta souffla sur le front de cet homme qui s'endormit aussitôt paisiblement à ses pieds.

— Dors, repose-toi, dit-elle en se levant.

Après avoir imposé ses mains au-dessus du front de

Wilfrid, les phrases suivantes s'échappèrent une à une de ses lèvres, toutes différentes d'accent, mais toutes mélodieuses et empreintes d'une bonté qui semblait émaner de sa tête par ondées nuageuses, comme les lueurs que la déesse profane verse chastement sur le berger bien-aimé durant son sommeil.

« Je puis me montrer à toi, cher Wilfrid, tel que je suis, à toi qui es fort.

» L'heure est venue, l'heure où les brillantes lumières de l'avenir jettent leurs reflets sur les âmes, l'heure où l'âme s'agite dans sa liberté.

» Maintenant il m'est permis de te dire combien je t'aime. Ne vois-tu pas quel est mon amour, un amour sans aucun propre intérêt, un sentiment plein de toi seul, un amour qui te suit dans l'avenir, pour t'éclairer l'avenir? car cet amour est la vraie lumière. Conçois-tu maintenant avec quelle ardeur je voudrais te savoir quitte de cette vie qui te pèse, et te voir plus près que tu ne l'es encore du monde où l'on aime toujours. N'est-ce pas souffrir que d'aimer pour une vie seulement? N'as-tu pas senti le goût des éternelles amours? Comprends-tu maintenant à quels ravissements une créature s'élève, alors qu'elle est double à aimer celui qui ne trahit jamais l'amour, celui devant lequel on s'agenouille en adorant.

» Je voudrais avoir des ailes, Wilfrid, pour t'en couvrir, avoir de la force à te donner pour te fairer entrer par avance dans le monde où les plus pures joies du plus pur attachement qu'on éprouve sur cette terre feraient une ombre dans le jour qui vient incessamment éclairer et réjouir les cœurs.

» Pardonne à une âme amie, de t'avoir présenté en un mot le tableau de tes fautes, dans la charitable intention d'endormir les douleurs aiguës de tes remords. Entends les concerts du pardon? Rafraîchis ton âme en respirant l'aurore qui se lèvera pour toi par delà les ténèbres de la mort. Oui, ta vie à toi, est par delà!

» Que mes paroles revêtent les brillantes formes des rêves, qu'elles se parent d'images, flamboient et descendent sur toi. Monte, monte au point où tous les hommes se voient distinctement, quoique pressés et petits comme des grains de sable au bord des mers. L'humanité s'est déroulée comme un simple ruban ; regarde les diverses nuances de cette fleur des jardins célestes? vois-tu ceux auxquels manque l'intelligence, ceux qui commencent à s'en colorer, ceux qui sont éprouvés, ceux qui sont dans l'amour, ceux qui sont dans la sagesse et qui aspirent au monde de lumière?

» Comprends-tu par cette pensée visible la destinée de l'humanité? d'où elle vient, où elle va? Persiste en ta voie! En atteignant au but de ton voyage, tu entendras sonner les clairons de la toute-puissance, retentir les cris de la victoire, et des accords dont un seul ferait trembler la terre, mais qui se perdent dans un monde sans orient et sans occident.

» Comprends-tu, pauvre cher éprouvé, que, sans les engourdissements, sans les voiles du sommeil, de tels spectacles emporteraient et déchireraient ton intelligence, comme le vent des tempêtes emporte et déchire une faible toile, et raviraient pour toujours à un homme sa raison? comprends-tu que l'âme seule, élevée à sa toute-puissance, résiste à peine, dans le rêve, aux dévorantes communications de l'Esprit?

» Vole encore à travers les sphères brillantes et lumineuses, admire, cours. En volant ainsi, tu te reposes, tu marches sans fatigue. Comme tous les hommes, tu voudrais être toujours ainsi plongé dans ces sphères de parfums, de lumière où tu vas, léger de tout ton corps évanoui, où tu parles par la pensée! Cours, vole, jouis un moment des ailes que tu conquerras, quand l'amour sera si complet en toi que tu n'auras plus de sens, que tu seras tout intelligence et tout amour! Plus haut tu montes et moins tu conçois les abîmes! il n'existe point de précipices dans les cieux. Vois celui qui te parle, celui qui te soutient au-dessus de ce monde où sont les abîmes. Vois, contemple-moi encore un moment, car tu ne me verras plus qu'imparfaitement, comme tu me vois à la clarté du pâle soleil de la terre. »

Ici, Séraphîta se dressa sur ses pieds, resta, la tête mollement inclinée, les cheveux épars, dans la pose aérienne que les sublimes peintres ont tous donnée aux Messagers d'en haut : les plis de son vêtement eurent cette grâce indéfinissable qui arrête l'artiste, l'homme qui traduit tout par le sentiment, devant les délicieuses lignes du voile de la Polymnie antique. Puis elle étendit la main, et Wilfrid se leva. Quand il regarda Séraphîta, la blanche jeune fille était couchée sur la peau d'ours, la tête appuyée sur sa main, le visage calme, les yeux brillants. Wilfrid la contempla silencieusement, mais une crainte respectueuse animait sa figure, et se trahissait par une contenance timide.

— Oui, chère, dit-il enfin comme s'il répondait à une question, nous sommes séparés par des mondes entiers. Je me résigne, et ne puis que vous adorer. Mais que vais-je devenir, moi pauvre seul?

— Wilfrid, n'avez-vous pas votre Minna?

Il baissa la tête.

— Oh! ne soyez pas si dédaigneux : la femme comprend tout par l'amour; quand elle n'entend pas, elle sent; quand elle ne sent pas, elle voit; quand elle ne voit, ni ne sent, ni n'entend, eh! bien, cet ange de la terre vous devine pour vous protéger, et cache ses protections sous la grâce de l'amour.

— Séraphîta, suis-je digne d'appartenir à une femme?

— Vous êtes devenu soudain bien modeste, ne serait-ce pas un piége? Une femme est toujours si touchée de voir sa faiblesse glorifiée! Eh, bien, après demain soir, venez prendre le thé chez moi; le bon monsieur Becker y sera; vous y verrez Minna, la plus candide créature que je sache en ce monde. Laissez-moi maintenant, mon ami, j'ai ce soir de longues prières à faire pour expier mes fautes.

— Comment pouvez-vous pécher?

— Pauvre cher, abuser de sa puissance, n'est-ce pas de l'orgueil? je crois avoir été trop orgueilleuse aujourd'hui. Allons, partez. A demain.

— A demain, dit faiblement Wilfrid en jetant un long regard sur cette créature de laquelle il voulait emporter une image ineffaçable.

Quoiqu'il voulût s'éloigner, il demeura pendant quelques moments debout, occupé à regarder la lumière qui brillait par les fenêtres du château suédois.

— Qu'ai-je donc vu? se demandait-il. Non, ce n'est point une simple créature, mais toute une création. De ce monde, entrevu à travers des voiles et des nuages, il me reste des retentissements semblables aux souvenirs d'une douleur dissipée, ou pareils aux éblouissements causés par ces rêves dans lesquels nous entendons le gémissement des générations passées qui se mêle aux voix harmonieuses des sphères élevées où tout est lumière et amour. Veillé-je? Suis-je encore endormi?

Ai-je gardé mes yeux de sommeil, ces yeux devant lesquels de lumineux espaces se reculent indéfiniment, et qui suivent les espaces ? Malgré le froid de la nuit, ma tête est encore en feu. Allons au presbytère ! entre le pasteur et sa fille, je pourrai rasseoir mes idées.

Mais il ne quitta pas encore la place d'où il pouvait plonger dans le salon de Séraphîta. Cette mystérieuse créature semblait être le centre rayonnant d'un cercle qui formait autour d'elle une atmosphère plus étendue que ne l'est celle des autres êtres : quiconque y entrait, subissait le pouvoir d'un tourbillon de clartés et de pensées dévorantes. Obligé de se débattre contre cette inexplicable force, Wilfrid n'en triompha pas sans de grands efforts; mais, après avoir franchi l'enceinte de cette maison, il reconquit son libre arbitre, marcha précipitamment vers le presbytère, et se trouva bientôt sous la haute voûte en bois qui servait de péristyle à l'habitation de monsieur Becker. Il ouvrit la première porte garnie de nœver, contre laquelle le vent avait poussé la neige, et frappa vivement à la seconde en disant : — Voulez-vous me permettre de passer la soirée avec vous, monsieur Becker?

— Oui, crièrent deux voix qui confondirent leurs intonations.

En entrant dans le parloir, Wilfrid revint par degrés à la vie réelle. Il salua fort affectueusement Minna, serra la main de monsieur Becker, promena ses regards sur un tableau dont les images calmèrent les convulsions de sa nature physique, chez laquelle s'opérait un phénomène comparable à celui qui saisit parfois les hommes habitués à de longues contemplations. Si quelque pensée vigoureuse enlève sur ses ailes de Chimère un savant ou un poète, et l'isole des circonstances extérieures qui l'enserrent ici-bas, en le lançant à travers les régions sans bornes où les plus immenses collections de faits deviennent des abstractions, où les plus vastes ouvrages de la nature sont des images; malheur à lui si quelque bruit soudain frappe ses sens et rappelle son âme voyageuse dans sa prison d'os et de chair. Le choc de ces deux puissances, le Corps et l'Esprit, dont l'une participe de l'invisible action de la foudre, et dont l'autre partage avec la nature sensible cette molle résistance qui défie momentanément la destruction ; ce combat, ou mieux cet horrible accouplement engendre des souffrances inouïes. Le corps a redemandé la flamme qui le consume, et la flamme a ressaisi sa proie. Mais cette fusion ne s'opère pas sans les bouillonnements, sans les explosions et les tortures dont les visibles témoignages nous sont offerts par la Chimie quand se séparent deux principes ennemis qu'elle s'était plu à réunir. Depuis quelques jours, lorsque Wilfrid entrait chez Séraphîta, son corps y tombait dans un gouffre. Par un seul regard, cette singulière créature l'entraînait en esprit dans la sphère où la Méditation entraîne le savant, où la Prière transporte l'âme religieuse, où la Vision emmène un artiste, où le Sommeil emporte quelques hommes ; car à chacun sa voie pour aller aux abîmes supérieurs, à chacun son guide pour s'y diriger, à tous la souffrance au retour. Là seulement se déchirent les voiles et se montre à nu la Révélation, ardente et terrible confidence d'un monde inconnu, duquel l'esprit ne rapporte ici-bas que des lambeaux. Pour Wilfrid, une heure passée près de Séraphîta ressemblait souvent au songe qu'affectionnent les thériakis, et où chaque papille nerveuse devient le centre d'une jouissance rayonnante. Il sortait brisé comme une jeune fille qui s'est épuisée à suivre la course d'un géant. Le froid commençait à calmer par ses flagellations aiguës la trépidation morbide que lui causait la combinaison de ses deux natures violemment disjointes ; puis, il revenait toujours au presbytère, attiré près de Minna par le spectacle de la vie vulgaire duquel il avait soif, autant qu'un aventurier d'Europe a soif de sa patrie, quand la nostalgie le saisit au milieu des féeries qui l'avaient séduit en Orient. En ce moment, plus fatigué qu'il ne l'avait jamais été, cet étranger tomba dans un fauteuil, et regarda pendant quelque temps autour de lui, comme un homme qui s'éveille. Monsieur Becker, accoutumé sans doute, aussi bien que sa fille, à l'apparente bizarrerie de leur hôte, continuèrent tous deux à travailler.

Le parloir avait pour ornement une collection des insectes et des coquillages de la Norwège. Ces curiosités, habilement disposées sur le fond jaune du sapin qui boisait les murs, y formaient une riche tapisserie à laquelle la fumée du tabac avait imprimé ses teintes fuligineuses. Au fond, en face de la porte principale, s'élevait un poêle énorme en fer forgé qui, soigneusement frotté par la servante, brillait comme s'il eût été d'acier poli. Assis dans un grand fauteuil en tapisserie, près de ce poêle, devant une table, et les pieds dans une espèce de chancelière, monsieur Becker lisait un in-folio placé sur d'autres livres comme sur un pupitre ; à sa gauche était un broc de bière et un verre ; à sa droite brûlait une lampe fumeuse entretenue par de l'huile de poisson. Le ministre paraissait âgé d'une soixantaine d'années. Sa figure appartenait à ce type affectionné par les pinceaux de Rembrandt : c'était bien ces petits yeux vifs, enchâssés par des cercles de rides et surmontés d'épais sourcils grisonnants, ces cheveux blancs qui s'échappent en deux lames floconneuses de dessous un bonnet de velours noir, ce front large et chauve, cette coupe de visage que l'ampleur du menton rend presque carrée ; puis ce calme profond qui dénote à l'observateur une puissance quelconque, la royauté que donne l'argent, le pouvoir tribunitien du bourgmestre, la conscience de l'art, ou la force cubique de l'ignorance heureuse. Ce beau vieillard, dont l'embonpoint annonçait une santé robuste, était enveloppé dans sa robe de chambre en drap grossier simplement orné de la lisière. Il tenait gravement à sa bouche une longue pipe en écume de mer, et lâchait par temps égaux la fumée du tabac en en suivant d'un œil distrait les fantasques tourbillons, occupé sans doute à s'assimiler par quelque méditation digestive les pensées de l'auteur dont les œuvres l'occupaient. De l'autre côté du poêle et près d'une porte qui communiquait à la cuisine, Minna se voyait indistinctement dans le brouillard produit par la fumée, à laquelle elle paraissait habituée. Devant elle, sur une petite table, étaient les ustensiles nécessaires à une ouvrière : une pile de serviettes, des bas à raccommoder, et une lampe semblable à celle qui faisait reluire les pages blanches du livre dans lequel son père semblait absorbé. Sa figure fraîche à laquelle des contours délicats imprimaient une grande pureté s'harmoniait avec la candeur exprimée sur son front blanc et dans ses yeux clairs. Elle se tenait droit sur sa chaise en se penchant un peu vers la lumière pour y mieux voir, et montrait à son insu la beauté de son corsage. Elle était déjà vêtue pour la nuit d'un peignoir en toile de coton blanche. Un simple bonnet de percale, sans autre ornement qu'une ruche de même étoffe, enveloppait sa chevelure. Quoique plongée dans quelque contemplation secrète, elle comptait, sans se tromper, les fils de sa serviette, ou les mailles de son bas. Elle offrait ainsi l'image la plus complète, le type le plus vrai de la femme destinée aux œuvres terrestres, dont le regard pourrait percer les nuées du sanctuaire, mais qu'une pensée à la fois humble et charitable maintient à hauteur d'homme. Wilfrid s'était jeté sur un fauteuil, entre ces deux tables, et contemplait avec une sorte d'ivresse ce tableau plein d'harmonies auquel les nuages de fumée ne messeyaient point. La seule fenêtre qui éclairât ce parloir pendant la belle saison était alors soigneusement close. En guise de rideaux, une vieille tapisserie, fixée sur un bâton, pendait en formant de gros plis. Là, rien de pittoresque, rien d'éclatant, mais une simplicité rigoureuse, une bonhomie vraie, le laissez-aller de la nature, et toutes les habitudes d'une vie domestique sans troubles ni soucis. Beaucoup de demeures ont l'apparence d'un rêve, l'éclat du plaisir qui passe semble y cacher des ruines sous le froid sourire du luxe; mais ce parloir était sublime de réalité, harmonieux de couleur, et réveillait les idées patriarchales d'une vie pleine et recueillie. Le silence n'était troublé que par les trépignements de la servante occupée à préparer le souper, et par les frissonnements du poisson séché qu'elle faisait frire dans le beurre salé, suivant la méthode du pays.

— Voulez-vous fumer une pipe? dit le pasteur en saisissant un moment où il crut que Wilfrid pouvait l'entendre.

— Merci, cher monsieur Becker, répondit-il.

— Vous semblez aujourd'hui plus souffrant que vous ne l'êtes ordinairement, lui dit Minna frappée de la faiblesse que trahissait la voix de l'étranger.

— Je suis toujours ainsi quand je sors du château.

Minna tressaillit.

— Il est habité par une étrange personne, monsieur le pasteur, reprit-il après une pause. Depuis six mois que je suis dans ce village, je n'ai point osé vous adresser de questions sur elle, et suis obligé de me faire violence aujourd'hui pour vous en parler. J'ai commencé par regretter bien vivement de voir mon voyage interrompu par l'hiver, et d'être forcé de demeurer ici; mais depuis ces deux derniers mois, chaque jour les chaînes qui m'attachent à Jarvis, se sont plus fortement rivées, et j'ai peur d'y finir mes jours. Vous savez comment j'ai rencontré Séraphîta, quelle impression me fit son regard et sa voix, enfin, comment je fus admis chez elle qui ne veut recevoir personne. Dès le premier jour, je revins ici pour vous demander des renseignements sur cette créature mystérieuse. Là commença pour moi cette série d'enchantements...

— D'enchantements! s'écria le pasteur en secouant les cendres de sa pipe dans un plat grossier plein de sable qui lui servait de crachoir. Existe-t-il des enchantements?

— Certes, vous qui lisez en ce moment si consciencieusement le livre des INCANTATIONS de Jean Wier, vous comprendrez l'explication que je puis vous donner de mes sensations, reprit aussitôt Wilfrid. Si l'on étudie attentivement la nature dans ses grandes révolutions comme dans ses plus petites œuvres, il est impossible de ne pas reconnaître l'impossibilité d'un enchantement, en donnant à ce mot sa véritable signification. L'homme ne crée pas de forces, il emploie la seule qui existe et qui les résume toutes, le mouvement, souffle incompréhensible du souverain fabricateur des mondes. Les espèces sont trop bien séparées pour que la main humaine puisse les confondre ; et le seul miracle dont elle était capable s'est accompli dans la combinaison de deux substances ennemies. Encore la poudre est-elle germaine de la foudre ! Quant à faire surgir une création, et soudain ? toute création exige le temps, et le temps n'avance ni ne recule sous le doigt. Ainsi, en dehors de nous, la nature plastique obéit à des lois dont l'ordre et l'exercice ne seront intervertis par aucune main d'homme. Mais, après avoir ainsi fait la part de la Matière, il serait déraisonnable de ne pas reconnaître en nous l'existence d'un monstrueux pouvoir dont les effets sont tellement incommensurables que les générations connues ne les ont pas encore parfaitement classés. Je ne vous parle pas de la faculté de tout abstraire, de contraindre la Nature à se renfermer dans le Verbe, acte gigantesque auquel le vulgaire ne réfléchit pas plus qu'il ne songe au mouvement ; mais qui a conduit les théosophes indiens à expliquer la création par un verbe auquel ils ont donné la puissance inverse. La plus petite portion de leur nourriture, un grain de riz d'où sort une création, et dans lequel cette création se résume alternativement, leur offrait une si pure image du verbe créateur et du verbe abstracteur, qu'il était bien simple d'appliquer ce système à la production des mondes. La plupart des hommes devaient se contenter du grain de riz semé dans le premier verset de toutes les Genèses. Saint Jean, disant que le Verbe était en Dieu, n'a fait que compliquer la difficulté. Mais la granification, la germination et la floraison de nos idées est peu de chose, si nous comparons cette propriété partagée entre beaucoup d'hommes, à la faculté tout individuelle de communiquer à cette propriété des forces plus ou moins actives par je ne sais quelle concentration, de la porter à une troisième, à une neuvième, à une vingt-septième puissance, de la faire mordre ainsi sur les masses, et d'obtenir des résultats magiques en condensant les effets de la nature. Or, je nomme enchantements, ces immenses actions jouées entre deux membranes sur la toile de notre cerveau. Il se rencontre dans la nature inexplorée du Monde Spirituel certains êtres armés de ces facultés inouïes, comparables à la terrible puissance que possèdent les gaz dans le monde physique, et qui se combinent avec d'autres êtres, les pénètrent comme cause active, produisent en eux des sortiléges contre lesquels ces pauvres ilotes sont sans défense : ils les enchantent, les dominent, les réduisent à un horrible vasselage, et font peser sur eux les magnificences et le sceptre d'une nature supérieure en agissant tantôt à la manière de la torpille qui électrise et engourdit le pêcheur; tantôt comme une dose de phosphore qui exalte la vie ou en accélère la projection ; tantôt comme l'opium qui endort la nature corporelle, dégage l'esprit de ses liens, le laisse voltiger sur le monde, le lui montre à travers un prisme, et lui en extrait la pâture qui lui plaît le plus ; tantôt enfin comme la catalepsie qui annule toutes les facultés au profit d'une seule vision. Les miracles, les enchantements, les incantations, les sortiléges ; enfin les actes, improprement appelés surnaturels, ne sont possibles et ne peuvent s'expliquer que par le despotisme avec lequel un Esprit nous contraint à subir les effets d'une optique mystérieuse qui grandit, rapetisse, exalte la création, la fait mouvoir en nous à son gré, nous la défigure ou nous l'embellit, nous ravit au ciel ou nous plonge en enfer, les deux termes par lesquels s'expriment l'extrême plaisir et l'extrême douleur. Ces phénomènes sont en nous et non au dehors. L'être que nous nommons Séraphîta, me semble un de ces rares et terribles démons auxquels il est donné d'étreindre les hommes, de presser la nature et d'entrer en partage avec l'occulte pouvoir de Dieu. Le cours de ses enchantements a commencé chez moi par le silence qui m'était imposé. Chaque fois que j'osais vouloir vous interroger sur elle, il me semblait que j'allais révéler un secret dont je devais être l'incorruptible gardien ; chaque fois que j'ai voulu vous questionner, un sceau brûlant s'est posé sur mes lèvres, et j'étais le ministre involontaire de cette mystérieuse défense. Vous me voyez ici pour la centième fois, abattu, brisé, pour avoir été jouer avec le monde hallucinateur que porte en elle cette jeune fille douce et frêle pour vous deux, mais pour moi la magicienne la plus dure. Oui, elle est pour moi comme une sorcière qui, dans sa main droite, porte un appareil invisible pour agiter le globe, et dans sa main gauche, la foudre pour tout dissoudre à son gré. Enfin, je ne sais plus regarder son front : il est d'une insupportable clarté. Je côtoie trop inhabilement depuis quelques jours les abîmes de la folie pour me taire. Je saisis donc le moment où j'ai le courage de résister à ce monstre qui m'entraîne après lui, sans me demander si je puis suivre son vol. Qui est-elle ? L'avez-vous vue jeune ? Est-elle née jamais ? a-t-elle eu des parents ? Est-elle enfantée par la conjonction de la glace et du soleil ? elle glace et brûle, elle se montre et se retire comme une vérité jalouse, elle m'attire et me repousse, elle me donne tour à tour la vie et la mort, je l'aime et je la hais. Je ne puis plus vivre ainsi, je veux être tout à fait, ou dans le ciel, ou dans l'enfer.

Gardant d'une main sa pipe chargée à nouveau, de l'autre le couvercle sans le remettre, monsieur Becker écoutait Wilfrid d'un air mystérieux, en regardant par instants sa fille qui paraissait comprendre ce langage, en harmonie avec l'être qui l'inspirait. Wilfrid était beau comme Hamlet résistant à l'ombre de son père, et avec laquelle il converse en la voyant se dresser pour lui seul au milieu des vivants.

— Ceci ressemble fort au discours d'un homme amoureux, dit naïvement le bon pasteur.

— Amoureux! reprit Wilfrid; oui, selon les idées vulgaires. Mais, mon cher monsieur Becker, aucun mot ne peut exprimer la frénésie avec laquelle je me précipite vers cette sauvage créature.

— Vous l'aimez donc? dit Minna d'un ton de reproche.

— Mademoiselle, j'éprouve des tremblements si singuliers quand je la vois, et de si profondes tristesses quand je ne la vois plus, que, chez tout homme, de telles émotions annonceraient l'amour; mais ce sentiment rapproche ardemment les êtres, tandis que, toujours entre elle et moi s'ouvre, je ne sais quel abîme dont le froid me pénètre quand je suis en sa présence, et dont la conscience s'évanouit quand je suis loin d'elle. Je la quitte toujours plus désolé, je reviens toujours avec plus d'ardeur, comme les savants qui cherchent un secret et que la nature repousse; comme le peintre qui veut mettre la vie sur une toile, et se brise avec toutes les ressources de l'art dans cette vaine tentative.

— Monsieur, tout cela me paraît bien juste, répondit naïvement la jeune fille.

— Comment pouvez-vous le savoir, Minna, demanda le vieillard.

— Ah! mon père, si vous étiez allé ce matin avec nous sur les sommets du Falberg, et que vous l'eussiez vu priant, vous ne me feriez pas cette question! Vous diriez, comme monsieur Wilfrid, quand il l'aperçut pour la première fois dans notre temple : — C'est le Génie de la Prière.

Ces derniers mots furent suivis d'un moment de silence.

— Ah! certes, reprit Wilfrid, elle n'a rien de commun avec les créatures qui s'agitent dans les trous de ce globe.

— Sur le Falberg? s'écria le vieux pasteur. Comment avez-vous fait pour y parvenir?

— Je n'en sais rien, répondit Minna. Ma course est maintenant pour moi comme un rêve dont le souvenir seul nous reste! Je n'y croirais peut-être point sans ce témoignage matériel.

Elle tira la fleur de son corsage et la montra. Tous trois restèrent les yeux attachés sur la jolie saxifrage encore fraîche qui, bien éclairée par les lampes, brilla dans le nuage de fumée comme une autre lumière.

— Voilà qui est surnaturel, dit le vieillard en voyant une fleur éclose en hiver.

— Un abîme! fit Wilfrid exalté par le parfum.

— Cette fleur me donne le vertige, s'écria Minna. Je crois encore entendre sa parole qui est la musique de la pensée, comme je vois encore la lumière de son regard qui est l'amour.

— De grâce, mon cher monsieur Becker, dites-moi la vie de Séraphîta, énigmatique fleur humaine dont l'image nous est offerte par cette touffe mystérieuse.

— Mon cher hôte, répondit le vieillard en lâchant une bouffée de tabac, pour vous expliquer la naissance

17

de cette créature, il est nécessaire de vous débrouiller les nuages de la plus obscure de toutes les doctrines chrétiennes; mais il n'est pas facile d'être clair en parlant de la plus incompréhensible des révélations, dernier éclat de la foi qui ait, dit-on, rayonné sur notre tas de boue. Connaissez-vous SWEDENBORG?

— De nom seulement; mais de lui, de ses livres, de sa religion, je ne sais rien.

— Hé bien! je vais vous raconter SWEDENBORG en entier.

SÉRAPHÎTA-SÉRAPHÎTÜS.

III.

Après une pause pendant laquelle le pasteur parut recueillir ses souvenirs, il reprit en ces termes :
— Emmanuel de SWEDENBORG est né à Upsal, en Suède, dans le mois de janvier 1688, suivant quelques auteurs, en 1689, suivant son épitaphe. Son père était évêque de Skara. Swedenborg vécut quatre-vingt-cinq années, sa mort étant arrivée à Londres, le 29 mars 1772. Je me sers de cette expression pour exprimer un simple changement d'état. Selon ses disciples, Swedenborg aurait été vu à Jarvis et à Paris postérieurement à cette date. Permettez, mon cher monsieur Wilfrid, dit monsieur Becker en faisant un geste pour prévenir toute interruption, je raconte des faits sans les affirmer, sans les nier. Écoutez, et après, vous penserez de tout ceci ce que vous voudrez. Je vous préviendrai lorsque je jugerai, critiquerai, discuterai les doctrines, afin de constater ma neutralité intelligentielle entre la raison et LUI!

La vie d'Emmanuel Swedenborg fut scindée en deux parts, reprit le pasteur. De 1688 à 1745, le baron Emmanuel de Swedenborg apparut dans le monde comme un homme du plus vaste savoir, estimé, chéri pour ses vertus, toujours irréprochable, constamment utile. Tout en remplissant de hautes fonctions en Suède, il a publié de 1709 à 1740, sur la minéralogie, la physique, les mathématiques et l'astronomie, des livres nombreux et solides qui ont éclairé le monde savant. Il a inventé la méthode de bâtir des bassins propres à recevoir les vaisseaux. Il a écrit sur les questions les plus importantes, depuis la hauteur des marées jusqu'à la position de la terre. Il a trouvé tout à la fois les moyens de construire de meilleures écluses pour les canaux, et des procédés plus simples pour l'extraction des métaux. Enfin, il ne s'est pas occupé d'une science sans lui faire faire un progrès. Il étudia pendant sa jeunesse les langues hébraïque, grecque, latine et les langues orientales dont la connaissance lui devint si familière, que plusieurs professeurs célèbres l'ont consulté souvent, et qu'il put reconnaître dans la Tartarie les vestiges du plus ancien livre de la Parole, nommé LES GUERRES DE JEHOVAH, et LES ÉNONCÉS dont il est parlé par Moïse dans les NOMBRES (XXI, 14, 15, 27 — 30); par Josué, par Jérémie et par Samuel. LES GUERRES DE JEHOVAH seraient la partie historique, et LES ÉNONCÉS la partie prophétique de ce livre antérieur à la GENÈSE. Swedenborg a même affirmé que le JASCHAR ou le LIVRE DU JUSTE, mentionné par Josué, existait dans la Tartarie-Orientale, avec le culte des Correspondances. Un Français a, dit-on, récemment justifié les prévisions de Swedenborg, en annonçant avoir trouvé à Bagdad plusieurs parties de la Bible inconnues en Europe. Lors de la discussion presque européenne que souleva le magnétisme animal à Paris, et à laquelle presque tous les savants prirent une part active, en 1785, monsieur le marquis de Thomé vengea la mémoire de Swedenborg en relevant des assertions échappées aux commissaires nommés par le roi de France pour examiner le magnétisme. Ces messieurs prétendaient qu'il n'existait aucune théorie de l'aimant, tandis que Swedenborg s'en était occupé dès l'an 1720. Monsieur de Thomé saisit cette occasion pour démontrer les causes de l'oubli dans lequel les hommes les plus célèbres laissaient le savant Suédois afin de pouvoir fouiller ses trésors et s'en aider pour leurs travaux. « Quelques-uns des plus illustres, dit monsieur de Thomé en faisant allusion à la THÉORIE DE LA TERRE par Buffon, ont la faiblesse de se parer des plumes du paon sans lui en faire hommage. » Enfin, il prouva par des citations victorieuses, tirées des œuvres encyclopédiques de Swedenborg, que ce grand prophète avait devancé de plusieurs siècles la marche lente des sciences humaines : il suffit, en effet, de lire ses œuvres philosophiques et minéralogiques, pour en être convaincu. Dans tel passage, il se fait le précurseur de la chimie actuelle, en annonçant que les productions de la nature organisée sont toutes décomposables et aboutissent à deux principes purs; que l'eau, l'air, le feu, *ne sont pas des éléments;* dans tel autre, il va par quelques mots au fond des mystères magnétiques, il en ravit ainsi la première connaissance à Mesmer. — Enfin, voici de lui, dit monsieur Becker en montrant une longue planche attachée entre le poêle et la croisée sur laquelle•étaient des livres de toutes grandeurs, voici dix-sept ouvrages différents, dont un seul, ses OEuvres

17.

Philosophiques et Minéralogiques, publiées en 1734, ont trois volumes in-folio. Ces productions qui attestent les connaissances positives de Swedenborg, m'ont été données par monsieur Séraphîtüs, son cousin, père de Séraphîta. En 1740, Swedenborg tomba dans un silence absolu, d'où il ne sortit que pour quitter ses occupations temporelles, et penser exclusivement au monde spirituel. Il reçut les premiers ordres du Ciel en 1745. Voici comment il a raconté sa vocation : Un soir, à Londres, après avoir dîné de grand appétit, un brouillard épais se répandit dans sa chambre. Quand les ténèbres se dissipèrent, une créature qui avait pris la forme humaine se leva du coin de sa chambre, et lui dit d'une voix terrible : *Ne mange pas tant!* Il fit une diète absolue. La nuit suivante, le même homme vint, rayonnant de lumière, et lui dit : *Je suis envoyé par Dieu qui t'a choisi pour expliquer aux hommes le sens de sa parole et de ses créations. Je te dicterai ce que tu dois écrire.* La vision dura peu de moments. L'ANGE était, disait-il, vêtu de pourpre. Pendant cette nuit, les yeux de son *homme intérieur* furent ouverts et disposés pour voir dans le Ciel, dans le monde des Esprits et dans les Enfers; trois sphères différentes où il rencontra des personnes de sa connaissance, qui avaient péri dans leur forme humaine, les unes depuis long-temps, les autres depuis peu. Dès ce moment, Swedenborg a constamment vécu de la vie des Esprits, et resta dans ce monde comme Envoyé de Dieu. Si sa mission lui fut contestée par les incrédules, sa conduite fut évidemment celle d'un être supérieur à l'humanité. D'abord, quoique borné par sa fortune au strict nécessaire, il a donné des sommes immenses, et notoirement relevé, dans plusieurs villes de commerce, de grandes maisons tombées ou qui allaient faillir. Aucun de ceux qui firent un appel à sa générosité ne s'en alla sans être aussitôt satisfait. Un Anglais incrédule s'est mis à sa poursuite, l'a rencontré dans Paris, et a raconté que chez lui les portes restaient constamment ouvertes. Un jour, son domestique s'étant plaint de cette négligence, qui l'exposait à être soupçonné des vols qui atteindraient l'argent de son maître : — Qu'il soit tranquille, dit Swedenborg en souriant, je lui pardonne sa défiance, il ne voit pas le gardien qui veille à ma porte. En effet, en quelque pays qu'il habitât, il ne ferma jamais ses portes, et rien ne fut perdu chez lui. A Gothembourg, ville située à soixante milles de Stockholm, il annonça, trois jours avant l'arrivée du courrier, l'heure précise de l'incendie qui ravageait Stockholm en faisant observer que sa maison n'était pas brûlée : ce qui était vrai. La reine de Suède dit à Berlin, au roi son frère, qu'une de ses dames étant assignée pour payer une somme qu'elle savait avoir été rendue par son mari avant qu'il mourût, mais n'en trouvant pas la quittance, alla chez Swedenborg, et le pria de demander à son mari où pouvait être la preuve du paiement. Le lendemain, Swedenborg lui indiqua l'endroit où était la quittance; mais comme, suivant le désir de cette dame, il avait prié le défunt d'apparaître à sa femme, celle-ci vit en songe son mari vêtu de la robe de chambre qu'il portait avant de mourir, et il lui montra la quittance dans l'endroit désigné par Swedenborg, et où elle était effectivement cachée. Un jour, en s'embarquant à Londres, dans le navire du capitaine Dixon, il entendit une dame qui demandait si l'on avait fait beaucoup de provisions : — Il n'en faut pas tant, répondit-il. Dans huit jours, à deux heures, nous serons dans le port de Stockholm. Ce qui arriva. L'état de vision dans lequel Swedenborg se mettait à son gré, relativement aux choses de la terre, et qui étonna tous ceux qui l'approchèrent par des effets merveilleux, n'était qu'une faible application de sa faculté de voir les cieux. Parmi ces visions, celles où il raconte ses voyages dans les TERRES ASTRALES ne sont pas les moins curieuses, et ses descriptions doivent nécessairement surprendre par la naïveté des détails. Un homme dont l'immense portée scientifique est incontestable, qui réunissait en lui la conception, la volonté, l'imagination, aurait certes inventé mieux, s'il eût inventé. La littérature fantastique des Orientaux n'offre d'ailleurs rien qui puisse donner une idée de cette œuvre étourdissante et pleine de poésies en germe, s'il est permis de comparer une œuvre de croyance aux œuvres de la fantaisie arabe. L'enlèvement de Swedenborg par l'ange qui lui servit de guide dans son premier voyage, est d'une sublimité qui dépasse de toute la distance que Dieu a mise entre la terre et le soleil, celle des épopées de Klopstock, de Milton, du Tasse et de Dante. Cette partie qui sert de début à son ouvrage sur les TERRES ASTRALES, n'a jamais été publiée; elle appartient aux traditions orales laissées par Swedenborg aux trois disciples qui étaient au plus près de son cœur. Monsieur Silverichm la possède écrite. Monsieur Séraphîtüs a voulu m'en parler quelquefois; mais le souvenir de la parole de son cousin était si brûlant, qu'il s'arrêtait aux premiers mots, et tombait dans une rêverie d'où rien ne le pouvait tirer. Le discours par lequel l'Ange prouve à Swedenborg que ces corps ne sont pas faits pour être errants et déserts, écrase, m'a dit le baron, toutes les sciences humaines sous le grandiose d'une logique di-

vine. Selon le prophète, les habitants de Jupiter ne cultivent point les sciences qu'ils nomment des ombres; ceux de Mercure détestent l'expression des idées par la parole qui leur semble trop matérielle, ils ont un langage oculaire; ceux de Saturne sont continuellement tentés par de mauvais esprits; ceux de la Lune sont petits comme des enfants de six ans, leur voix part de l'abdomen, et ils rampent; ceux de Vénus sont d'une taille gigantesque, mais stupide, et vivent de brigandages; néanmoins, une partie de cette planète a des habitants d'une grande douceur, qui vivent dans l'amour du bien. Enfin, il décrit les mœurs des peuples attachés à ces globes, et traduit le sens général de leur existence par rapport à l'univers, en des termes si précis; il donne des explications qui concordent si bien aux effets de leurs révolutions apparentes dans le système général du monde, que peut-être un jour les savants viendront-ils s'abreuver à ces sources lumineuses. Voici, dit monsieur Becker, après avoir pris un livre, en l'ouvrant à l'endroit marqué par le signet, voici par quelles paroles il a terminé cette œuvre : « Si l'on doute que j'aie été
» transporté dans un grand nombre de Terres Astrales,
» qu'on se rappelle mes observations sur les distances
» dans l'autre vie ; elles n'existent que relativement à
» l'état externe de l'homme ; or, ayant été disposé in-
» térieurement comme les Esprits Angéliques de ces
» terres, j'ai pu les connaître. » Les circonstances auxquelles nous avons dû de posséder dans ce canton le baron Séraphitüs, cousin bien-aimé de Swedenborg, ne m'ont laissé étranger à aucun événement de cette vie extraordinaire. Il fut accusé dernièrement d'imposture dans quelques papiers publics de l'Europe, qui rapportèrent le fait suivant, d'après une lettre du

chevalier Beylon. Swedenborg, disait-on, *instruit par des sénateurs de la correspondance secrète de la feue reine de Suède avec le prince de Prusse, son frère, en révéla les mystères à cette princesse, et la laissa croire qu'il en avait été instruit par des moyens surnaturels.* Un homme digne de foi, monsieur Charles-Léonhard de Stahlhammer, capitaine dans la garde royale et chevalier de l'Épée, a répondu par une lettre à cette calomnie.

Le pasteur chercha dans le tiroir de sa table parmi quelques papiers, finit par y trouver une gazette, et la tendit à Wilfrid qui lut à haute voix la lettre suivante :

« Stockholm, 13 mai 1788.

« J'ai lu avec étonnement la lettre qui rapporte l'entretien qu'a eu le fameux Swedenborg avec la reine Louise-Ulrique ; les circonstances en sont tout à fait fausses, et j'espère que l'auteur me pardonnera si, par un récit fidèle qui peut être attesté par plusieurs personnes de distinction qui étaient présentes et qui sont encore en vie, je lui montre combien il s'est trompé. En 1758, peu de temps après la mort du prince de Prusse, Swedenborg vint à la cour : il avait coutume de s'y trouver régulièrement. A peine eut-il été aperçu de la reine, qu'elle lui dit : « A propos, monsieur l'assesseur, avez-vous vu mon frère ? » Swedenborg répondit que non, et la reine lui répliqua : « Si vous le rencontrez, saluez-le de ma part. » En disant cela, elle n'avait d'autre intention que de plaisanter, et ne pensait nullement à lui demander la moindre instruction touchant son frère. Huit jours après, et non pas vingt-quatre jours après, ni dans une audience particulière, Swedenborg vint de nouveau à la cour, mais de si bonne heure, que la reine n'avait pas encore quitté son appartement, appelé la Chambre-Blanche, où elle causait avec ses dames d'honneur et d'autres femmes de la cour. Swedenborg n'attend point que la reine sorte, il entre directement dans son appartement et lui parle bas à l'oreille. La reine, frappée d'étonnement, se trouva mal, et eut besoin de quelque temps pour se remettre. Revenue à elle-même, elle dit aux personnes qui l'entouraient : « Il n'y a que Dieu et mon frère qui puissent savoir ce qu'il vient de me dire ! » Elle avoua qu'il lui avait parlé de sa dernière correspondance avec ce prince, dont le sujet n'était connu que d'eux seuls. Je ne puis expliquer comment Swedenborg eut connaissance de ce secret ; mais ce que je puis assurer sur mon honneur, c'est que ni le comte H..., comme le dit l'auteur de la lettre, ni personne, n'a intercepté où lu les lettres de la reine. Le sénat d'alors lui permettait d'écrire à son frère dans la plus grande sécurité, et regardait cette correspondance comme très-indifférente à l'état. Il est évident que l'auteur de la susdite lettre n'a pas du tout connu le caractère du comte H... Ce seigneur respectable, qui a rendu les services les plus importants à sa patrie, réunit aux talents de l'esprit les qualités du cœur, et son âge avancé n'affaiblit point en lui ces dons précieux. Il joignit toujours pendant toute son administration la politique la plus éclairée à la plus scrupuleuse intégrité, et se déclara l'ennemi des intrigues secrètes et des menées sourdes, qu'il regardait comme des moyens indignes pour arriver à son but. L'auteur n'a pas mieux connu l'assesseur Swedenborg. La seule faiblesse de cet homme, vraiment honnête, était de croire aux apparitions des esprits ; mais je l'ai connu pendant très-long-temps, et je puis assurer qu'il était aussi persuadé de parler et de converser avec des esprits, que je le suis, moi, dans ce moment, d'écrire ceci. Comme citoyen et comme ami, c'était l'homme le plus intègre, ayant en horreur l'imposture et menant une vie exemplaire. L'explication qu'a voulu donner de ce fait le chevalier Beylon est, par conséquent, destituée de fondement; et la visite faite pendant la nuit à Swedenborg, par les comtes H... et T..., est entièrement controuvée. Au reste, l'auteur de la lettre peut être assuré que je ne suis rien moins que sectateur de Swedenborg; l'amour seul de la vérité m'a engagé à rendre avec fidélité un fait qu'on a si souvent rapporté avec des détails entièrement faux, et j'affirme ce que je viens d'écrire, en apposant la signature de mon nom. »

— Les témoignages que Swedenborg a donnés de sa mission aux familles de Suède et de Prusse ont sans doute fondé la croyance dans laquelle vivent plusieurs personnages de ces deux cours, reprit monsieur Becker en remettant la gazette dans son tiroir. — Néanmoins, dit-il en continuant, je ne vous dirai pas tous les faits de sa vie matérielle et visible : ses mœurs s'opposaient à ce qu'ils fussent exactement connus. Il vivait caché, sans vouloir s'enrichir ou parvenir à la célébrité. Il se distinguait même par une sorte de répugnance à faire des prosélytes, s'ouvrait à peu de personnes, et ne communiquait ces dons extérieurs qu'à celles en qui éclataient la foi, la sagesse et l'amour. Il savait reconnaître par un seul regard l'état de l'âme de ceux qui l'approchaient, et changeait en Voyants ceux qu'il voulait toucher de sa parole intérieure. Ses disciples ne lui ont, depuis l'année 1745, jamais rien vu faire pour aucun motif humain. Une seule personne, un prêtre suédois, nommé Matthésius, l'accusa de folie. Par un hasard extraordinaire, ce Matthésius, ennemi de Swedenborg et de ses écrits, devint fou peu de temps après, et vivait encore il y a quelques années à Stockholm avec une pension accordée par le roi de Suède. L'éloge de Swedenborg a d'ailleurs était composé avec un soin minutieux quant aux événements de sa vie, et prononcé dans la grande salle de l'Académie royale des sciences à Stockholm par monsieur de Sandel, conseiller au collége des Mines, en 1786. Enfin une déclaration reçue par le lord-maire, à Londres, constate les moindres détails de la dernière maladie et de la mort de Swedenborg, qui fut alors assisté par monsieur Férélius, ecclésiastique suédois de la plus haute distinction. Les personnes comparues attestent que, loin d'avoir démenti ses écrits, Swedenborg en a constamment attesté la vérité. — « Dans cent ans, dit-il à monsieur Férélius, ma doctrine régira l'ÉGLISE. » Il a prédit fort exactement le jour et l'heure de sa mort. Le jour même, le dimanche 29 mars 1772, il demanda l'heure. — Cinq heures, lui répondit-on. — Voilà qui est fini, dit-il, Dieu vous bénisse ! Puis, dix minutes après, il expira de la manière la plus tranquille en poussant un léger soupir. La simplicité, la médiocrité, la solitude, furent donc les traits de sa vie. Quand il avait achevé l'un de ses traités, il s'embarquait pour aller l'imprimer à Londres ou en Hollande, et n'en parlait jamais. Il publia successivement ainsi vingt-sept traités différents, tous écrits, dit-il, sous la dictée des Anges. Que ce soit ou non vrai, peu d'hommes sont assez forts pour en soutenir les flammes orales. Les voici tous, dit monsieur Becker en montrant une seconde planche sur laquelle étaient une soixantaine de volumes. Les sept traités où l'esprit de Dieu jette ses plus vives lueurs, sont : LES DÉLICES DE L'AMOUR CONJUGAL, — LE CIEL ET L'ENFER, — L'APOCALYPSE RÉVÉLÉE, — L'EXPOSITION DU SENS INTERNE, — L'AMOUR DIVIN, — LE VRAI CHRISTIANISME, — LA SAGESSE ANGÉLIQUE DE L'OMNIPOTENCE, OMNISCIENCE, OMNIPRÉSENCE DE CEUX QUI PARTAGENT L'ÉTERNITÉ, L'IMMENSITÉ DE DIEU. Son explication de l'Apocalypse commence par ces paroles, dit monsieur Becker en prenant et ouvrant le premier volume qui se trouvait près de lui : « *Ici je n'ai rien mis du mien, j'ai parlé d'après le Seigneur qui avait dit par le même ange à Jean :* TU NE SCELLERAS PAS LES PAROLES DE CETTE PROPHÉTIE (Apocalypse, 22, 10). »

— Mon cher monsieur, dit le douteur en regardant Wilfrid, j'ai souvent tremblé de tous mes membres pendant les nuits d'hiver, en lisant les œuvres terribles où cet homme déclare avec une parfaite innocence les plus grandes merveilles. « J'ai vu, dit-il, les Cieux et
» les Anges. L'homme spirituel voit l'homme spiri-
» tuel beaucoup mieux que l'homme terrestre ne voit
» l'homme terrestre. En décrivant les merveilles des
» cieux et au-dessous des cieux, j'obéis à l'ordre que
» le Seigneur m'a donné de le faire. On est le maître
» de ne pas me croire, je ne puis mettre les autres
» dans l'état où Dieu m'a mis ; il ne dépend pas de moi
» de les faire converser avec les Anges, ni d'opérer le
» miracle de la disposition expresse de leur entende-
» ment, ils sont eux-mêmes les seuls instruments de
» leur exaltation angélique. Voici vingt-huit ans que je
» suis dans le monde spirituel avec les Anges, et sur la
» terre avec les hommes ; car il a plu au Seigneur de
» m'ouvrir les yeux de l'Esprit, comme il les ouvrit à
» Paul, à Daniel et à Élisée. » Néanmoins, certaines

personnes ont des visions du monde spirituel par le détachement complet que le somnambulisme opère entre leur forme extérieure et leur homme intérieur. *Dans cet état,* dit Swedenborg en son traité DE LA SAGESSE ANGÉLIQUE (n° 257), *l'homme peut être élevé jusque dans la lumière céleste, parce que les sens corporels étant abolis, l'influence du ciel agit sans obstacle sur l'homme intérieur.* Beaucoup de gens, qui ne doutent point que Swedenborg n'ait eu des révélations célestes, pensent néanmoins que tous ses écrits ne sont pas également empreints de l'inspiration divine. D'autres exigent une adhésion absolue à Swedenborg, tout en admettant ses obscurités ; mais ils croient que l'imperfection du langage terrestre a empêché le prophète d'exprimer ses visions spirituelles dont les obscurités disparaissent aux yeux de ceux que la foi a régénérés ; car, suivant l'admirable expression de son plus grand disciple, *la chair est une génération extérieure.* Pour les poètes et les écrivains, son merveilleux est immense ; pour les Voyants, tout est d'une réalité pure. Ses descriptions ont été pour quelques chrétiens des sujets de scandale. Certains critiques ont ridiculisé la substance céleste de ses temples, de ses palais d'or, de ses villa superbes où s'ébattent les anges ; d'autres se sont moqués de ses bosquets d'arbres mystérieux, de ses jardins où les fleurs parlent, où l'air est blanc, où les pierreries mystiques, la sardoine, l'escarboucle, la chrysolite, la chrysoprase, la cyanée, la chalcédoine, le béryl, l'URIM et le THUMIM sont doués de mouvement, expriment des vérités célestes, et qu'on peut interroger, car elles répondent par des variations de lumière (VRAIE RELIGION, 219) ; beaucoup de bons esprits n'admettent pas ses mondes où les couleurs font entendre de délicieux concerts, où les paroles flamboient, où le Verbe s'écrit en cornicules (VRAIE RELIGION, 278). Dans le Nord même, quelques écrivains ont ri de ses portes de perles, des diamants qui tapissent et meublent les maisons de sa Jérusalem où les moindres ustensiles sont faits des substances les plus rares sur notre globe. « Mais, disent ses disciples, parce que tous ces objets sont clairsemés dans ce monde, est-ce une raison pour qu'ils ne soient pas abondants en l'autre? Sur la terre, ils sont d'une substance terrestre, tandis que, dans les cieux, ils sont sous les apparences célestes et relatives à l'état d'ange. » Swedenborg a d'ailleurs répété, à ce sujet, ces grandes paroles de JÉSUS-CHRIST : *Je vous enseigne en me servant des paroles terrestres, et vous ne m'entendez pas ; si je parlais le langage du ciel, comment pourriez-vous me comprendre?* (Jean, 3, 12). — Monsieur, moi j'ai lu Swedenborg en entier, reprit monsieur Becker en laissant échapper un geste emphatique. Je le dis avec orgueil, puisque j'ai gardé ma raison. En le lisant, il faut où perdre le sens, ou devenir un Voyant. Quoique j'aie résisté à ces deux folies, j'ai souvent éprouvé des ravissements inconnus, des saisissements profonds, des joies intérieures que donnent seules la plénitude de la vérité, l'évidence de la lumière céleste. Tout ici-bas semble petit quand l'âme parcourt les pages dévorantes de ces Traités. Il est impossible de ne pas être frappé d'étonnement en songeant que, dans l'espace de trente ans, cet homme a publié, sur les vérités du monde spirituel, vingt-cinq volumes in-quarto, écrits en latin, dont le moindre a cinq cents pages, et qui sont tous imprimés en petits caractères. Il en a laissé, dit-on, vingt autres à Londres, déposés à son

neveu, M. Silverichm, ancien aumônier du roi de
Suède. Certes, l'homme qui, de vingt à soixante ans,
s'était presque épuisé par la publication d'une sorte
d'encyclopédie, a dû recevoir des secours surnaturels
pour composer ces prodigieux traités, à l'âge où les
forces de l'homme commencent à s'éteindre. Dans ces
écrits, il se trouve des milliers de propositions numé-
rotées, dont aucune ne se contredit. Partout l'exacti-
tude, la méthode, la présence d'esprit, éclatent et découlent d'un même fait, l'existence des Anges. SA VRAIE
RELIGION, où se résume tout son dogme, œuvre vigoureuse de lumière, a été conçue, exécutée à quatre-
vingt-trois ans. Enfin, son ubiquité, son omniscience
n'est démentie par aucun de ses critiques, ni par ses
ennemis. Néanmoins, quand je me suis abreuvé à ce
torrent de lueurs célestes, Dieu ne m'a pas ouvert les
yeux intérieurs, et j'ai jugé ces écrits avec la raison
d'un homme non régénéré. J'ai donc souvent trouvé
que l'INSPIRÉ Swedenborg avait dû parfois mal entendre
les Anges. J'ai ri de plusieurs visions auxquelles j'aurais
dû, suivant les Voyants, croire avec admiration. Je
n'ai conçu ni l'écriture corniculaire des anges, ni leurs
ceintures dont l'or est plus ou moins faible. Si, par
exemple, cette phrase : *Il est des anges solitaires,*
m'a singulièrement attendri d'abord ; par réflexion, je
n'ai pas accordé cette solitude avec leurs mariages. Je
n'ai pas compris pourquoi la vierge Marie conserve,
dans le ciel, des habillements de satin blanc. J'ai osé
me demander pourquoi les gigantesques démons Enakim
et Héphilim venaient toujours combattre les chérubins
dans les champs apocalyptiques d'Armageddon. J'ignore
comment les Satans peuvent encore discuter avec les
Anges. M. le baron Séraphîtüs m'objectait que ces dé-

tails concernaient les Anges qui demeuraient sur la terre sous forme humaine. Souvent les visions du prophète suédois sont barbouillées de figures grotesques. Un de ses MÉMORABLES, nom qu'il leur a donné, commence par ces paroles : — « Je vis des esprits rassemblés, ils avaient des chapeaux sur leurs têtes. » Dans un autre Mémorable, il reçoit du ciel un petit papier sur lequel il vit, dit-il, les lettres dont se servaient les peuples primitifs, et qui étaient composées de lignes courbes avec de petits anneaux qui se portaient en haut. Pour mieux attester sa communication avec les cieux, j'aurais voulu qu'il déposât ce papier à l'Académie royale des sciences de Suède. Enfin, peut-être ai-je tort, peut-être les absurdités matérielles semées dans ses ouvrages ont-elles des significations spirituelles. Autrement, comment admettre la croissante influence de sa religion ? Son ÉGLISE compte aujourd'hui plus de sept cent mille fidèles, tant aux États-Unis d'Amérique où différentes sectes s'y agrégent en masse, qu'en Angleterre où sept mille Swedenborgistes se trouvent dans la seule ville de Manchester. Des hommes aussi distingués par leurs connaissances que par leur rang dans le monde, soit en Allemagne, soit en Prusse et dans le Nord, ont publiquement adopté les croyances de Swedenborg, plus consolantes d'ailleurs que ne le sont celles des autres communions chrétiennes. Maintenant, je voudrais bien pouvoir vous expliquer en quelques paroles succinctes les points capitaux de la doctrine que Swedenborg a établie pour son Église ; mais cet abrégé, fait de mémoire, serait nécessairement fautif. Je ne puis donc me permettre de vous parler que des Arcanes qui concernent la naissance de Séraphîta.

Ici, monsieur Becker fit une pause pendant laquelle il parut se recueillir pour rassembler ses idées, et reprit ainsi :

— Après avoir mathématiquement établi que l'homme vit éternellement en des sphères, soit inférieures, soit supérieures, Swedenborg appelle Esprits Angéliques les êtres qui, dans ce monde, sont préparés pour le ciel, où ils deviennent Anges. Selon lui, Dieu n'a pas créé d'Anges spécialement, il n'en existe point qui n'ait été homme sur la terre. La terre est ainsi la pépinière du ciel. Les Anges ne sont donc pas Anges pour eux-mêmes (*Sag. ang.* 57); ils se transforment par une conjonction intime avec Dieu, à laquelle Dieu ne se refuse jamais; l'essence de Dieu n'étant jamais négative, mais incessamment active. Les Esprits Angéliques passent par trois natures d'amour, car l'homme ne peut être régénéré que successivement (*Vraie Religion*). D'abord l'AMOUR DE SOI : la suprême expression de cet amour est le génie humain dont les œuvres obtiennent un culte. Puis l'AMOUR DU MONDE, qui produit les prophètes, les grands hommes que la Terre prend pour guides et salue du nom de divins. Enfin l'AMOUR DU CIEL, qui fait les Esprits Angéliques. Ces Esprits sont, pour ainsi dire, les fleurs de l'humanité qui s'y résume et travaille à s'y résumer. Ils doivent avoir ou l'Amour du ciel ou la Sagesse du ciel ; mais ils sont toujours dans l'Amour avant d'être dans la Sagesse. Ainsi la première transformation de l'homme est l'AMOUR. Pour arriver à ce premier degré, ses *existers* antérieurs ont dû passer par l'Espérance et la Charité qui l'engendrent pour la Foi et la Prière. Les idées acquises par l'exercice de ces vertus se transmettent à chaque nouvelle enveloppe humaine sous laquelle se cachent les métamorphoses de l'Être Intérieur ; car rien ne se sépare, tout est nécessaire : l'Espérance ne va pas sans la Charité, la Foi ne va pas sans la Prière : les quatre faces de ce carré sont solidaires. « Faute d'une vertu, dit-il, l'Esprit Angélique est comme une perle brisée. » Chacun de ces *existers* est donc un cercle dans lequel s'enroulent les richesses célestes de l'état antérieur. La grande perfection des Esprits Angéliques vient de cette mystérieuse progression par laquelle rien ne se perd des qualités successivement acquises pour arriver à leur glorieuse incarnation ; car à chaque transformation ils se dépouillent insensiblement de la chair et de ses erreurs. Quand il vit dans l'Amour, l'homme a quitté toutes ses passions mauvaises : l'Espérance, la Charité, la Foi, la Prière ont, suivant le mot d'Isaïe, *vanné* son intérieur qui ne doit plus être pollué par aucune des affections terrestres. De là cette grande parole de saint Luc : *Faites-vous un trésor qui ne périsse pas dans les cieux*. Et celle de Jésus-Christ : *Laissez ce monde aux hommes ; il est à eux ; faites-vous purs, et venez chez mon père*. La seconde transformation est la Sagesse. La Sagesse est la compréhension des choses célestes auxquelles l'Esprit arrive par l'Amour. L'Esprit d'Amour a conquis la force, résultat de toutes les passions terrestres vaincues, il aime aveuglément Dieu ; mais l'Esprit de Sagesse a l'intelligence et sait pourquoi il aime. Les ailes de l'un sont déployées et l'emportent vers Dieu, les ailes de l'autre sont repliées par la terreur que lui donne la Science : il connaît Dieu. L'un désire incessamment voir Dieu et s'élance vers lui, l'autre y touche et tremble. L'union qui se fait d'un Esprit d'amour et d'un Esprit de Sagesse met la créature à l'état divin pendant lequel son âme est

FEMME, et son corps est HOMME, dernière expression humaine où l'Esprit l'emporte sur la Forme, où la forme se débat encore contre l'Esprit divin ; car la forme, la chair ignore, se révolte, et veut rester grossière. Cette épreuve suprême engendre des souffrances inouïes que les cieux voient seuls, et que Christ a connues dans le jardin des Oliviers. Après la mort le premier ciel s'ouvre à cette double nature humaine purifiée. Aussi les hommes meurent-ils dans le désespoir, tandis que l'Esprit meurt dans le ravissement. Ainsi le NATUREL, état dans lequel sont les êtres non régénérés ; le SPIRITUEL, état dans lequel sont les Esprits Angéliques ; et le DIVIN, état dans lequel demeure l'Ange avant de briser son enveloppe, sont les trois degrés de l'*exister* par lesquels l'homme parvient au ciel. Une pensée de Swedenborg vous expliquera merveilleusement la différence qui existe entre le NATUREL et le SPIRITUEL :— *Pour les hommes*, dit-il, le Naturel *passe dans* le Spirituel, *ils considèrent le monde sous ces formes visibles et le perçoivent dans une réalité propre à leurs sens. Mais pour l'Esprit Angélique*, le Spirituel *passe dans* le Naturel, *il considère le monde dans son esprit intime, et non dans sa forme.* Ainsi, nos sciences humaines ne sont que l'analyse des formes. Le savant selon le monde est purement extérieur comme son savoir, son *intérieur* ne lui sert qu'à conserver son aptitude à l'intelligence de la vérité. L'Esprit Angélique va bien au delà, son savoir est la pensée dont la science humaine n'est que la parole ; il puise la connaissance des choses dans le Verbe, en apprenant LES CORRESPONDANCES par lesquelles les mondes concordent avec les cieux. LA PAROLE de Dieu fut entièrement écrite par pures Correspondances, elle couvre un sens interne ou spirituel qui, sans la science des Correspondances, ne peut être compris. Il existe, dit Swedenborg (*Doctrine céleste*, 26) des ARCANES innombrables dans le sens interne des Correspondances. Aussi les hommes qui se sont moqués des livres où les prophètes ont recueilli la Parole, étaient-ils dans l'état d'ignorance où sont ici-bas les hommes qui ne savent rien d'une science, et se moquent des vérités de cette science. Savoir les Correspondances de la Parole avec les cieux, savoir les Correspondances qui existent entre les choses visibles et pondérables du monde terrestre et les choses invisibles et impondérables du monde spirituel, c'est *avoir les cieux dans son entendement*. Tous les objets des diverses créations étant émanés de Dieu, comportent nécessairement un sens caché, comme le disent ces grandes paroles d'Isaïe : *La terre est un vêtement* (Isaïe, 5, 6). Ce lien mystérieux entre les moindres parcelles de la matière et les cieux constitue ce que Swedenborg appelle un ARCANE CÉLESTE. Aussi son traité des Arcanes Célestes, où sont expliquées les Correspondances ou signifiances du Naturel au Spirituel, devant donner, suivant l'expression de Jacob Boehm, *la signature de toute chose*, n'a-t-il pas moins de seize volumes et de treize mille propositions.

« Cette connaissance merveilleuse des Correspondances,
» que la bonté de Dieu permit à Swedenborg d'avoir,
» dit un de ses disciples, est le secret de l'intérêt qu'ins-
» pirent ces ouvrages. Selon ce commentateur, là tout
» dérive du ciel, tout rappelle au ciel. Les écrits du
» prophète sont sublimes et clairs : il parle dans les cieux
» et se fait entendre sur la terre; sur une de ses phra-
» ses, on ferait un volume. » Et le disciple cite celle-ci entre mille autres : *Le royaume du ciel*, dit Swe-

denborg (*Arcan. cèles.*), *est le royaume des motifs. L'*ACTION *se produit dans le ciel, de là dans le monde, et par degrés dans les infiniment petits de la terre ; les effets terrestres étant liés à leurs causes célestes, font que tout y est* CORRESPONDANT *et* SIGNIFIANT. *L'homme est le moyen d'union entre le Naturel et le Spirituel.* Les Esprits Angéliques connaissent donc essentiellement les Correspondances qui relient au ciel chaque chose de la terre, et savent le sens intime des paroles prophétiques qui en dénoncent les révolutions. Ainsi, pour ces Esprits, tout ici-bas porte sa signifiance. La moindre fleur est une pensée, une vie qui correspond à quelques linéaments du Grand-Tout, duquel ils ont une constante intuition. Pour eux, L'ADULTÈRE et les débauches dont parlent les Écritures et les prophètes, souvent estropiés par de soi-disant écrivains, signifient l'état des âmes qui dans ce monde persistent à s'infecter d'affections terrestres, et continuent ainsi leur divorce avec le ciel. Les nuées signifient les voiles dont s'enveloppe Dieu. Les flambeaux, les pains de proposition, les chevaux et les cavaliers, les prostituées, les pierreries, tout, dans l'ÉCRITURE, a pour eux un sens exquis, et révèle l'avenir des faits terrestres dans leurs rapports avec le ciel. Tous peuvent pénétrer la vérité des ÉNONCÉS de saint Jean, que la science humaine démontre et prouve matériellement plus tard, tels que celui-ci : « gros, dit Swedenborg, de plusieurs sciences humaines. » *Je vis un nouveau ciel et une nouvelle terre, car le premier ciel et la première terre étaient passés.* (*Ap.*, XXI, 1). Ils connaissent les *festins où l'on mange la chair des rois, des hommes libres et des esclaves,* et auxquels convie un Ange debout dans le soleil (*Apocal.*, XIX, 11 à 18). Ils voient *la femme ailée, revêtue du soleil, et l'homme toujours armé* (*Apocal.*). Le cheval de l'Apocalypse est, dit Swedenborg, l'image visible de l'intelligence humaine montée par la mort, car elle porte en elle son principe de destruction. Enfin, ils reconnaissent les peuples cachés sous des formes qui semblent fantastiques aux ignorants. Quand un homme est disposé à recevoir l'insufflation prophétique des Correspondances, elle réveille en lui l'esprit de la Parole ; il comprend alors que les créations ne sont que des transformations ; elle vivifie son intelligence et lui donne pour les vérités une soif ardente qui ne peut s'étancher que dans le ciel. Il conçoit, suivant le plus ou le moins de perfection de son intérieur, la puissance des Esprits Angéliques, et marche, conduit par le Désir, l'état le moins imparfait de l'homme non régénéré, vers l'Espérance qui lui ouvre le monde des Esprits, puis il arrive à la Prière qui lui donne la clef des Cieux. Quelle créature ne désirerait se rendre digne d'entrer dans la sphère des intelligences qui vivent secrètement par l'Amour ou par la Sagesse ? Ici-bas, pendant leur vie, ces Esprits restent purs ; ils ne voient, ne pensent et ne parlent point comme les autres hommes. Il existe deux perceptions : l'une interne, l'autre externe ; l'Homme est tout externe, l'Esprit Angélique est tout interne. L'Esprit va au fond des Nombres, il en possède la totalité, connaît leurs signifiances. Il dispose du mouvement et s'associe à tout par l'ubiquité : *Un ange,* selon le Prophète Suédois, *est présent à un autre quand il le désire* (*Sap. Ang. De Div. AM.*) ; car il a le don de se séparer de son corps, et voit les cieux comme les prophètes les ont vus, et comme Swedenborg les voyait lui-même. « Dans cet état, dit-il (*Vraie Religion*, 136), l'esprit de l'homme est transporté d'un lieu à un autre, le corps restant où il est, état dans lequel j'ai demeuré pendant vingt-six années. » Nous devons entendre ainsi toutes les paroles bibliques où il est dit : L'*esprit m'emporta*. La Sagesse angélique est à la Sagesse humaine ce que les innombrables forces de la nature sont à son action, qui est une. Tout revit, se meut, existe en l'Esprit, car il est en Dieu : ce qu'expriment ces paroles de saint Paul « *In Deo sumus, movemur, et vivimus ;* nous vivons, nous agissons, nous sommes en Dieu. » La Terre ne lui offre aucun obstacle, comme la Parole ne lui offre aucune obscurité. Sa divinité prochaine lui permet de voir la pensée de Dieu voilée par le Verbe, de même que vivant par son intérieur, l'Esprit communique avec le sens intime caché sous toutes les choses de ce monde. La Science est le langage du monde Temporel, l'Amour est celui du monde Spirituel. Aussi l'homme décrit-il plus qu'il n'explique, tandis que l'Esprit Angélique voit et comprend. La Science attriste l'homme, l'Amour exalte l'Ange. La Science cherche encore, l'Amour a trouvé. L'Homme juge la nature dans ses rapports avec elle, l'Esprit Angélique la juge dans ses rapports avec le ciel. Enfin tout parle aux Esprits. Les Esprits sont dans le secret de l'harmonie de créations entres elles ; ils s'entendent avec l'esprit des sons, avec l'esprit des couleurs, avec l'esprit des végétaux ; ils peuvent interroger le minéral, et le minéral répond à leurs pensées. Que sont pour eux les sciences et les trésors de la terre, quand ils les étreignent à tout moment par leur vue, et que les mondes dont s'occupent tant les hommes, ne sont pour les Esprits que la dernière marche d'où ils vont s'élancer

à Dieu? L'Amour du ciel ou la sagesse du ciel s'annoncent en eux par un cercle de lumière qui les entoure et que voient les Élus. Leur innocence, dont celle des enfants est la forme extérieure, a la connaissance des choses que n'ont point les enfants : ils sont innocents et savants. — « Et, dit Swedenborg, l'innocence des cieux
» fait une telle impression sur l'âme, que ceux qu'elle
» affecte en gardent un ravissement qui dure toute leur
» vie, comme je l'ai moi-même éprouvé. Il suffit peut-
» être, dit-il encore, d'en avoir une minime perception
» pour être à jamais changé, pour vouloir aller aux
» cieux et entrer ainsi dans la sphère de l'Espérance. »
Sa doctrine sur les mariages peut se réduire à ce peu de mots : « Le Seigneur a pris la beauté, l'élégance de
» la vie de l'homme et l'a transportée dans la femme.
» Quand l'homme n'est pas réuni à cette beauté, à
» cette élégance de sa vie, il est sévère, triste et fa-
» rouche; quand il y est réuni, il est joyeux, il est com-
» plet. » Les Anges sont toujours dans le point le plus parfait de la beauté. Leurs mariages sont célébrés par des cérémonies merveilleuses. Dans cette union, qui ne produit point d'enfants, l'homme a donné L'ENTENDEMENT, la femme a donné la VOLONTÉ : ils deviennent un seul être, UNE SEULE chair ici-bas; puis ils vont aux cieux après avoir revêtu la forme céleste. Ici-bas, dans l'état naturel, le penchant mutuel des deux sexes vers les voluptés est un EFFET qui entraîne et fatigue et dégoût; mais sous sa forme céleste, le couple devenu *le même* Esprit trouve en lui-même une cause incessante de voluptés. Swedenborg a vu ce mariage des Esprits, qui, selon saint Luc, n'a point de noces (20, 35), et qui n'inspire que des plaisirs spirituels. Un Ange s'offrit à le rendre témoin d'un mariage, et l'entraîna

sur ses ailes (les ailes sont un symbole et non une réalité terrestre). Il le revêtit de sa robe de fête, et quand Swedenborg se vit habillé de lumière, il demanda pourquoi. — Dans cette circonstance, répondit l'Ange, nos robes s'allument, brillent et se font nuptiales. (*Deliciæ sap. de am. conj.*, 19, 20, 21.) Il aperçut alors deux Anges qui vinrent, l'un du Midi, l'autre de l'Orient; l'ange du Midi était dans un char attelé de deux chevaux blancs dont les rênes avaient la couleur et l'éclat de l'aurore ; mais quand ils furent près de lui, dans le ciel, il ne vit plus ni les chars ni les chevaux. L'Ange de l'Orient vêtu de pourpre, et l'Ange du Midi vêtu d'hyacinthe accoururent comme deux souffles et se confondirent : l'un était un Ange d'Amour, l'autre était un Ange de Sagesse. Le guide de Swedenborg lui dit que ces deux Anges avaient été liés sur la terre d'une amitié intérieure et toujours unis, quoique séparés par les espaces. Le consentement qui est l'essence des bons mariages sur la terre, est l'état habituel des Anges dans le ciel. L'amour est la lumière de leur monde. Le ravissement éternel des Anges vient de la faculté que Dieu leur communique de lui rendre à lui-même la joie qu'ils en éprouvent. Cette réciprocité d'infini fait leur vie. Dans le ciel, ils deviennent infinis en participant de l'essence de Dieu qui s'engendre par lui-même. L'immensité des cieux où vivent les Anges est telle, que si l'homme était doué d'une vue aussi continuellement rapide que l'est la lumière en venant du soleil sur la terre et qu'il regardât pendant l'éternité, ses yeux ne trouveraient pas un horizon où se reposer. La lumière explique seule les félicités du ciel. C'est, dit-il (*Sap.*, *Aug.*, 7, 25, 26, 27), une vapeur de la vertu de Dieu, une émanation pure de sa clarté, auprès de laquelle notre jour le plus éclatant est l'obscurité. Elle peut tout, renouvelle tout et ne s'absorbe pas ; elle environne l'Ange et lui fait toucher Dieu par des jouissances infinies que l'on sent se multiplier infiniment par elles-mêmes. Cette lumière tue tout homme qui n'est pas préparé à la recevoir. Nul ici-bas, ni même dans le ciel, ne peut voir Dieu et vivre. Voilà pourquoi il est dit (*Ex.* XIX, 12, 13, 21, 22, 23) : *La montagne où Moïse parlait au Seigneur était gardée de peur que quelqu'un ne venant à y toucher, ne mourût.* Puis encore (*Ex.* XXXIV, 29—35) : *Quand Moïse apporta les secondes Tables, sa face brillait tellement, qu'il fut obligé de la voiler pour ne faire mourir personne en parlant au peuple.* La transfiguration de Jésus-Christ accuse également la lumière que jette un Messager du ciel et les ineffables jouissances que trouvent les Anges à en être continuellement imbus. *Sa face,* dit Saint Mathieu (XVII, 1-5), *resplendit comme le soleil, ses vêtements devinrent comme la lumière, et un nuage couvrit ses disciples.* Enfin, quand un astre n'enferme plus que des êtres qui se refusent au Seigneur, que sa parole est méconnue, que les Esprits Angéliques ont été assemblés des quatre vents, Dieu envoie un Ange exterminateur pour changer la masse du monde réfractaire qui, dans l'immensité de l'univers, est pour lui ce qu'est dans la nature un germe infécond. En approchant du Globe, l'Ange Exterminateur porté sur une comète, le fait tourner sur son axe : les continents deviennent alors le fond des mers, les plus hautes montagnes deviennent des îles, et les pays jadis couverts des eaux marines, renaissent parés de leur fraîcheur en obéissant aux lois de la Genèse ; la parole de Dieu reprend alors sa force sur une nouvelle terre qui garde en tous lieux les effets de l'eau terrestre et du feu céleste. La lumière, que l'Ange apporte d'En-Haut, fait alors pâlir le soleil. Alors, comme dit Isaïe (19—20) : *Les hommes entreront dans des fentes de rochers, se blottiront dans la poussière. Ils crieront* (Apocalypse, VII, 15-17) *aux montagnes : Tombez sur nous ! A la mer : Prends-nous ! Aux airs : Cachez-nous de la fureur de l'Agneau !* L'Agneau est la grande figure des Anges méconnus et persécutés ici-bas. Aussi Christ a-t-il dit : *Heureux ceux qui souffrent ! Heureux les simples ! Heureux ceux qui aiment !* Tout Swedenborg est là : Souffrir, Croire, Aimer. Pour bien aimer, ne faut-il pas avoir souffert, et ne faut-il pas croire? L'Amour engendre la Force, et la Force donne la Sagesse ; de là, l'Intelligence ; car la Force et la Sagesse comportent la Volonté. Être intelligent, n'est-ce pas Savoir, Vouloir et Pouvoir, les trois attributs de l'Esprit Angélique. — « *Si l'univers a un sens, voilà le plus digne de Dieu !* » me disait monsieur Saint-Martin que je vis pendant le voyage qu'il fit en Suède. — Mais, monsieur, reprit monsieur Becker après une pause, que signifient ces lambeaux pris dans l'étendue d'une œuvre de laquelle on ne peut donner une idée qu'en la comparant à un fleuve de lumière, à des ondées de flammes? Quand un homme s'y plonge, il est emporté par un courant terrible. Le poème de Dante Alighieri fait à peine l'effet d'un point, à qui veut se plonger dans les innombrables versets à l'aide desquels Swedenborg a rendu palpables les mondes célestes, comme Beethoven a bâti ses palais d'harmonie avec des milliers de notes, comme les architectes ont édifié leurs cathédrales avec des milliers de pierres. Vous y roulez dans des gouffres sans fin, où votre esprit ne vous soutient pas toujours. Certes! il est nécessaire d'avoir une puissante intelligence pour en revenir sain et sauf à nos idées sociales.

— Swedenborg, reprit le pasteur, affectionnait particulièrement le baron de Séraphîtz, dont le nom, suivant un vieil usage suédois, avait pris depuis un temps immémorial la terminaison latine *üs*. Le baron fut le plus ardent disciple du Prophète suédois qui avait ouvert en lui les yeux de l'Homme Intérieur, et l'avait disposé pour une vie conforme aux ordres d'En-Haut. Il chercha parmi les femmes un Esprit Angélique, Swedenborg le lui trouva dans une vision. Sa fiancée fut la fille d'un cordonnier de Londres, en qui, disait Swedenborg, éclatait la vie du ciel, et dont les épreuves antérieures avaient été accomplies. Après la transformation du Prophète, le baron vint à Jarvis pour faire ses noces célestes dans les pratiques de la prière. Quant à moi, monsieur, qui ne suis point un Voyant, je ne me suis aperçu que des œuvres terrestres de ce couple : sa vie a bien été celle des saints et des saintes dont les vertus sont la gloire de l'Église romaine. Tous deux, ils ont adouci la misère des habitants, et leur ont donné à tous une fortune qui ne va point sans un peu de travail, mais qui suffit à leurs besoins; les gens qui vécurent près d'eux ne les ont jamais surpris dans un mouvement de colère ou d'impatience ; ils ont été constamment bienfaisants et doux, pleins d'aménité, de grâce et de vraie bonté ; leur mariage a été l'harmonie de deux âmes incessamment unies. Deux eiders volant du même vol, le son dans l'écho, la pensée dans la parole, sont peut-être des images imparfaites de cette union. Ici chacun les aimait d'une affection qui ne pourrait s'exprimer qu'en la comparant à l'amour de la plante pour le soleil. La femme était simple dans ses manières, belle de formes, belle de visage, et d'une noblesse semblable à celle des personnes les plus augustes. En 1783, dans la vingt-sixième année de son âge, cette femme conçut un enfant ; sa gestation fut une joie grave. Les deux époux faisaient ainsi leurs adieux au monde, car ils me dirent qu'ils seraient sans doute transformés quand leur enfant aurait quitté la robe de chair qui avait besoin de leurs soins jusqu'au moment où la force d'être par elle-même lui serait communiquée. L'enfant naquit, et fut cette Séraphîta qui nous occupe en ce moment ; dès qu'elle fut conçue, son père et sa mère vécurent encore plus solitairement que par le passé, s'exaltant vers le ciel par la prière. Leur espérance était de voir Swedenborg, et la foi réalisa leur espérance. Le jour de la naissance de Séraphîta, Swedenborg se manifesta dans Jarvis, et remplit de lumière la chambre où naissait l'enfant. Ses paroles furent, dit-on : — *L'œuvre est accomplie, les cieux se réjouissent !* Les gens de la maison entendirent les sons étranges d'une mélodie qui, disaient-ils, semblait être apportée des quatre points cardinaux par le souffle des vents. L'esprit de Swedenborg emmena le père hors de la maison et le conduisit sur le Fiord, où il le quitta. Quelques hommes de Jarvis s'étant alors approchés de monsieur Séraphîtüs, l'entendirent prononçant ces suaves paroles de l'Écriture : — *Combien sont beaux sur les montagnes les pieds de l'Ange que nous envoie le Seigneur !* Je sortais du presbytère pour aller au château, y baptiser l'enfant, le nommer et accomplir les devoirs que m'imposent les lois lorsque je rencontrai le baron. — « Votre ministère est superflu, me dit-il ; notre enfant doit être sans nom sur cette

terre. Vous ne baptiserez pas avec l'eau de l'Église terrestre celui qui vient d'être ondoyé dans le feu du Ciel. Cet enfant restera fleur, vous ne le verrez pas vieillir, vous le verrez passer ; vous avez l'*exister*, il a la vie ; vous avez des sens extérieurs, il n'en a pas, il est tout intérieur. » Ces paroles furent prononcées d'une voix surnaturelle par laquelle je fus affecté plus vivement encore que par l'éclat empreint sur son visage qui suait la lumière. Son aspect réalisait les fantastiques images que nous concevons des inspirés en lisant les prophéties de la Bible. Mais de tels effets ne sont pas rares au milieu de nos montagnes, où le nitre des neiges subsistantes produit dans notre organisation d'étonnants phénomènes. Je lui demandai la cause de son émotion. — Swedenborg est venu, je le quitte, j'ai respiré l'air du ciel, me dit-il. — Sous quelle forme vous est-il apparu ? repris-je.
— Sous son apparence mortelle, vêtu comme il l'était la dernière fois que je le vis à Londres, chez Richard Shearsmith, dans le quartier de *Cold-Bath-Field*, en juillet 1771. Il portait son habit de ratine à reflets changeants, à boutons d'acier, son gilet fermé, sa cravate blanche, et la même perruque magistrale, à rouleaux poudrés sur les côtés, et dont les cheveux relevés par-devant lui découvraient ce front vaste et lumineux en harmonie avec sa grande figure carrée, où tout est puissance et calme. J'ai reconnu ce nez à larges narines pleines de feu ; j'ai revu cette bouche qui a toujours souri, bouche angélique d'où sont sortis ces mots pleins de mon bonheur :
— « A bientôt ! » Et j'ai senti les resplendissements de l'amour céleste. La conviction qui brillait dans le visage du baron m'interdisait toute discussion, je l'écoutais en silence, sa voix avait une chaleur contagieuse qui m'échauffait les entrailles ; son fanatisme agitait mon cœur,

comme la colère d'autrui nous fait vibrer les nerfs. Je le suivis en silence et vins dans sa maison, où j'aperçus l'enfant sans nom, couché sur sa mère qui l'enveloppait mystérieusement. Séraphîta m'entendit venir et leva la tête vers moi : ses yeux n'étaient pas ceux d'un enfant ordinaire ; pour exprimer l'impression que j'en reçus, il faudrait dire qu'ils voyaient et pensaient déjà. L'enfance de cette créature prédestinée fut accompagnée de circonstances extraordinaires dans notre climat. Pendant neuf années, nos hivers ont été plus doux et nos étés plus longs que de coutume. Ce phénomène causa plusieurs discussions entre les savants ; mais si leurs explications parurent suffisantes aux académiciens, elles firent sourire le baron quand je les lui communiquai. Jamais Séraphîta n'a été vue dans sa nudité, comme le sont quelquefois les enfants ; jamais elle n'a été touchée ni par un homme ni par une femme ; elle a vécu vierge sur le sein de sa mère, et n'a jamais crié. Le vieux David vous confirmera ces faits, si vous le questionnez sur sa maîtresse pour laquelle il a d'ailleurs une adoration semblable à celle qu'avait pour l'arche sainte le roi dont il porte le nom. Dès l'âge de neuf ans, l'enfant a commencé à se mettre en état de prière : la prière est sa vie ; vous l'avez vue dans notre temple, à Noël, seul jour où elle y vienne ; elle y est séparée des autres chrétiens par un espace considérable. Si cet espace n'existe pas entre elle et les hommes, elle souffre. Aussi reste-t-elle la plupart du temps au château. Les événements de sa vie sont d'ailleurs inconnus, elle ne se montre pas ; ses facultés, ses sensations, tout est intérieur ; elle demeure la plus grande partie du temps dans l'état de contemplation mystique habituel, disent les écrivains papistes, aux premiers chrétiens solitaires en qui demeurait la tradition de la parole de Christ. Son entendement, son âme, son corps, tout en elle est vierge comme la neige de nos montagnes. A dix ans, elle était telle que vous la voyez maintenant. Quand elle eut neuf ans, son père et sa mère expirèrent ensemble, sans douleur, sans maladie visible, après avoir dit l'heure à laquelle ils cesseraient d'être. Debout, à leurs pieds, elle les regardait d'un œil calme, sans témoigner ni tristesse, ni douleur, ni joie, ni curiosité; son père et sa mère lui souriaient. Quand nous vînmes prendre les deux corps, elle dit : — Emportez! — Séraphîta, lui dis-je, car nous l'avons appelée ainsi, n'êtes-vous donc pas affectée de la mort de votre père et de votre mère? ils vous aimaient tant! — Morts? dit-elle. Non, ils sont en moi pour toujours. Ceci n'est rien, ajouta-t-elle en montrant sans aucune émotion les corps que l'on enlevait. Je la voyais pour la troisième fois depuis sa naissance. Au temple, il est difficile de l'apercevoir, elle est debout près de la colonne à laquelle tient la chaire dans une obscurité qui ne permet pas de saisir ses traits. Des serviteurs de cette maison, il ne restait, lors de cet événement, que le vieux David, qui, malgré ses quatre-vingt-deux ans, suffit à servir sa maîtresse. Quelques gens de Jarvis ont raconté des choses merveilleuses sur cette fille. Leurs contes ayant pris une certaine consistance dans un pays essentiellement ami des mystères, je me suis mis à étudier le traité des Incantations de Jean Wier, et les ouvrages relatifs à la démonologie, où sont consignés les effets prétendus surnaturels en l'homme, afin d'y chercher des faits analogues à ceux qui lui sont attribués.

— Vous ne croyez donc pas en elle? dit Wilfrid.

— Si fait, dit avec bonhomie le pasteur, je vois en elle une fille extrêmement capricieuse, gâtée par ses parents, qui lui ont tourné la tête avec les idées religieuses que je viens de vous formuler.

Minna laissa échapper un signe de tête qui exprima doucement une négation.

— Pauvre fille! dit le docteur en continuant, ses parents lui ont légué l'exaltation funeste qui égare les mystiques et les rend plus ou moins fous. Elle se soumet à des diètes qui désolent le pauvre David. Ce bon vieillard ressemble à une plante chétive qui s'agite au moindre vent, qui s'épanouit au moindre rayon de soleil. Sa maîtresse, dont le langage incompréhensible est devenu le sien, est son vent et son soleil; elle a pour lui des pieds de diamant et le front parsemé d'étoiles; elle marche environnée d'une lumineuse et blanche atmosphère; sa voix est accompagnée de musiques; elle a le don de se rendre invisible. Demandez à la voir? il vous répondra qu'elle voyage dans les Terres Astrales. Il est difficile de croire à de telles fables. Vous le savez, tout miracle ressemble plus ou moins à l'histoire de la Dent d'or. Nous avons une dent d'or à Jarvis, voilà tout. Ainsi, Duncker le pêcheur affirme l'avoir vue, tantôt se plongeant dans le Fiord d'où elle ressort sous la forme d'un eider, tantôt marchant sur les flots pendant la tempête. Fergus, qui mène les troupeaux dans les sœler, dit avoir vu, dans les temps pluvieux, le ciel toujours clair au-dessus du château suédois, et toujours bleu au-dessus de la tête de Séraphîta quand elle sort. Plusieurs femmes entendent les sons d'un orgue immense quand Séraphîta vient dans le temple, et demandent sérieusement à leurs voisines si elles ne les entendent pas aussi. Mais, ma fille, que, depuis deux ans, Séraphîta prend en affection, n'a point entendu de musique, et n'a point senti les parfums du ciel qui, dit-on, embaument les airs quand elle se promène. Minna est souvent rentrée en m'exprimant une naïve admiration de jeune fille pour les beautés de notre printemps ; elle revenait enivrée des odeurs que jettent les premières pousses des mélèzes, des pins ou des fleurs qu'elle était allée respirer avec elle ; mais après un si long hiver, rien n'est plus naturel que cet excessif plaisir. La compagnie de ce démon n'a rien de bien extraordinaire, dis, mon enfant ?

— Ses secrets ne sont pas les miens, répondit Minna. Près de lui, je sais tout ; loin de lui, je ne sais plus rien ; près de lui, je ne suis plus moi ; loin de lui, j'ai tout oublié de cette vie délicieuse. Le voir est un rêve dont la souvenance ne me reste que suivant sa volonté. J'ai pu entendre près de lui, sans m'en souvenir loin de lui, les musiques dont parlent la femme de Báncker et celle d'Érikson ; j'ai pu, près de lui, sentir des parfums célestes, contempler des merveilles, et ne plus en avoir idée ici.

— Ce qui m'a surpris le plus depuis que je la connais, ce fut de la voir vous souffrir près d'elle, reprit le pasteur en s'adressant à Wilfrid.

— Près d'elle ! dit l'étranger, elle ne m'a jamais laissé ni lui baiser, ni même lui toucher la main. Quand elle me vit pour la première fois, son regard m'intimida ; elle me dit : — Soyez le bienvenu ici, car vous deviez venir. Il me sembla qu'elle me connaissait. J'ai tremblé. La terreur me fait croire en elle.

— Et moi l'amour, dit Minna sans rougir.

— Ne vous moquez-vous pas de moi ? dit monsieur Becker en riant avec bonhomie ; toi, ma fille, en te disant un Esprit d'Amour, et vous, monsieur, en vous faisant un Esprit de Sagesse ?

Il but un verre de bière, et ne s'aperçut pas du singulier regard que Wilfrid jeta sur Minna.

— Plaisanterie à part, reprit le ministre, j'ai été fort surpris d'apprendre qu'aujourd'hui, pour la première fois, ces deux folles seraient allées sur le sommet du Falberg ; mais n'est-ce pas une exagération de jeunes filles qui seront montées sur quelque colline ? il est impossible d'atteindre à la cime du Falberg.

— Mon père, dit Minna d'une voix émue, j'ai donc été sous le pouvoir du démon, car j'ai gravi le Falberg avec lui.

— Voilà qui devient sérieux, dit monsieur Becker ; Minna n'a jamais menti.

— Monsieur Becker, reprit Wilfrid, je vous affirme que Séraphîta exerce sur moi des pouvoirs si extraordinaires, que je ne sais aucune expression qui puisse en donner une idée. Elle m'a révélé des choses que moi seul je puis connaître.

— Somnambulisme ! dit le vieillard. D'ailleurs, plusieurs effets de ce genre sont rapportés par Jean Wier comme des phénomènes fort explicables et jadis observés en Égypte.

— Confiez-moi les œuvres théosophiques de Swedenborg, dit Wilfrid, je veux me plonger dans ces gouffres de lumière, vous m'en avez donné soif.

Monsieur Becker tendit un volume à Wilfrid, qui se mit à lire aussitôt. Il était environ neuf heures du soir. La servante vint servir le souper. Minna fit le thé. Le repas fini, chacun d'eux resta silencieusement occupé, le pasteur à lire le traité des Incantations, Wilfrid à saisir l'esprit de Swedenborg, la jeune fille à coudre en s'abîmant dans ses souvenirs. Ce fut une veillée de Norwége, une soirée paisible, studieuse, pleine de pensées, des fleurs sous de la neige. En dévorant les pages du prophète, Wilfrid n'existait plus que par ses sens intérieurs. Parfois, le pasteur le montrait d'un air moitié sérieux, moitié railleur à Minna qui souriait avec une sorte de tristesse. Pour Minna, la tête de Séraphîtus lui souriait en planant sur le nuage de fumée qui les enveloppait tous trois. Minuit sonna. La porte extérieure fut violemment ouverte. Des pas pesants et précipités, les pas d'un vieillard effrayé se firent entendre dans l'espèce d'antichambre étroite qui se trouvait entre les deux portes. Puis, tout à coup, David se montra dans le parloir.

— Violence! violence! s'écria-t-il. Venez! venez tous! Les Satans sont déchaînés! ils ont des mitres de feu. Ce sont des Adonis, des Vertumnes, des Sirènes! ils le tentent comme Jésus fut tenté sur la montagne. Venez les chasser.

— Reconnaissez-vous le langage de Swedenborg? le voilà pur, dit en riant le pasteur.

Mais Wilfrid et Minna regardaient avec terreur le vieux David qui, ses cheveux blancs épars, les yeux égarés, les jambes tremblantes et couvertes de neige, car il était venu sans patins, restait agité comme si quelque vent tumultueux le tourmentait.

— Qu'est-il arrivé? lui dit Minna.

— Eh! bien, les Satans espèrent et veulent le reconquérir.

Ces mots firent palpiter Wilfrid.

— Voici près de cinq heures qu'elle est debout, les yeux levés au ciel, les bras étendus; elle souffre, elle crie à Dieu. Je ne puis franchir les limites, l'enfer a posé des Vertumnes en sentinelle. Ils ont élevé des murailles de fer entre elle et son vieux David. Si elle a besoin de moi, comment ferai-je? Secourez-moi! venez prier!

Le désespoir de ce pauvre vieillard était effrayant à voir.

— La clarté de Dieu la défend ; mais si elle allait céder à la violence, reprit-il avec une bonne foi séductrice.

— Silence! David, n'extravaguez pas! Ceci est un fait à vérifier. Nous allons vous accompagner, dit le pasteur, et vous verrez qu'il ne se trouve chez vous ni Vertumnes, ni Satans, ni Sirènes.

— Votre père est aveugle, dit tout bas David à Minna.

Wilfrid, sur qui la lecture d'un premier traité de Swedenborg, qu'il avait rapidement parcouru, venait de produire un effet violent, était déjà dans le corridor, occupé à mettre ses patins. Minna fut prête aussitôt. Tous deux laissèrent en arrière les deux vieillards, et s'élancèrent vers le château suédois.

— Entendez-vous ce craquement? dit Wilfrid.

— La glace du Fiord remue, repondit Minna ; mais voici bientôt le printemps.

Wilfrid garda le silence. Quand tous deux furent dans la cour, ils ne se sentirent ni la faculté ni la force d'entrer dans la maison.

— Que pensez-vous d'elle? dit Wilfrid.

— Quelles clartés! s'écria Minna qui se plaça devant la fenêtre du salon. Le voilà! mon Dieu, qu'il est beau! O! mon Séraphîtüs, prends-moi.

L'exclamation de la jeune fille fut tout intérieure. Elle voyait Séraphîtüs debout, légèrement enveloppé d'un brouillard couleur d'opale qui s'échappait à une faible distance de ce corps presque phosphorique.

— Comme elle est belle, s'écria mentalement aussi Wilfrid.

En ce moment, monsieur Becker arriva, suivi de David : il vit sa fille et l'étranger devant la fenêtre, vint près d'eux, regarda dans le salon, et dit : — Eh! bien, David, elle fait ses prières.

— Mais, monsieur, essayez d'entrer.

— Pourquoi troubler ceux qui prient? répondit le pasteur.

En ce moment, un rayon de la lune, qui se levait sur le Falberg, jaillit sur la fenêtre. Tous se retournèrent émus par cet effet naturel qui les fit tressaillir ; mais quand ils revinrent pour voir Séraphîta, elle avait disparu.

— Voilà qui est étrange! dit Wilfrid surpris.

— Mais j'entends des sons délicieux! dit Minna.

— Eh! bien, quoi? dit le pasteur, elle va sans doute se coucher.

David était rentré. Ils revinrent en silence ; aucun d'eux ne comprenait les effets de cette vision de la même manière : Monsieur Becker doutait, Minna adorait, Wilfrid désirait.

Wilfrid était un homme de trente-six ans. Quoique largement développées, ses proportions ne manquaient pas d'harmonie. Sa taille était médiocre, comme celle de presque tous les hommes qui sont élevés au-dessus des autres ; sa poitrine et ses épaules étaient larges, et son col était court, comme celui des hommes dont le cœur doit être rapproché de la tête ; ses cheveux étaient noirs, épais et fins ; ses yeux, d'un jaune brun, possédaient un éclat solaire qui annonçait avec quelle avidité sa nature aspirait la lumière. Si ses traits mâles et bouleversés péchaient par l'absence du calme intérieur que communique une vie sans orages, ils annonçaient les ressources inépuisables de sens fougueux et les appétits de l'instinct ; de même que ses mouvements indiquaient la perfection de l'appareil physique, la flexibilité des sens et la fidélité de leur jeu. Cet homme pouvait lutter avec le sauvage, entendre comme lui le pas des ennemis dans le lointain des forêts, en flairer la senteur dans les airs, et voir à l'horizon le signal d'un ami. Son sommeil était léger comme celui de toutes les créatures qui ne veulent pas se laisser surprendre. Son corps se mettait promptement en harmonie avec le climat des pays où le conduisait sa vie à tempêtes. L'art et la science eussent admiré dans cette organisation une sorte de modèle humain ; en lui tout s'équilibrait : l'action et le cœur, l'intelligence et la volonté. Au premier abord, il semblait devoir être classé parmi les êtres purement instinctifs qui se livrent aveuglément aux besoins matériels ; mais dès le matin de la vie, il s'était élancé dans le monde social avec lequel ses sentiments l'avaient commis ; l'étude avait agrandi son intelligence, la méditation avait aiguisé sa pensée, les sciences avaient élargi son entendement. Il avait étudié les lois humaines, le jeu des intérêts mis en présence par les passions, et paraissait s'être familiarisé de bonne heure avec les abstractions sur lesquelles reposent les Sociétés. Il avait pâli sur les livres qui sont les actions humaines mortes, puis il avait veillé dans les capitales européennes au milieu des fêtes, il s'était éveillé dans plus d'un lit, il avait dormi peut-être sur le champ de bataille pendant la nuit qui précède le combat et pendant celle qui suit la victoire ; peut-être sa jeunesse orageuse l'avait-elle jeté sur le tillac d'un corsaire à travers les pays les plus contrastants du globe; il connaissait ainsi les actions humaines vivantes. Il savait donc le présent et le passé; l'histoire double, celle d'autrefois, celle d'aujourd'hui. Beaucoup d'hommes ont été, comme Wilfrid, également puissants par la Main, par le Cœur et par la Tête; comme lui, la plupart ont abusé de leur triple pouvoir. Mais si cet homme tenait encore par son enveloppe à la partie limoneuse de l'humanité, certes il appartenait également à la sphère où la force est intelligente. Malgré les voiles dans lesquels s'enveloppait son âme, il se rencontrait en lui ces indicibles symptômes visibles à l'œil des êtres purs, à celui des enfants dont l'innocence n'a reçu le souffle d'aucune passion mauvaise, à celui du vieillard qui a reconquis la sienne; ces marques dénonçaient un Caïn auquel il restait une espérance, et qui semblait chercher quelque absolution au bout de la terre. Minna soupçonnait le forçat de la gloire en cet homme, et Séraphîta le connaissait; toutes deux l'admiraient et le plaignaient. D'où leur venait cette prescience? Rien à la fois de plus simple et de plus extraordinaire. Dès que l'homme veut pénétrer dans les secrets de la nature, où rien n'est secret, où il s'agit seulement de voir, il s'aperçoit que le simple y produit le merveilleux.

— Séraphîtüs, dit un soir Minna quelques jours après l'arrivée de Wilfrid à Jarvis, vous lisez dans l'âme de cet étranger, tandis que je n'en reçois que de vagues impressions. Il me glace ou m'échauffe, mais vous paraissez savoir la cause de ce froid ou de cette chaleur; vous pouvez me le dire, car vous savez tout de lui.

— Oui, j'ai vu les causes, dit Séraphîtüs en abaissant sur ses yeux ses larges paupières.

— Par quel pouvoir? dit la curieuse Minna.

— J'ai le don de Spécialité, lui répondit-il. La Spécialité constitue une espèce de vue intérieure qui pénètre tout, et tu n'en comprendras la portée que par une comparaison. Dans les grandes villes de l'Europe d'où sortent des œuvres où la Main humaine cherche à représenter les effets de la nature morale aussi bien que ceux de la nature physique, il est des hommes sublimes qui expriment des idées avec du marbre. Le statuaire agit sur le marbre, il le façonne, il y met un monde de pensées. Il existe des marbres que la main de l'homme a doués de la faculté de représenter tout un côté sublime ou tout un côté mauvais de l'humanité, la plupart des hommes y voient une figure humaine et rien de plus, quelques autres un peu plus haut placés sur l'échelle des êtres y aperçoivent une partie des pensées traduites par le sculpteur, ils y admirent la forme ; mais les initiés aux secrets de l'art sont tous d'intelligence avec le statuaire : en voyant son marbre, ils y reconnaissent le monde entier de ses pensées. Ceux-là sont les princes de l'art, ils portent en eux-mêmes un miroir où vient se réfléchir la nature avec ses plus légers accidents. Eh! bien, il est en moi comme un miroir où vient se réfléchir la nature morale avec ses causes et ses effets. Je devine l'avenir et le passé en pénétrant ainsi la conscience. Comment? me diras-tu toujours. Fais que le marbre soit le corps d'un homme, fais que le statuaire soit le sentiment, la passion, le vice ou le crime, la vertu, la faute ou le repentir ; tu comprendras comment j'ai lu dans l'âme de l'étranger, sans néanmoins t'expliquer la Spécialité ; car pour concevoir ce don, il faut le posséder.

Si Wilfrid tenait aux deux premières portions de l'humanité si distinctes, aux hommes de force et aux hommes de pensée; ses excès, sa vie tourmentée et ses fautes l'avaient souvent conduit vers la Foi, car le doute a deux côtés : le côté de la lumière et le côté des ténèbres. Wilfrid avait trop bien pressé le monde dans ses deux formes, la Matière et l'Esprit, pour ne pas être atteint de la soif de l'inconnu, du désir d'aller au-delà, dont sont presque tous saisis les hommes qui savent, peuvent et veulent. Mais ni sa science, ni ses actions, ni son vouloir n'avaient de direction. Il avait fui la vie sociale par nécessité, comme le grand coupable cherche le cloître. Le remords, cette vertu des faibles, ne l'atteignait pas. Le Remords est une impuissance, il recommencera sa faute. Le Repentir seul est une force, il termine tout. Mais en parcourant le monde dont il s'était fait un cloître, Wilfrid n'avait trouvé nulle part de baume pour ses blessures, il n'avait vu nulle part de nature à laquelle il se pût attacher. En lui, le désespoir avait desséché les sources du désir. Il était de ces esprits qui, s'étant pris avec les passions, s'étant trouvés plus forts qu'elles, n'ont plus rien à presser dans leurs serres; à qui, l'occasion manquant de se mettre à la tête de quelques-uns de leurs égaux pour fouler sous le sabot de leurs montures des populations entières, achèteraient au prix d'un horrible martyre la faculté de se ruiner dans une croyance : espèce de rochers sublimes qui attendent un coup de baguette qui ne vient pas, et qui pourrait en faire jaillir les sources lointaines. Jeté par un dessein de sa vie inquiète et chercheuse dans les chemins de la Norwége, l'hiver l'y avait surpris à Jarvis. Le jour où, pour la première fois, il vit Séraphîta, cette rencontre lui fit oublier le passé de sa vie. La jeune fille lui causa ces sensations extrêmes qu'il ne croyait plus ranimables. Les cendres laissèrent échapper une dernière flamme, et se dissipèrent au premier souffle de cette voix. Qui jamais s'est senti redevenir jeune et pur après avoir froidi dans la vieillesse et s'être sali dans l'impureté ? Tout à coup Wilfrid aima comme il n'avait jamais aimé ; il aima secrètement, avec foi, avec terreur, avec d'intimes folies. Sa vie était agitée dans la source même de la vie, à la seule idée de voir Séraphîta. En l'entendant, il allait en des mondes inconnus ; il était muet devant elle, elle le fascinait. Là, sous les neiges, parmi les glaces, avait grandi sur sa tige cette fleur céleste à laquelle aspiraient ses vœux jusque-là trompés, et dont la vue réveillait les idées fraîches, les espérances, les sentiments qui se groupent autour de nous, pour nous enlever en des régions supérieures, comme les Anges enlèvent aux cieux les Élus dans les tableaux symboliques dictés aux peintres par quelque génie familier. Un céleste parfum amollissait le granit de ce rocher, une lumière douée de parole lui versait les divines mélodies qui accompagnent dans sa route le voyageur pour le ciel. Après avoir épuisé la coupe de l'amour terrestre que ses dents avaient broyée, il apercevait le vase d'élection où brillaient les ondes limpides, et qui donne soif des délices immarcessibles à qui peut y approcher des lèvres assez ardentes de foi pour n'en point faire éclater le cristal. Il avait rencontré ce mur d'airain à franchir qu'il cherchait sur la terre. Il allait impétueusement chez Séraphîta dans le dessein de lui exprimer la portée d'une passion sous laquelle il bondissait comme le cheval de la fable sous ce cavalier de bronze que rien n'émeut, qui reste droit, et que les efforts de l'animal fougueux rendent toujours plus pesant et plus pressant. Il arrivait pour dire sa vie, pour peindre la grandeur de son âme par la grandeur de ses fautes, pour montrer les ruines de ses déserts; mais quand il avait franchi l'enceinte, et qu'il se trouvait dans la zone immense embrassée par ces yeux dont le scintillant azur ne rencontrait point de bornes en avant et n'en offrait aucune en arrière, il devenait calme et soumis comme le lion qui, lancé sur sa proie dans une plaine d'Afrique, reçoit sur l'aile des vents un message d'amour, et s'arrête. Il s'ouvrait un abîme où tombaient les paroles de son délire, et d'où s'élevait une voix qui le changeait : il était enfant, enfant de seize ans, timide et craintif devant la jeune fille au front serein, devant cette blanche forme dont le calme inaltérable ressemblait à la cruelle impassibilité de la justice humaine. Et le combat n'avait jamais cessé que pendant cette soirée, où d'un regard elle l'avait enfin abattu, comme un milan qui, après avoir décrit ses étourdissantes spirales autour de sa proie, la fait tomber stupéfiée avant de l'emporter dans son aire. Il est en nous-mêmes de longues luttes dont le terme se trouve être une de nos actions, et qui font comme un envers à l'humanité. Cet envers est à Dieu, l'endroit est aux hommes. Plus d'une fois Séraphîta s'était plu à prouver à Wilfrid qu'elle connaissait cet envers si varié, qui compose une seconde vie à la plupart des hommes. Souvent elle lui avait dit de sa voix de tourterelle : — « Pourquoi toute cette colère ? » quand Wilfrid se promettait en chemin de l'enlever afin d'en faire une chose à lui. Wilfrid seul était assez fort pour jeter le cri de révolte qu'il venait de pousser chez monsieur Becker, et que le récit du vieillard avait calmé. Cet homme si moqueur, si insulteur, voyait enfin poindre la clarté d'une croyance sidérale en sa nuit; il se demandait si Séraphîta n'était pas une exilée des sphères supérieures en route pour la patrie. Les déifications dont abusent les amants en tous pays, il n'en décernait pas les honneurs à ce lis de la Norwége, il y croyait. Pourquoi restait-elle au fond de ce Fiord? qu'y faisait-elle? Les interrogations sans réponse abondaient dans son esprit. Qu'arriverait-il entre eux surtout? Quel sort l'avait amené là? Pour lui, Séraphîta était ce marbre immobile, mais léger comme une ombre, que Minna venait de voir se posant au bord du gouffre : Séraphîta demeurait ainsi devant tous les gouffres sans que rien pût l'atteindre, sans que l'arc de ses sourcils fléchît, sans que la lumière de sa prunelle vacillât. C'était donc un amour sans espoir, mais non sans curiosité. Dès le moment où Wilfrid soupçonna la nature éthérée dans la magicienne qui lui avait dit le secret de sa vie en songes harmonieux, il voulut tenter de se la soumettre, de la garder, de la ravir au ciel où peut-être elle était attendue. L'Humanité, la Terre ressaisissant leur proie, il les représenterait. Son orgueil, seul sentiment par lequel l'homme puisse être exalté longtemps, le rendrait heureux de ce triomphe pendant le reste de sa vie. A cette idée, son sang bouillonna dans ses veines, son cœur se gonfla. S'il ne réussissait pas, il la briserait. Il est si naturel de détruire ce qu'on ne peut posséder, de nier ce qu'on ne comprend pas, d'insulter à ce qu'on envie.

Le lendemain, Wilfrid, préoccupé par les idées que devait faire naître le spectacle extraordinaire dont il avait été le témoin la veille, voulut interroger David, et vint le voir en prenant le prétexte de demander des nouvelles de Séraphîta. Quoique monsieur Becker crût le pauvre homme tombé en enfance, l'étranger se fia sur sa perspicacité pour découvrir les parcelles de vérité que roulerait le serviteur dans le torrent de ses divagations.

David avait l'immobile et indécise physionomie de l'octogénaire : sous ses cheveux blancs se voyait un front où les rides formaient des assises ruinées, son visage était creusé comme le lit d'un torrent à sec. Sa vie semblait s'être entièrement réfugiée dans les yeux où brillait un rayon ; mais cette lueur était comme couverte de nuages, et comportait l'égarement actif, aussi bien que la stupide fixité de l'ivresse. Ses mouvements lourds et lents annonçaient les glaces de l'âge et les communiquaient à qui s'abandonnait à le regarder long-temps, car il possédait la force de la torpeur. Son intelligence bornée ne se réveillait qu'au son de la voix, à la vue, au souvenir de sa maîtresse. Elle était l'âme de ce fragment tout matériel. En voyant David seul, vous eussiez dit d'un cadavre : Séraphîta se montrait-elle, parlait-elle, était-il question d'elle ? le mort sortait de sa tombe, il retrouvait le mouvement et la parole. Jamais les os desséchés que le souffle divin doit ranimer dans la vallée de Josaphat, jamais cette image apocalyptique ne fut mieux réalisée que par ce Lazare sans cesse rappelé du sépulcre à la vie par la voix de la jeune fille. Son langage constamment figuré, souvent incompréhensible, empêchait les habitants de lui parler ; mais ils respectaient en lui cet esprit profondément dévié de la route vulgaire, que le peuple admire instinctivement. Wilfrid le trouva dans la première salle, en apparence endormi près du poêle. Comme le chien qui reconnaît les amis de la maison, le vieillard leva les yeux, aperçut l'étranger, et ne bougea pas.

— Eh ! bien, où est-elle ? demanda Wilfrid au vieillard en s'asseyant près de lui.

David agita ses doigts en l'air comme pour peindre le vol d'un oiseau.

— Elle ne souffre plus, demanda Wilfrid.

— Les créatures promises au ciel savent seules souffrir sans que la souffrance diminue leur amour, ceci est la marque de la vraie foi, répondit gravement le vieillard comme un instrument essayé donne une note au hasard.

— Qui vous a dit ces paroles?

— L'Esprit.

— Que lui est-il donc arrivé hier au soir? Avez-vous enfin forcé les Vertumnes en sentinelle? vous êtes-vous glissé à travers les Mammons?

— Oui, répondit David en se réveillant comme d'un songe.

La vapeur confuse de son œil se fondit sous une lueur venue de l'âme et qui le rendit par degrés brillant comme celui d'un aigle, intelligent comme celui d'un poète.

— Qu'avez-vous vu? lui demanda Wilfrid étonné de ce changement subit.

— J'ai vu les Espèces et les Formes, j'ai entendu l'Esprit des choses, j'ai vu la révolte des Mauvais, j'ai écouté la parole des Bons! Ils sont venus sept démons, il est descendu sept archanges. Les archanges étaient loin, ils contemplaient voilés. Les démons étaient près, ils brillaient et agissaient. Mammon est venu sur sa conque nacrée, et sous la forme d'une belle femme nue; la neige de son corps éblouissait, jamais les formes humaines ne seront aussi parfaites, et il disait: — « Je suis le Plaisir, et tu me posséderas! » Lucifer, le prince des serpents, est venu dans son appareil de souverain, l'Homme était en lui beau comme un ange, et il a dit: — « L'Humanité te servira! » La reine des avares, celle qui ne rend rien de ce qu'elle a reçu, la Mer est venue enveloppée de sa mante verte; elle s'est ouvert le sein, elle a montré son écrin de pierreries, elle a vomi ses trésors et les a offerts ; elle a fait arriver des vagues de saphirs et d'émeraudes ; ses productions se sont émues, elles ont surgi de leurs retraites, elles ont parlé ; la plus belle d'entre les perles a déployé ses ailes de papillon, elle a rayonné, elle a fait entendre ses musiques marines, elle a dit : — « Toutes deux filles de la souffrance, nous sommes sœurs ; attends-moi? nous partirons ensemble, je n'ai plus qu'à devenir femme. » L'Oiseau qui a les ailes de l'aigle et les pattes du lion, une tête de femme et la croupe du cheval, l'Animal s'est abattu, lui a léché les pieds, promettant sept cents années d'abondance à sa fille bien-aimée. Le plus redoutable, l'Enfant, est arrivé jusqu'à ses genoux en pleurant et lui disant : — « Me quitteras-tu? moi faible et souffrant, reste, ma mère ! » Il jouait avec les autres, il répandait la paresse dans l'air, et le ciel se serait laissé aller à sa plainte. La Vierge au chant pur a fait entendre ses concerts qui détendent l'âme. Les rois de l'Orient sont venus avec leurs esclaves, leurs armées et leurs femmes ; les Blessés ont demandé son secours, les Malheureux ont tendu la main : — « Ne nous quittez pas ! ne nous quittez pas ! » Moi-même j'ai crié : « Ne nous quittez pas ! Nous vous adorerons, restez ! » Les fleurs sont sorties de leurs graines en l'entourant de leurs parfums qui disaient : — « Restez ! » Le géant Énakim est sorti de Jupiter, amenant l'Or et ses amis, amenant les Esprits des Terres Astrales qui s'étaient joints à lui, tous ont dit : — « Nous serons à toi pour sept cents années. » Enfin, la Mort est descendue de son cheval pâle et a dit : — « Je t'obéirai ! » Tous se sont prosternés à ses pieds ;

et si vous les aviez vus, ils remplissaient la grande plaine, et tous lui criaient : — « Nous t'avons nourri, tu es notre enfant, ne nous abandonne pas. » La Vie est sortie de ses Eaux Rouges, et a dit ! — « Je ne te quitterai pas ! » Puis trouvant Séraphîta silencieuse elle a relui comme le soleil en s'écriant : — « Je suis la lumière ! » — La lumière est là ! s'est écriée Séraphita en montrant les nuages où s'agitaient les archanges ; mais elle était fatiguée, le Désir lui avait brisé les nerfs, elle ne pouvait que crier : — « O mon Dieu ! » Combien d'Esprits Angéliques, en gravissant la montagne, et près d'atteindre au sommet, ont rencontré sous leurs pieds un gravier qui les a fait rouler et les a replongés dans l'abîme ! Tous ces Esprits déchus admiraient sa constance ; ils étaient là formant un Chœur immobile, et tous lui disaient en pleurant : — « Courage ! » Enfin elle a vaincu le Désir déchaîné sur elle sous toutes les Formes et dans toutes les Espèces. Elle est restée en prières, et quand elle a levé les yeux, elle a vu le pied des Anges revolant aux cieux.

— Elle a vu le pied des Anges ? répéta Wilfrid.

— Oui, dit le vieillard.

— C'était un rêve qu'elle vous a raconté ? demanda Wilfrid.

— Un rêve aussi sérieux que celui de votre vie, répondit David, j'y étais.

Le calme du vieux serviteur frappa Wilfrid, qui s'en alla se demandant si ces visions étaient moins extraordinaires que celles dont les relations se trouvent dans Swedenborg, et qu'il avait lues la veille.

— Si les Esprits existent, ils doivent agir, se disait-il en entrant au presbytère où il trouva monsieur Becker seul.

— Cher pasteur, dit Wilfrid, Séraphîta ne tient à nous que par la forme, et sa forme est impénétrable. Ne me traitez ni de fou, ni d'amoureux : une conviction ne se discute point. Convertissez ma croyance en suppositions scientifiques, et cherchons à nous éclairer. Demain nous irons tous deux chez elle.

— Eh ! bien ? dit monsieur Becker.

— Si son œil ignore l'espace, reprit Wilfrid, si sa pensée est une vue intelligente qui lui permet d'embrasser les choses dans leur essence, et de les relier à l'évolution générale des mondes ; si, en un mot, elle sait et voit tout, asseyons la pythonisse sur son trépied, forçons cet aigle implacable à déployer ses ailes en le menaçant ! Aidez-moi ? je respire un feu qui me dévore, je veux l'éteindre ou me laisser consumer. Enfin j'ai découvert une proie, je la veux.

— Ce serait, dit le ministre, une conquête assez difficile à faire, car cette pauvre fille est...

— Est ?... reprit Wilfrid.

— Folle, dit le ministre.

— Je ne vous conteste pas sa folie, ne me contestez pas sa supériorité. Cher monsieur Becker, elle m'a souvent confondu par son érudition. A-t-elle voyagé ?

— De sa maison au Fiord.

— Elle n'est pas sortie d'ici, s'écria Wilfrid ! elle a donc beaucoup lu ?

— Pas un feuillet, pas un iota ! Moi seul ai des livres dans Jarvis. Les œuvres de Swedenborg, les seuls ouvrages qui fussent au château, les voici. Jamais elle n'en a pris un seul.

— Avez-vous jamais essayé de causer avec elle ?

— A quoi bon ?

— Personne n'a vécu sous son toit ?

— Elle n'a pas eu d'autres amis que vous et Minna, ni d'autre serviteur que David.

— Elle n'a jamais entendu parler de sciences, ni d'arts ?

— Par qui ? dit le pasteur.

— Si elle disserte pertinemment de ces choses, comme elle en a souvent causé avec moi, que croiriez vous ?

— Que cette fille a conquis peut-être, pendant quelques années de silence, les facultés dont jouissait Apollonius de Thyane et beaucoup de prétendus sorciers que l'inquisition a brûlés, ne voulant pas admettre la seconde vue.

— Si elle parle arabe, que penseriez-vous ?

— L'histoire des sciences médicales consacre plusieurs exemples de filles qui ont parlé des langues à elles inconnues.

— Que faire ? dit Wilfrid. Elle connaît dans le passé de ma vie des choses dont le secret n'était qu'à moi.

— Nous verrons si elle me dit les pensées que je n'ai confiées à personne, dit monsieur Becker.

Minna rentra.

— Hé ! bien, ma fille, que devient ton démon ?

— Il souffre, mon père, répondit-elle en saluant Wilfrid. Les passions humaines, revêtues de leurs fausses richesses, l'ont entouré pendant la nuit, et lui ont déroulé des pompes inouïes. Mais vous traitez ces choses de contes.

— Des contes aussi beaux pour qui les lit dans son cerveau que le sont pour le vulgaire ceux des Mille et une Nuits, dit le pasteur en souriant.

— Satan, reprit-elle, n'a-t-il donc pas transporté le

Sauveur sur le haut du temple, en lui montrant les nations à ses pieds?

— Les Évangélistes, répondit le pasteur, n'ont pas si bien corrigé les copies qu'il n'en existe plusieurs versions.

— Vous croyez à la réalité de ces visions? dit Wilfrid à Minna.

— Qui peut en douter quand il les raconte?

— Il? demanda Wilfrid, qui?

— Celui qui est là, répondit Minna en montrant le château.

— Vous parlez de Séraphîta! dit l'étranger surpris.

La jeune fille baissa la tête en lui jetant un regard plein de douce malice.

— Et vous aussi, reprit Wilfrid, vous vous plaisez à confondre mes idées. Qui est-ce? que pensez-vous d'elle?

— Ce que je sens est inexplicable, reprit Minna en rougissant.

— Vous êtes fous! s'écria le pasteur.

— A demain! dit Wilfrid.

LES NUÉES DU SANCTUAIRE.

IV.

Il est des spectacles auxquels coopèrent toutes les matérielles magnificences dont dispose l'homme. Des nations d'esclaves et de plongeurs sont allées chercher dans le sable des mers, aux entrailles des rochers, ces perles et ces diamants qui parent les spectateurs. Transmises d'héritage en héritage, ces splendeurs ont brillé sur tous les fronts couronnés, et feraient la plus fidèle des histoires humaines si elles prenaient la parole. Ne connaissent-elles pas les douleurs et les joies des grands comme celles des petits? Elles ont été portées partout : elles ont été portées avec orgueil dans les fêtes, portées avec désespoir chez l'usurier, emportées dans le sang et le pillage, transportées dans les chefs-d'œuvre enfantés par l'art pour les garder. Excepté la perle de Cléopâtre, aucune d'elles ne s'est perdue. Les Grands, les Heureux sont là réunis et voient couronner un roi dont la parure est le produit de l'industrie des hommes, mais qui dans sa gloire est vêtu d'une pourpre moins parfaite que ne l'est celle d'une simple fleur des champs. Ces fêtes splendides de lumière, enceintes de musique où la parole de l'Homme essaie à tonner ; tous ces triomphes de sa main, une pensée, un sentiment les écrase. L'Esprit peut rassembler autour de l'homme et dans l'homme de plus vives lumières, lui faire entendre de plus mélodieuses harmonies, asseoir sur les nuées de brillantes constellations qu'il interroge. Le Cœur peut plus encore ! L'homme peut se trouver face à face avec une seule créature, et trouver dans un seul mot, dans un seul regard, un faix si lourd à porter, d'un éclat si lumineux, d'un son si pénétrant, qu'il succombe et s'agenouille. Les plus réelles magnificences ne sont pas dans les choses, elles sont en nous-mêmes. Pour le savant, un secret de science n'est-il pas un monde entier de merveilles ? Les trompettes de la Force, les brillants de la Richesse, la musique de la Joie, un immense concours d'hommes accompagne-t-il sa fête ? Non, il va dans quelque réduit obscur, où souvent un homme pâle et souffrant lui dit un seul mot à l'oreille. Ce mot, comme une torche jetée dans un souterrain, lui éclaire les Sciences. Toutes les idées humaines, habillées des plus attrayantes formes qu'ait inventées le Mystère, entouraient un aveugle assis dans la fange au bord d'un chemin. Les trois mondes, le Naturel, le Spirituel et le Divin, avec toutes leurs sphères, se découvraient à un pauvre proscrit florentin : il marchait accompagné des Heureux et des Souffrants, de ceux qui priaient et de ceux qui criaient, des anges et des damnés. Quand l'envoyé de Dieu, qui savait et pouvait tout, apparut à trois de ses disciples, ce fut un soir, à la table commune de la plus pauvre des auberges, en ce moment la lumière éclata, brisa les Formes Matérielles, éclaira les Facultés Spirituelles, ils le virent dans sa gloire, et la terre ne tenait déjà plus à leurs pieds que comme une sandale qui s'en détachait.

Monsieur Becker, Wilfrid et Minna se sentaient agités de crainte en allant chez l'être extraordinaire qu'ils s'étaient proposé d'interroger. Pour chacun d'eux le château suédois agrandi comportait un spectacle gigantesque, semblable à ceux dont les masses et les couleurs sont si savamment, si harmonieusement disposées par les poètes, et dont les personnages, acteurs imaginaires pour les hommes, sont réels pour ceux qui commencent à pénétrer dans le Monde Spirituel. Sur les gradins de ce colysée, monsieur Becker asseyait les grises légions du doute, ses sombres idées, ses vicieuses formules de dispute; il y convoquait les différents mondes philosophiques et religieux qui se combattent, et qui tous apparaissent sous la forme d'un système décharné comme le temps configuré par l'homme, vieillard qui d'une main lève la faux, et dans l'autre emporte un grêle univers, l'univers humain. Wilfrid y conviait ses premières illusions et ses dernières espérances; il y faisait siéger la destinée humaine et ses combats, la religion et ses dominations victorieuses. Minna y voyait confusément le ciel par une échappée, l'amour lui relevait un rideau brodé d'images mystérieuses, et les sons harmonieux qui arrivaient à ses oreilles redoublaient sa curiosité. Pour eux cette soirée était donc ce que le souper fut pour les trois pèlerins dans Emmaüs, ce que fut une vision pour Dante, une inspiration pour Homère; pour eux, les trois formes du monde révélées, des voiles déchirés, des incertitudes dissipées, des ténèbres éclaircies. L'humanité dans tous ses modes et attendant la lumière ne pouvait être mieux représentée que par cette jeune fille, par cet homme et par ces deux vieillards, dont l'un était assez savant pour douter, dont l'autre était assez ignorant pour croire. Jamais aucune scène ne fut ni plus simple en apparence, ni plus vaste en réalité.

Quand ils entrèrent, conduits par le vieux David, ils trouvèrent Séraphîta debout devant la table, sur laquelle étaient servies différentes choses dont se compose un thé, collation qui supplée dans le Nord aux joies du vin, réservées pour les pays méridionaux. Certes, rien n'annonçait en elle, ou en lui, cet être avait l'étrange pouvoir d'apparaître sous deux formes distinctes ; rien donc ne trahissait les différentes puissances dont elle disposait. Vulgairement occupée du bien-être de ses trois hôtes, Séraphîta recommandait à David de mettre du bois dans le poêle.

— Bonjour, mes voisins, dit-elle. — Mon cher monsieur Becker, vous avez bien fait de venir ; vous me voyez vivante pour la dernière fois peut-être. Cet hiver m'a tuée. — Asseyez-vous donc, monsieur, dit-elle à Wilfrid. — Et toi, Minna, mets-toi là, dit-il en lui montrant un fauteuil près de lui. Tu as apporté ta tapisserie à la main, en as-tu trouvé le point ? Le dessin en est fort joli. Pour qui est-ce ? pour ton père ou pour monsieur ? dit-elle en se tournant vers Wilfrid. Ne lui laisserons-nous point avant son départ un souvenir des filles de la Norwége.

— Vous avez donc souffert encore hier ? dit Wilfrid.

— Ce n'est rien, dit-elle. Cette souffrance me plaît ; elle est nécessaire pour sortir de la vie.

— La mort ne vous effraie donc point ? dit en souriant monsieur Becker, qui ne la croyait pas malade.

— Non, cher pasteur. Il est deux manières de mourir : aux uns la mort est une victoire, aux autres elle est une défaite.

— Vous croyez avoir vaincu ? dit Minna.

— Je ne sais, répondit-elle ; peut-être ne sera-ce qu'un pas de plus.

La splendeur lactée de son front s'altéra, ses yeux se voilèrent sous ses paupières lentement déroulées. Ce simple mouvement fit les trois curieux émus et immobiles. Monsieur Becker fut le plus hardi.

— Chère fille, dit-il, vous êtes la candeur même ; mais vous êtes aussi d'une bonté divine ; je désirerais de vous, ce soir, autre chose que les friandises de votre thé. S'il faut en croire certaines personnes, vous savez des choses extraordinaires ; mais, s'il en est ainsi, ne serait-il pas charitable à vous de dissiper quelques-uns de nos doutes ?

— Ah ! reprit-elle en souriant, je marche sur les nuées, je suis au mieux avec les gouffres du Fiord, la mer est une monture à laquelle j'ai mis un frein, je sais où croît la fleur qui chante, où rayonne la lumière qui parle, où brillent et vivent les couleurs qui embaument ; j'ai l'anneau de Salomon, je suis une fée, je jette mes ordres au vent qui les exécute en esclave soumis ; je vois les trésors en terre ; je suis la vierge au-devant de laquelle volent les perles, et...

— Et nous allons sans danger sur le Falberg ? dit Minna qui l'interrompit.

— Et toi aussi ! répondit l'être en lançant à la jeune fille un regard lumineux qui la remplit de trouble. — Si je n'avais pas la faculté de lire à travers vos fronts le désir qui vous amène, serais-je ce que vous croyez que je suis ? dit-elle en les enveloppant tous trois de son regard envahisseur à la grande satisfaction de David qui se frotta les mains en s'en allant. — Ah! reprit-elle après une pause, vous êtes venus animés tous d'une curiosité d'enfant. Vous vous êtes demandé, mon pauvre monsieur Becker, s'il est possible à une fille de dix-sept ans de savoir un des mille secrets que les savants cherchent, le nez en terre, au lieu de lever les yeux vers le ciel? Si je vous disais comment et par où la Plante communique à l'Animal, vous commenceriez à douter de vos doutes. Vous avez comploté de m'interroger, avouez-le?

— Oui, chère Séraphîta, répondit Wilfrid ; mais ce désir n'est-il pas naturel à des hommes?

— Voulez-vous donc ennuyer cet enfant? dit-elle en posant la main sur les cheveux de Minna par un geste caressant.

La jeune fille leva les yeux et parut vouloir se fondre en lui.

— La parole est le bien de tous, reprit gravement l'être mystérieux. Malheur à qui garderait le silence au milieu du désert en croyant n'être entendu de personne ; tout parle et tout écoute ici-bas, la parole meut les mondes. Je souhaite, monsieur Becker, ne rien dire en vain. Je connais les difficultés qui vous occupent le plus : ne serait-ce pas un miracle que d'embrasser tout d'abord le passé de votre conscience? Eh! bien, le miracle va s'accomplir. Écoutez-moi. Vous ne vous êtes jamais avoué vos doutes dans toute leur étendue ; moi seule, inébranlable dans ma foi, je puis vous les dire, et vous effrayer de vous-même. Vous êtes du côté le plus obscur du Doute, vous ne croyez pas en Dieu ; et toute chose ici-bas devient secondaire pour qui s'attaque au principe des choses. Abandonnons les discussions creusées sans fruit par de fausses philosophies. Les générations spiritualistes n'ont pas fait moins de vains efforts pour nier la Matière que n'en ont tenté les générations matérialistes pour nier l'Esprit. Pourquoi ces débats? L'homme n'offrait-il pas à l'un et à l'autre système des preuves irrécusables? ne se rencontre-t-il pas en lui des choses matérielles et des choses spirituelles? Un fou seul peut se refuser à voir un fragment de matière dans le corps humain; en le décomposant, vos sciences naturelles y trouvent peu de différence entre ses principes et ceux des autres animaux. L'idée que produit en l'homme la comparaison de plusieurs objets ne semble non plus à personne être dans le domaine de la Matière. Ici, je ne me prononce pas, il s'agit de vos doutes et non de mes certitudes. A vous, comme à la plupart des penseurs, les rapports que vous avez la faculté de découvrir entre les choses dont la réalité vous est attestée par vos sensations ne semblent point devoir être matériels. L'univers Naturel se termine donc en l'homme par l'univers Surnaturel des similitudes ou des différences qu'il aperçoit entre les innombrables formes de la Nature, relations si multipliées qu'elles paraissent infinies; car si, jusqu'à présent, nul n'a pu dénombrer les seules créations terrestres, quel homme pourrait en énumérer les rapports? La fraction que vous en connaissez n'est-elle pas à leur somme totale, comme un nombre est à l'infini? Ici vous tombez déjà dans la perception de l'infini, qui, certes, vous fait concevoir un monde purement spirituel. Ainsi l'homme présente une preuve suffisante de ces deux modes, la Matière et l'Esprit. En lui vient aboutir un visible univers fini; en lui commence un univers invisible et infini, deux mondes qui ne se connaissent pas: les cailloux du Fiord ont-ils l'intelligence de leurs combinaisons, ont-ils la conscience des couleurs qu'ils présentent aux yeux de l'homme, entendent-ils la musique des flots qui les caressent? Franchissons, sans le sonder, l'abîme que nous offre l'union d'un univers Matériel et d'un univers Spirituel, une création visible, pondérable, tangible, terminée par une création intangible, invisible, impondérable; toutes deux complétement dissemblables, séparées par le néant, réunies par des accords incontestables, rassemblées dans un être qui tient et de l'un et de l'autre! Confondons en un seul monde ces deux mondes inconciliables pour vos philosophies et conciliés par le fait. Quelque abstraite que l'homme la suppose, la relation qui lie deux choses entre elles comporte une empreinte. Où? sur quoi? Nous n'en sommes pas à rechercher à quel point de subtilisation peut arriver la Matière. Si telle était la question, je ne vois pas pourquoi celui qui a cousu par des rapports physiques les astres à d'incommensurables distances pour s'en faire un voile, n'aurait pu créer des substances pensantes, ni pourquoi vous lui interdiriez la faculté de donner un corps à la pensée? Donc votre invisible univers moral et votre visible univers physique constituent une seule et même Matière. Nous ne séparerons point les propriétés et les corps, ni les rapports et les objets. Tout ce qui existe, ce qui nous presse et nous accable au-dessus, au-dessous de nous, devant nous, en nous; ce que nos yeux et nos esprits aperçoivent, toutes ces choses nommées et innommées composeront, afin d'adapter le problème de la Création à la mesure de votre Logique, un bloc de matière fini; s'il était infini, Dieu n'en serait plus le maître. Ici, selon vous, cher pasteur, de quelque façon que l'on veuille mêler un Dieu infini à ce bloc de matière fini, Dieu ne saurait exister avec les attributs dont il est investi par l'homme : en le demandant aux faits, il est nul ; en le demandant au raisonnement, il sera nul encore ; spirituellement et matériellement, Dieu devient impossible. Écoutons le Verbe de la Raison humaine pressée dans ses dernières conséquences.

En mettant Dieu face à face avec ce Grand Tout, il n'est entre eux que deux états possibles. La Matière et Dieu sont contemporains, ou Dieu préexistait seul à la Matière. En supposant la raison qui éclaire les races humaines depuis qu'elles vivent, amassée dans une seule tête, cette tête gigantesque ne saurait inventer une troisième façon d'être, à moins de supprimer Matière et Dieu. Que les philosophies humaines entassent des montagnes de mots et d'idées, que les religions accumulent des images et des croyances, des révélations et des mystères, il faut en venir à ce terrible dilemme, et choisir entre les deux propositions qui le composent ; mais vous n'avez pas à opter : l'une et l'autre conduit la raison humaine au Doute. Le problème étant ainsi posé, qu'importe l'Esprit et la Matière ? qu'importe la marche des mondes dans un sens ou dans un autre, du moment où l'être qui les mène est convaincu d'absurdité ? A quoi bon chercher si l'homme s'avance vers le ciel ou s'il en revient, si la création s'élève vers l'Esprit ou descend vers la Matière, dès que les mondes interrogés ne donnent aucune réponse ? Que signifient les théogonies et leurs armées ? que signifient les théologies et leurs dogmes du moment où, quel que soit le choix de l'homme entre les deux faces du problème, son Dieu n'est plus ! Parcourons la première, supposons Dieu contemporain de la Matière ? Est-ce être Dieu que de subir l'action ou la coexistence d'une substance étrangère à la sienne? Dans ce système, Dieu ne devient-il pas un agent secondaire obligé d'organiser la matière? Qui l'a contraint? Entre sa grossière compagne et lui, qui fut l'arbitre? Qui a donc payé le salaire des Six journées imputées à ce Grand-Artiste? S'il s'était rencontré quelque force déterminante qui ne fût ni Dieu ni la Matière; en voyant Dieu tenu de fabriquer la machine des mondes, il serait aussi ridicule de l'appeler Dieu que de nommer citoyen de Rome l'esclave envoyé pour tourner une meule. D'ailleurs, il se présente une difficulté tout aussi peu soluble pour cette raison suprême, qu'elle l'est pour Dieu. Reporter le problème plus haut, n'est-ce pas agir comme les Indiens, qui placent le monde sur une tortue, la tortue sur un éléphant, et qui ne peuvent dire sur quoi reposent les pieds de leur éléphant. Cette volonté suprême, jaillie du combat de la Matière et de Dieu, ce Dieu, plus que Dieu, peut-il être demeuré pendant une éternité sans vouloir ce qu'il a voulu, en admettant que l'Éternité puisse se scinder en deux temps? N'importe où soit Dieu, s'il n'a pas connu sa pensée postérieure, son intelligence intuitive ne périt-elle point? Qui donc aurait raison entre ces deux Éternités? sera-ce l'Éternité incréée ou l'Éternité créée? S'il a voulu de tout temps le monde tel qu'il est, cette nouvelle nécessité, d'ailleurs en harmonie avec l'idée d'une souveraine intelligence, implique la co-éternité de la matière. Que la Matière soit co-éternelle par une volonté divine nécessairement semblable à elle-même en tout temps, ou que la Matière soit co-éternelle par elle-même, la puissance de Dieu devant être absolue, périt avec son Libre-Arbitre; il trouverait toujours en lui une raison déterminante qui l'aurait dominé. Est-ce être Dieu que de ne pas plus pouvoir se séparer de sa création dans une postérieure que dans une antérieure éternité? Cette face du problème est donc insoluble dans sa cause? Examinons-la dans ses effets. Si Dieu, forcé d'avoir créé le monde de toute éternité, semble inexplicable, il l'est tout autant dans sa perpétuelle cohésion avec son œuvre. Dieu, contraint de vivre éternellement uni à sa création, est tout aussi ravalé que dans sa première condition d'ouvrier. Concevez-vous un Dieu qui ne peut pas plus être indépendant que dépendant de son œuvre? Peut-il la détruire sans se récuser lui-même? Examinez, choisissez! Qu'il la détruise un jour, qu'il ne la détruise jamais, l'un ou l'autre terme est fatal aux attributs sans lesquels il ne saurait exister. Le monde est-il un essai, une forme périssable dont la destruction aura lieu? Dieu ne serait-il pas inconséquent et impuissant? Inconséquent: ne devait-il pas voir le résultat avant l'expérience, et pourquoi tarde-t-il à briser ce qu'il brisera? Impuissant: devait-il créer un monde imparfait? Si la création imparfaite dément les facultés que l'homme attribue à Dieu, retournons alors à la question? supposons la création parfaite. L'idée est en harmonie avec celle d'un Dieu souverainement intelligent qui n'a dû se tromper en rien; mais alors pourquoi la dégradation? pourquoi la régénération? Puis le monde parfait est nécessairement indestructible, ses formes ne doivent point périr; le monde n'avance ni ne recule jamais, il roule dans une éternelle circonférence d'où il ne sortira point? Dieu sera donc dépendant de son œuvre; elle lui est donc co-éternelle, ce qui fait revenir l'une des propositions qui attaquent le plus Dieu. Imparfait, le monde admet une marche, un progrès; mais parfait, il est stationnaire. S'il est impossible d'admettre un Dieu pro-

22.

gressif, ne sachant pas de toute éternité le résultat de sa création ; Dieu stationnaire existe-t-il ? n'est-ce pas le triomphe de la Matière ? n'est-ce pas la plus grande de toutes les négations ? Dans la première hypothèse, Dieu périt par faiblesse ; dans la seconde, il périt par la puissance de son inertie. Ainsi, dans la conception comme dans l'exécution des mondes, pour tout esprit de bonne foi, supposer la Matière contemporaine de Dieu, c'est vouloir nier Dieu. Forcées de choisir pour gouverner les nations entre les deux faces de ce problème, des générations entières de grands penseurs ont opté pour celle-ci. De là le dogme des deux principes du Magisme qui de l'Asie a passé en Europe sous la forme de Satan combattant le Père éternel. Mais cette formule religieuse et les innombrables divinisations qui en dérivent ne sont-elles pas des crimes de lèse-majesté divine ? De quel autre nom appeler la croyance qui donne à Dieu pour rival une personnification du mal se débattant éternellement sous les efforts de son omnipotente intelligence sans aucun triomphe possible ? Votre statique dit que deux Forces ainsi placées s'annulent réciproquement.

Vous vous retournez vers la deuxième face du problème ? Dieu préexistait seul, unique.

Ne reproduisons pas les argumentations précédentes qui reviennent dans toute leur force relativement à la scission de l'Éternité en deux temps, le temps incréé, le temps créé. Laissons également les questions soulevées par la marche ou l'immobilité des mondes, contentons-nous des difficultés inhérentes à ce second thème. Si Dieu préexistait seul, le monde est émané de lui, la Matière fut alors tirée de son essence. Donc, plus de Matière ! toutes les formes sont des voiles sous lesquels se cache l'Esprit Divin. Mais alors le Monde est Éternel, mais alors le Monde est Dieu ! Cette proposition n'est-elle pas encore plus fatale que la précédente aux attributs donnés à Dieu par la raison humaine? Sortie du sein de Dieu, toujours unie à lui, l'état actuel de la Matière est-il explicable. Comment croire que le Tout-Puissant, souverainement bon dans son essence et dans ses facultés, ait engendré des choses qui lui sont dissemblables, qu'il ne soit pas en tout et partout semblable à lui-même? Se trouvait-il donc en lui des parties mauvaises desquelles il se serait un jour débarrassé? conjecture moins offensante ou ridicule que terrible, en ce qu'elle ramène en lui ces deux principes que la thèse précédente prouve être inadmissibles. Dieu doit être UN, il ne peut se scinder sans renoncer à la plus importante de ses conditions. Il est donc impossible d'admettre une fraction de Dieu qui ne soit pas Dieu? Cette hypothèse parut tellement criminelle à l'Église romaine, qu'elle a fait un article de foi de l'omniprésence dans les moindres parcelles de l'Eucharistie. Comment alors supposer une intelligence omnipotente qui ne triomphe pas? Comment l'adjoindre, sans un triomphe immédiat, à la nature? Et cette nature cherche, combine, refait, meurt et renaît ; elle s'agite encore plus quand elle crée que quand tout est en fusion ; elle souffre, gémit, ignore, dégénère, fait le mal, se trompe, s'abolit, disparaît, recommence? Comment justifier la méconnaissance presque générale du principe divin? Pourquoi la mort? pourquoi le génie du mal, ce roi de la terre, a-t-il été enfanté par un Dieu souverainement bon dans son essence et dans ses facultés, qui n'a rien dû produire que de conforme à lui-même? Mais si, de cette conséquence implacable qui vous conduit tout d'abord à l'absurde, nous passons aux détails, quelle fin pouvons-nous assigner au monde ? Si tout est Dieu, tout est réciproquement effet et cause ; ou plutôt il n'existe ni cause ni effet : tout est UN comme Dieu, et vous n'apercevez ni point de départ ni point d'arrivée. La fin réelle serait-elle une rotation de la matière qui va se subtilisant ! En quelque sens qu'il se fasse, ne serait-ce pas un jeu d'enfant que le mécanisme de cette matière sortie de Dieu, retournant à Dieu ? Pourquoi se ferait-il grossier ? Sous quelle forme Dieu est-il le plus Dieu ? Qui a raison, de la Matière ou de l'Esprit, quand aucun des deux modes ne saurait avoir tort ? Qui peut reconnaître Dieu dans cette éternelle Industrie par laquelle il se partagerait lui-même en deux Natures, dont l'une ne sait rien, dont l'autre sait tout ? Concevez-vous Dieu s'amusant de lui-même sous forme d'homme ? riant de ses propres efforts, mourant vendredi pour renaître dimanche, et continuant cette plaisanterie dans les siècles des siècles en en sachant de toute éternité la fin ? ne se disant rien à lui Créature, de ce qu'il fait, lui Créateur. Le Dieu de la précédente hypothèse, ce Dieu si nul par la puissance de son inertie, semble plus possible, s'il fallait choisir dans l'impossible, que ce Dieu si stupidement rieur qui se fusille lui-même quand deux portions de l'humanité sont en présence, les armes à la main. Quelque comique que soit cette suprême expression de la seconde face du problème, elle fut adoptée par la moitié du genre humain chez les nations qui se sont créé de riantes mythologies. Ces amoureuses nations étaient conséquentes : chez elles, tout était Dieu, même la Peur et ses lâchetés, même le Crime et ses bacchanales. En acceptant le panthéisme, la religion de quelques grands génies humains, qui sait de quel côté se trouve alors la raison ? Est-elle chez le sauvage, libre dans le désert, vêtu dans sa nudité, sublime et toujours juste dans ses actes quels qu'ils soient, entendant le soleil, causant avec la mer? Est-elle chez l'homme civilisé qui ne doit ses plus grandes jouissances qu'à des mensonges, qui tord et presse la nature pour se mettre un fusil sur l'épaule, qui a usé son intelligence pour avancer l'heure de sa mort et pour se créer des maladies dans tous ses plaisirs? Quand le râteau de la peste ou le soc de la guerre, quand le génie des déserts a passé sur un coin du globe en y effaçant tout, qui a eu raison du sauvage de Nubie ou du patricien de Thèbes? Vos doutes descendent de haut en bas, ils embrassent tout, la fin comme les moyens. Si le monde physique semble inexplicable, le monde moral prouve donc encore plus contre Dieu. Où est alors le progrès? Si tout va se perfectionnant, pourquoi mourons-nous enfants? pourquoi les nations au moins ne se perpétuent-elles pas? Le monde issu de Dieu, contenu en Dieu, est-il stationnaire? Vivons-nous une fois? vivons-nous toujours? Si nous vivons une fois, pressés par la marche du Grand-Tout dont la connaissance ne nous a pas été donnée, agissons à notre guise! Si nous sommes éternels, laissons faire! La créature peut-elle être coupable d'exister au moment des transitions? Si elle pèche à l'heure d'une grande transformation, en sera-t-elle punie après en avoir été la victime? Que devient la bonté divine en ne nous mettant pas immédiatement dans les régions heureuses, s'il en existe? Que devient la prescience de Dieu, s'il ignore le résultat des épreuves auxquelles il nous soumet? Qu'est cette alternative présentée à l'homme par toutes les religions d'aller bouillir dans une chaudière éternelle, ou de se promener en robe blanche, une palme à la main, la tête ceinte d'une auréole? Se peut-il que cette invention païenne soit le dernier mot d'un Dieu? Quel esprit généreux ne trouve d'ailleurs indigne de l'homme et de Dieu, la vertu par calcul qui suppose une éternité de plaisirs offerte par toutes les religions à qui remplit, pendant quelques heures d'existence, certaines conditions bizarres et souvent contre nature? N'est-il pas ridicule de donner des sens impétueux à l'homme et de lui en interdire la satisfaction. D'ailleurs, à quoi bon ces maigres objections quand le Bien et le Mal sont également annulés? Le Mal existe-t-il? Si la substance dans toutes ses formes est Dieu, le Mal est Dieu. La faculté de raisonner aussi bien que la faculté de sentir étant donnée à l'homme pour en user, rien n'est plus pardonnable que de chercher un sens aux douleurs humaines, et d'interroger l'avenir ; si ces raisonnements droits et rigoureux amènent à conclure ainsi, quelle confusion ! Ce monde n'aurait donc nulle fixité : rien n'avance et rien ne s'arrête, tout change et rien ne se détruit, tout revient après s'être réparé, car si votre esprit ne vous démontre pas rigoureusement une fin, il est également impossible de démontrer l'anéantissement de la moindre parcelle de Matière : elle peut se transformer, mais non s'anéantir. Si la force aveugle donne gain de cause à l'athée, la force intelligente est inexplicable, car émanée de Dieu, doit-elle rencontrer des obstacles, son triomphe ne doit-il pas être immédiat? Où est Dieu? Si les vivants ne l'aperçoivent pas, les morts le trouveront-ils? Écroulez-vous, idolâtries et religions! Tombez, trop faibles clefs de toutes les voûtes sociales qui n'avez retardé ni la chute, ni la mort, ni l'oubli de toutes les nations passées, quelque fortement qu'elles se soient fondées ! Tombez, morales et justices! nos crimes sont purement relatifs, ce sont des effets divins dont les causes ne nous sont pas connues ! Tout est Dieu. Ou nous sommes Dieu, ou Dieu n'est pas ! Enfant d'un siècle dont chaque année a mis sur ton front la glace de ses incrédulités, vieillard ! voici le résumé de tes sciences et de tes longues réflexions. Cher monsieur Becker, vous avez posé la tête sur l'oreiller du Doute en y trouvant la plus commode de toutes les solutions, agissant ainsi comme la majorité du genre humain, qui se dit : — Ne pensons plus à ce problème, du moment où Dieu ne nous a pas fait la grâce de nous octroyer une démonstration algébrique pour le résoudre, tandis qu'il nous en a tant accordé pour aller sûrement de la terre aux astres. Ne sont-ce pas vos pensées intimes ? Les ai-je éludées ? Ne les ai-je pas, au contraire, nettement accusées ? Soit le dogme des deux principes, antagonisme où Dieu périt par cela même que tout-puissant il s'amuse à combattre ; soit l'absurde panthéisme où tout étant Dieu, Dieu n'est plus ; ces deux sources d'où découlent les religions au triomphe desquelles s'est employée la Terre, sont également pernicieuses. Voici jetée entre nous la hache à double tranchant avec laquelle vous coupez la tête à ce vieillard blanc intronisé par vous sur des nuées peintes. Maintenant à moi la hache !

Monsieur Becker et Wilfrid regardèrent la jeune fille avec une sorte d'effroi.

— Croire, reprit Séraphîta de sa voix de Femme, car l'Homme venait de parler, croire est un don ! Croire, c'est sentir. Pour croire en Dieu, il faut sentir Dieu. Ce sens est une propriété lentement acquise par l'être, comme s'acquièrent les étonnants pouvoirs que vous admirez dans les grands hommes, chez les guerriers, les artistes et les savants, chez ceux qui savent, chez ceux qui produisent, chez ceux qui agissent. La pensée, faisceau des rapports que vous apercevez entre les choses, est une langue intellectuelle qui s'apprend, n'est-ce pas? La Croyance, faisceau des vérités célestes, est également une langue, mais aussi supérieure à la pensée que la pensée est supérieure à l'instinct. Cette langue s'apprend. Le Croyant répond par un seul cri, par un seul geste : la Foi lui met aux mains une épée flamboyante avec laquelle il tranche, il éclaire tout. Le Voyant ne redescend pas du ciel, il le contemple et se tait. Il est une créature qui croit et voit, qui sait et peut, qui aime, prie et attend. Résignée, aspirant au royaume de la lumière, elle n'a ni le dédain du Croyant, ni le silence du Voyant ; elle écoute et répond. Pour elle, le doute des siècles ténébreux n'est pas une arme meurtrière, mais un fil conducteur ; elle accepte le combat sous toutes les formes, elle plie sa langue à tous les langages ; elle ne s'emporte pas, elle plaint ; elle ne condamne ni ne tue personne, elle sauve et console ; elle n'a pas l'acerbité de l'agresseur, mais la douceur et la ténuité de la lumière qui pénètre, échauffe, éclaire tout. A ses yeux, le Doute n'est ni une impiété, ni un blasphème, ni un crime ; mais une transition d'où l'homme retourne sur ses pas dans les Ténèbres ou s'avance vers la Lumière. Ainsi donc, cher pasteur, raisonnons. Vous ne croyez pas en Dieu. Pourquoi? Dieu, selon vous, est incompréhensible, inexplicable. D'accord. Je ne vous dirai pas que comprendre Dieu tout entier ce serait être Dieu ; je ne vous dirai pas que vous niez ce qui vous semble inexplicable, afin de me donner le droit d'affirmer ce qui me paraît croyable. Il est pour vous un fait évident qui se trouve en vous-même. En vous la matière aboutit à l'intelligence ; et vous pensez que l'intelligence humaine aboutirait aux ténèbres, au doute, au néant? Si Dieu vous semble incompréhensible, inexplicable, avouez du moins que vous voyez, en toute chose purement physique, un conséquent et sublime ouvrier. Pourquoi sa logique s'arrêterait-elle à l'homme, sa création la plus achevée? Si cette question n'est pas convaincante, elle exige au moins quelques méditations. Si vous niez Dieu, heureusement afin d'établir vos doutes vous reconnaissez des faits à double tranchant qui tuent tout aussi bien vos raisonnements que vos raisonnements tuent Dieu. Nous avons également admis que la Matière et l'Esprit étaient deux créations qui ne se comprenaient point l'une l'autre, que le monde spirituel se composait de rapports infinis auxquels donnait lieu le monde matériel fini ; que si nul sur la terre n'avait pu s'identifier par la puissance de son esprit avec l'ensemble des créations terrestres, à plus forte raison nul ne pouvait s'élever à la connaissance des rapports que l'esprit aperçoit entre ces créations. Ainsi, déjà nous pourrions en finir d'un seul coup, en vous déniant la faculté de comprendre Dieu, comme vous déniez aux cailloux du Fiord la faculté de se compter et de se voir. Savez-vous s'ils ne nient pas l'homme, eux, quoique l'homme les prenne pour s'en bâtir sa maison? Il est un fait qui vous écrase, l'infini ; si vous le sentez en vous, comment n'en admettez-vous pas les conséquences? le fini peut-il avoir une entière connaissance de l'infini? Si vous ne pouvez embrasser les rapports qui, de votre aveu, sont infinis, comment embrasseriez-vous la fin éloignée dans laquelle ils se résument? L'ordre dont la révélation est un de vos besoins étant infini, votre raison bornée l'entendra-t-elle? Et ne demandez pas pourquoi l'homme ne comprend point ce qu'il peut percevoir, car il perçoit également ce qu'il ne comprend pas. Si je vous démontre que votre esprit ignore tout ce qui se trouve à sa portée, m'accorderez-vous qu'il lui soit impossible de concevoir ce qui la dépasse? N'aurai-je alors pas raison de vous dire : — « L'un des termes sous lesquels Dieu périt au tribunal de votre raison doit être vrai, l'autre est faux; la création existant, vous sentez la nécessité d'une fin, cette fin ne doit-elle pas être belle? Or, si la matière se termine en l'homme par l'intelligence, pourquoi ne vous contenteriez-vous pas de savoir que la fin de l'intelligence humaine est la lumière des sphères supérieures auxquelles est réservée l'intuition de ce Dieu qui vous semble être un problème insoluble? Les espèces qui sont au-dessous de vous n'ont pas l'intelligence des mondes, et vous l'avez; pourquoi ne se trouverait-il pas au-dessus de vous des espèces plus intelligentes que la vôtre? Avant d'employer sa force à mesurer Dieu, l'homme ne devrait-il pas être plus instruit qu'il ne l'est sur lui-même? Avant de menacer les étoiles qui l'éclairent, avant d'attaquer les certitudes élevées, ne devrait-il pas établir les certitudes qui le touchent? » Mais aux négations du Doute, je dois répondre par des négations. Maintenant donc, je vous demande s'il est ici-bas quelque chose d'assez évident par soi-même à quoi je puisse ajouter foi? En un moment, je vais vous prouver que vous croyez fermement à des choses qui agissent et ne sont pas des êtres, qui engendrent la pensée et ne sont pas des esprits, à des abstractions vivantes que l'entendement ne saisit sous aucune forme, qui ne sont nulle part, mais que vous trouvez partout; qui sont sans nom possible, et que vous avez nommées; qui, semblables au Dieu de chair que vous vous figurez, périssent sous l'inexplicable, l'incompréhensible et l'absurde. Et je vous demanderai comment, adoptant ces choses, vous réservez vos doutes pour Dieu. Vous croyez au Nombre ? base sur laquelle vous asseyez l'édifice de sciences que vous appelez exactes. Sans le Nombre, plus de mathématiques. Eh! bien, quel être mystérieux, à qui serait accordée la faculté de vivre toujours, pourrait achever de prononcer, et dans quel langage assez prompt dirait-il le Nombre qui contiendrait les nombres infinis dont l'existence vous est démontrée par votre pensée ? Demandez-le au plus beau des génies humains, il serait mille ans assis au bord d'une table, la tête entre ses mains, que vous répondrait-il ? Vous ne savez ni où le Nombre commence, ni où il s'arrête, ni quand il finira. Ici vous l'appelez le Temps, là vous l'appelez l'Espace; rien n'existe que par lui; sans lui, tout serait une seule et même substance, car lui seul différencie et qualifie. Le Nombre est à votre Esprit ce qu'il est à la Matière, un agent incompréhensible. En ferez-vous un Dieu ? est-ce un être ? est-ce un souffle émané de Dieu pour organiser l'univers matériel où rien n'obtient sa forme que par la Divisibilité qui est un effet du Nombre ? Les plus petites comme les plus immenses créations ne se distinguent-elles pas entre elles par leurs quantités, leurs qualités, leurs dimensions, leurs forces ; tous attributs enfantés par le Nombre ? L'infini des Nombres est un fait prouvé pour votre Esprit, dont aucune preuve ne peut être donnée matériellement. Le Mathématicien vous dira que l'infini des Nombres existe et ne se démontre pas. Dieu, cher pasteur, est un nombre doué de mouvement, qui se sent et ne se démontre pas, vous dira le Croyant. Comme l'Unité, il commence des Nombres avec lesquels il n'a rien de commun. L'existence du Nombre dépend de l'Unité qui, sans être un Nombre, les engendre tous. Dieu, cher pasteur, est une magnifique Unité qui n'a rien de commun avec ses créations, et qui néanmoins les engendre! Convenez donc avec moi que vous ignorez aussi bien où commence, où finit le Nombre, que vous ignorez où commence, où finit l'Éternité créée? Pourquoi, si vous croyez au Nombre, niez-vous Dieu? La Création n'est-elle pas placée entre l'Infini des substances inorganisées et l'Infini des sphères divines, comme l'Unité se trouve entre l'Infini des fractions que vous nommez depuis peu les Décimales, et l'Infini des Nombres que vous nommez les Entiers! Vous seul sur la terre comprenez le Nombre, cette première marche du péristyle qui mène à Dieu, et déjà votre raison y trébuche. Hé quoi! vous ne pouvez ni mesurer la première abstraction que Dieu vous a livrée, ni la saisir, et vous voulez soumettre à votre mesure les fins de Dieu? Que serait-ce donc si je vous plongeais dans les abîmes du Mouvement, cette force qui organise le Nombre? Ainsi quand je vous dirais que l'univers n'est que Nombre et Mouvement, vous voyez que déjà nous parlerions un langage différent. Je comprends l'un et l'autre, et vous ne les comprenez point. Que serait-ce si j'ajoutais que le Mouvement et le Nombre sont engendrés par la Parole? Ce mot, la raison suprême des Voyants et des Prophètes qui jadis entendirent ce souffle de Dieu sous lequel tomba saint Paul, vous vous en moquez, vous hommes de qui cependant toutes les œuvres visibles, les sociétés, les monuments, les actes, les passions procèdent de votre faible parole; et qui sans le langage ressembleriez à cette espèce si voisine du nègre, à l'homme des bois. Vous croyez donc fermement au Nombre et au Mouvement, force et résultat inexplicables, incompréhensibles à l'existence desquels je puis appliquer le dilemme qui vous dispensait naguère de croire en Dieu. Vous, si puissant raisonneur, ne me dispenserez-vous point de vous démontrer que l'Infini doit être partout semblable à lui-même, et qu'il est nécessairement *un*. Dieu seul est infini, car certes il ne peut y avoir deux infinis. Si, pour se servir des mots humains, quelque chose qui soit démontrée ici-bas, vous semble infinie, soyez certain d'y entrevoir une des faces de Dieu. Poursuivons. Vous vous êtes approprié une place dans l'infini du Nombre, vous l'avez accommodée à votre taille en créant, si toutefois vous pouvez créer quelque chose, l'arithmétique, base sur laquelle repose tout, même vos sociétés. De même que le Nombre, la seule chose à laquelle ont cru vos soi-disant athées, organise les créations physiques ; de même l'arithmétique, emploi du Nombre, organise le monde moral. Cette numération devrait être absolue, comme tout ce qui est vrai en soi ; mais elle est purement relative, elle n'existe pas absolument, vous ne pouvez donner aucune preuve de sa réalité. D'abord si cette Numération est habile à chiffrer les substances organisées, elle est impuissante relativement aux forces organisantes, les unes étant finies et les autres étant infinies. L'homme qui conçoit l'Infini par son intelligence, ne saurait le manier dans son entier ; sans quoi, il serait Dieu. Votre Numération, appliquée aux choses finies et non à l'Infini, est donc vraie par rapport aux détails que vous percevez, mais fausse par rapport à l'ensemble que vous ne percevez point. Si la nature est semblable à elle-même dans les forces organisantes ou dans ses principes qui sont infinis, elle ne l'est jamais dans ses effets finis ; ainsi, vous ne rencontrez nulle part dans la nature deux objets identiques : dans l'Ordre Naturel, deux et deux ne peuvent donc jamais faire quatre, car

23.

il faudrait assembler des unités exactement pareilles, et vous savez qu'il est impossible de trouver deux feuilles semblables sur un même arbre, ni deux sujets semblables dans la même espèce d'arbre. Cet axiome de votre numération, faux dans la nature visible, est également faux dans l'univers invisible de vos abstractions, où la même variété a lieu dans vos idées, qui sont les choses du monde visible, mais étendues par leurs rapports; ainsi, les différences sont encore plus tranchées là que partout ailleurs. En effet, tout y étant relatif au tempérament, à la force, aux mœurs, aux habitudes des individus qui ne se ressemblent jamais entre eux, les moindres objets y représentent des sentiments personnels. Assurément, si l'homme a pu créer des unités, n'est-ce pas en donnant un poids et un titre égal à des morceaux d'or? Eh! bien, vous pouvez ajouter le ducat du pauvre au ducat du riche, et vous dire au trésor public que ce sont deux quantités égales; mais aux yeux du penseur, l'un est certes moralement plus considérable que l'autre; l'un représente un mois de bonheur, l'autre représente le plus éphémère caprice. Deux et deux ne font donc quatre que par une abstraction fausse et monstrueuse. La fraction n'existe pas non plus dans la Nature, où ce que vous nommez un fragment est une chose finie en soi; mais n'arrive-t-il pas souvent, et vous en avez des preuves, que le centième d'une substance soit plus fort que ce que vous appelleriez l'entier? Si la fraction n'existe pas dans l'Ordre Naturel, elle existe encore bien moins dans l'Ordre Moral, où les idées et les sentiments peuvent être variés comme les espèces de l'Ordre Végétal, mais sont toujours entiers. La théorie des fractions est donc encore une insigne complaisance de votre esprit. Le Nombre, avec ses Infiniment petits et ses

Totalités infinies, est donc une puissance dont une faible partie vous est connue, et dont la portée vous échappe. Vous vous êtes construit une chaumière dans l'Infini des nombres, vous l'avez ornée d'hiéroglyphes savamment rangés et peints, et vous avez crié : — Tout est là ! Du Nombre pur, passons au Nombre corporisé. Votre géométrie établit que la ligne droite est le chemin le plus court d'un point à un autre, mais votre astronomie vous démontre que Dieu n'a procédé que par des courbes. Voici donc dans la même science deux vérités également prouvées : l'une par le témoignage de vos sens agrandis du télescope, l'autre par le témoignage de votre esprit, mais dont l'une contredit l'autre. L'homme sujet à erreur affirme l'une, et l'ouvrier des mondes, que vous n'avez encore pris nulle part en faute, la dément. Qui prononcera donc entre la géométrie rectiligne et la géométrie curviligne ? entre la théorie de la droite et la théorie de la courbe ? Si, dans son œuvre, le mystérieux artiste qui sait arriver miraculeusement vite à ses fins, n'emploie la ligne droite que pour la couper à angle droit afin d'obtenir une courbe, l'homme lui-même ne peut jamais y compter : le boulet, que l'homme veut diriger en droite ligne, marche par la courbe, et quand vous voulez sûrement atteindre un point dans l'espace, vous ordonnez à la bombe de suivre sa cruelle parabole. Aucun de vos savants n'a tiré cette simple induction que la Courbe est la loi des mondes matériels, que la Droite est celle des mondes spirituels : l'une est la théorie des créations finies, l'autre est la théorie de l'infini. L'homme, ayant seul ici bas la connaissance de l'infini, peut seul connaître la ligne droite ; lui seul a le sentiment de la verticalité placé dans un organe spécial. L'attachement pour les créations de la courbe ne serait-il pas chez certains hommes l'indice d'une impureté de leur nature, encore mariée aux substances matérielles qui nous engendrent; et l'amour des grands esprits pour la ligne droite n'accuserait-il pas en eux un pressentiment du ciel? Entre ces deux lignes est un abîme, comme entre le fini et l'infini, comme entre la matière et l'esprit, comme entre l'homme et l'idée, entre le mouvement et l'objet mu, entre la créature et Dieu. Demandez à l'amour divin ses ailes, et vous franchirez cet abîme! Au delà commence la Révélation du Verbe. Nulle part les choses que vous nommez matérielles ne sont sans profondeur; les lignes sont les terminaisons de solidités qui comportent une force d'action que vous supprimez dans vos théorèmes, ce qui les rend faux par rapport aux corps pris dans leur entier; de là cette constante destruction de tous les monuments humains que vous armez, à votre insu, de propriétés agissantes. La nature n'a que des corps, votre science n'en combine que les apparences. Aussi la nature donne-t-elle à chaque pas des démentis à toutes vos lois : trouvez-en une seule qui ne soit désapprouvée par un fait? Les lois de votre Statique sont souffletées par mille accidents de la physique, car un fluide renverse les plus pesantes montagnes, et vous prouve ainsi que les substances les plus lourdes peuvent être soulevées par des substances impondérables. Vos lois sur l'Acoustique et l'Optique sont annulées par les sons que vous entendez en vous-mêmes pendant le sommeil et par la lumière d'un soleil électrique dont les rayons vous accablent souvent. Vous ne savez pas plus comment la lumière se fait intelligence en vous que vous ne connaissez le procédé simple et naturel qui la change en rubis, en saphir, en opale, en émeraude au cou d'un oiseau des Indes, tandis qu'elle reste grise et brune sur celui du même oiseau vivant sous le ciel nuageux de l'Europe, ni comment elle reste blanche ici au sein de la nature polaire. Vous ne pouvez décider si la couleur est une faculté dont sont doués les corps, ou si elle est un effet produit par l'affusion de la lumière. Vous admettez l'amertume de la mer sans avoir vérifié si la mer est salée dans toute sa profondeur. Vous avez reconnu l'existence de plusieurs substances qui traversent ce que vous croyez être le vide; substances qui ne sont saisissables sous aucune des formes affectées par la matière, et qui se mettent en harmonie avec elle malgré tous les obstacles. Cela étant, vous croyez aux résultats obtenus par la Chimie, quoiqu'elle ne sache encore aucun moyen d'évaluer les changements opérés par le flux ou par le reflux de ces substances qui s'en vont ou viennent à travers vos cristaux et vos machines sur les filons insaisissables de la chaleur ou de la lumière, conduites, exportées par les affinités du métal ou du silex vitrifié. Vous n'obtenez que des substances mortes d'où vous avez chassé la force inconnue qui s'oppose à ce que tout se décompose ici-bas, et dont l'attraction, la vibration, la cohésion et la polarité ne sont que des phénomènes. La vie est la pensée des corps; ils ne sont, eux, qu'un moyen de la fixer, de la contenir dans sa route; si les corps étaient des êtres vivants par eux-mêmes, ils seraient *cause* et ne mourraient pas. Quand un homme constate les résultats du mouvement général que se partagent toutes les créations suivant leur faculté d'absorption, vous le proclamez savant par excellence, comme si le génie consistait à expliquer ce qui est. Le génie doit jeter son œil au delà des effets! Tous vos savants riraient, si vous leur disiez : « Il est des rapports si certains entre deux êtres dont l'un serait ici, l'autre à Java, qu'ils pourraient au même instant éprouver la même sensation, en avoir la conscience, s'interroger, se répondre sans erreur! » Néanmoins il est des substances minérales qui témoignent de sympathies aussi lointaines. Vous croyez à la puissance de l'électricité fixée dans l'aimant, et vous niez le pouvoir de celle que dégage l'âme. Selon vous, la lune, dont l'influence sur les marées vous paraît prouvée, n'en a aucune sur les vents, ni sur la végétation, ni sur les hommes; elle remue la mer et ronge le verre, mais elle doit respecter les malades; elle a des rapports certains avec une moitié de l'humanité, mais elle ne peut rien sur l'autre. Voilà vos plus riches certitudes.

Ainsi, la plupart de vos axiomes scientifiques, vrais par rapport à l'homme, sont faux par rapport à l'ensemble. La science est une, et vous l'avez partagée. Pour savoir le sens vrai des lois phénoménales, ne faudrait-il pas connaître les corrélations qui existent entre les phénomènes et la loi d'ensemble? En toute chose, il est une apparence qui frappe vos sens; sous cette apparence, il se meut une âme : il y a le corps et la faculté. Où enseignez-vous l'étude des rapports qui lient les choses entre elles? Nulle part. Vous n'avez donc rien d'absolu? Vos thèmes les plus certains reposent sur l'analyse des Formes matérielles dont l'Esprit est sans cesse négligé par vous. Il est une science élevée que certains hommes entrevoient trop tard, sans oser l'avouer. Ces hommes ont compris la nécessité de considérer les corps, non-seulement dans leurs propriétés mathématiques, mais encore dans leur ensemble, dans leurs affinités occultes. Le plus grand d'entre vous a deviné, sur la fin de ses jours, que tout était cause et effet, réciproquement; que les mondes visibles étaient coordonnés entre eux et soumis à des mondes invisibles. Il a gémi d'avoir essayé d'établir des préceptes absolus ! En comptant ses mondes, comme des grains de raisin semés dans l'éther, il en avait expliqué la cohérence par les lois de l'attraction planétaire et moléculaire ; vous avez salué cet homme ! Eh ! bien, je vous le dis, il est mort au désespoir. En supposant égales les forces centrifuge et centripète qu'il avait inventées pour se rendre raison de l'univers, l'univers s'arrêtait, et il admettait le mouvement dans un sens indéterminé néanmoins ; mais en supposant ces forces inégales, la confusion des mondes s'ensuivait aussitôt. Ses lois n'étaient donc point absolues, il existait un problème encore plus élevé. La liaison des astres entre eux et l'action centripète de leur mouvement interne ne l'a donc pas empêché de chercher le cep d'où pendait sa grappe ? Le malheureux ! plus il agrandissait l'espace, plus lourd devenait son fardeau. Il vous a dit comment il y avait équilibre entre les parties ; mais où allait le tout ? Il contemplait l'étendue, infinie aux yeux de l'homme, remplie par ces groupes de mondes dont une portion minime est accusée par notre télescope, mais dont l'immensité se révèle par la rapidité de la lumière. Cette contemplation sublime lui a donné la perception des mondes infinis qui, plantés dans cet espace comme des fleurs dans une prairie, naissent comme des enfants, croissent comme des hommes, meurent comme des vieillards, vivent en s'assimilant dans leur atmosphère les substances propres à les alimenter, qui ont un centre et un principe de vie, qui se garantissent les uns des autres par une aire ; qui, semblables aux plantes, absorbent et sont absorbés, qui composent un ensemble doué de vie, ayant sa destinée. A cet aspect, cet homme a tremblé ! Il savait que la vie est produite par l'union de la chose avec son principe, que la mort ou l'inertie, qu'enfin la pesanteur est produite par une rupture entre un objet et le mouvement qui lui est propre ; alors il a pressenti le craquement de ces mondes, abîmés si Dieu leur retirait sa Parole. Il s'est mis à chercher dans l'Apocalypse les traces de cette Parole ! Vous l'avez cru fou, sachez-le donc : il cherchait à se faire pardonner son génie. Wilfrid, vous êtes venu pour me prier de résoudre des équations, de m'enlever sur un nuage de pluie, de me plonger dans le Fiord, et de reparaître en cygne. Si la science ou les miracles étaient la fin de l'humanité, Moïse vous aurait légué le calcul des fluxions ; Jésus-Christ vous aurait éclairé les obscurités de vos sciences ; ses apôtres vous auraient dit d'où sortent ces immenses traînées de gaz ou de métaux en fusion, attachées à des noyaux qui tournent pour se solidifier en cherchant une place dans l'éther, et qui entrent quelquefois violemment dans un système quand elles se combinent avec un astre, le heurtent et le brisent par leur choc, ou le détruisent par l'infiltration de leurs gaz mortels. Au lieu de vous faire vivre en Dieu, saint Paul vous eût expliqué comment la nourriture est le lien secret de toutes les créations et le lien évident de toutes les Espèces animées. Aujourd'hui, le plus grand miracle serait de trouver le carré égal au cercle, problème que vous jugez impossible, et qui sans doute est résolu dans la marche des mondes par l'intersection de quelque ligne mathématique dont les enroulements apparaissent à l'œil des esprits parvenus aux sphères supérieures. Croyez-moi, les miracles sont en nous et non au dehors. Ainsi se sont accomplis les faits naturels que les peuples ont crus surnaturels. Dieu n'aurait-il pas été injuste en témoignant sa puissance à des générations, et refusant ses témoignages à d'autres? La verge d'airain appartient à tous. Ni Moïse, ni Jacob, ni Zoroastre, ni Paul, ni Pythagore, ni Swedenborg, ni les plus obscurs Messagers, ni les plus éclatants Prophètes de Dieu, n'ont été supérieurs à ce que vous pouvez être. Seulement il est pour les nations des heures où elles ont la foi. Si la science matérielle devait être le but des efforts humains, avouez-le, les sociétés, ces grands foyers où les hommes se sont rassemblés, seraient-ils toujours providentiellement dispersés? Si la civilisation était le but de l'Espèce, l'intelligence périrait-elle? resterait-elle purement individuelle? La grandeur de toutes les nations qui furent grandes, était basée sur des exceptions : l'exception cessée, morte fut la puissance. Les voyants, les prophètes, les messagers n'auraient-ils pas mis la main à la Science au lieu de l'appuyer sur la Croyance, n'auraient-ils pas frappé sur vos cerveaux au lieu de toucher à vos cœurs? Tous sont venus pour pousser les nations à Dieu; tous ont proclamé la voie sainte en vous disant les simples paroles qui conduisent au royaume des cieux; tous embrasés d'amour et de foi, tous inspirés de cette parole qui plane sur les populations, les enserre, les anime et les fait lever, ne l'employaient à aucun intérêt humain. Vos grands génies, des poètes, des rois, des savants sont engloutis avec leurs villes et le Désert les a revêtus de ses manteaux de sable; tandis que les noms de ces bons pasteurs, bénis encore, surnagent aux désastres. Nous ne pouvons nous entendre sur aucun point, nous sommes séparés par des abîmes; vous êtes du côté des ténèbres, et moi je vis dans la vraie lumière. Est-ce cette parole que vous avez voulue? je la dis avec joie, elle peut vous changer. Sachez-le donc, il y a les sciences de la matière et les sciences de l'esprit. Là où vous voyez des corps, moi je vois des forces qui tendent les unes vers les autres par un mouvement générateur. Pour moi, le caractère des corps est l'indice de leurs principes et le signe de leurs propriétés. Ces principes engendrent des affinités qui vous échappent et qui sont liées à des centres. Les différentes espèces où la vie est distribuée, sont des sources incessantes qui correspondent entre elles. A chacune sa production spéciale. L'homme est effet et cause; il est alimenté, mais il alimente à son tour. En nommant Dieu le créateur, vous le rapetissez; il n'a créé, comme vous le pensez, ni les plantes, ni les animaux, ni les astres; pouvait-il procéder par plusieurs moyens? n'a-t-il pas agi par l'unité de composition? Aussi, a-t-il donné des principes qui devaient se développer, selon sa loi générale, au gré des milieux où ils se trouveraient. Donc, une seule substance et le mouvement; une seule plante, un seul animal, mais des rapports continus. En effet, toutes les affinités sont liées par des similitudes contiguës, et la vie des mondes est attirée vers des centres par une aspiration affamée, comme vous êtes poussés tous par la faim à vous nourrir. Pour vous donner un exemple des affinités liées à des similitudes, loi secondaire sur laquelle reposent les créations de votre pensée; la musique, art céleste, est la mise en œuvre de ce principe : n'est-elle pas un ensemble de sons harmoniés par le Nombre? Le son n'est-il pas une modification de l'air, comprimé, dilaté, répercuté? Vous connaissez la composition de l'air : azote, oxygène et carbone. Comme vous n'obtenez pas de son dans le vide, il est clair que la musique et la voix humaine sont le résultat de substances chimiques organisées qui se mettent à l'unisson des mêmes substances préparées en vous par votre pensée, coordonnées au moyen de la lumière, la grande nourrice de votre globe : avez-vous pu contempler les amas de nitre déposés par les neiges, avez-vous pu voir les décharges de la foudre, et les plantes aspirant dans l'air les métaux qu'elles contiennent, sans conclure que le soleil met en fusion et distribue la subtile essence qui nourrit tout ici-bas ? Comme l'a dit Swedenborg, *la terre est un homme !* Vos sciences actuelles, ce qui vous fait grands à vos propres yeux, sont des misères auprès des lueurs dont sont inondés les Voyants. Cessez, cessez de m'interroger, nos langages sont différents. Je me suis un moment servi du vôtre pour vous jeter un éclair de foi dans l'âme, pour vous donner un pan de mon manteau, et vous entraîner dans les belles régions de la Prière. Est-ce à Dieu de s'abaisser à vous ? n'est-ce pas vous qui devez vous élever à lui ? Si la raison humaine a sitôt épuisé l'échelle de ses forces en y étendant Dieu pour se le démontrer sans y parvenir, n'est-il pas évident qu'il faut chercher une autre voie pour le connaître ? Cette voie est en nous-mêmes. Le Voyant et le Croyant trouvent en eux des yeux plus perçants que ne le sont les yeux appliqués aux choses de la terre, et aperçoivent une Aurore. Entendez cette vérité ? vos sciences les plus exactes, vos méditations les plus hardies, vos plus belles Clartés sont des Nuées. Au-dessus, est le Sanctuaire d'où jaillit la vraie lumière.

Elle s'assit et garda le silence, sans que son calme visage accusât la plus légère de ces trépidations dont sont saisis les orateurs après leurs improvisations les moins courroucées.

Wilfrid dit à monsieur Becker, en se penchant vers son oreille : — Qui lui a dit cela ?

— Je ne sais pas, répondit-il.

— Il était plus doux sur le Falberg, se disait Minna.

Séraphîta se passa la main sur les yeux et dit en souriant : — Vous êtes bien pensifs, ce soir, messieurs. Vous nous traitez, Minna et moi, comme des hommes à qui l'on parle politique ou commerce, tandis que nous sommes de jeunes filles auxquelles vous devriez faire des contes en prenant le thé, comme cela se pratique dans nos veillées de Norwége. Voyons, monsieur Becker, racontez-moi quelques-unes des *Saga* que je ne sais pas? Celle de Frithiof, cette chronique à laquelle vous croyez et que vous m'avez promise. Dites-nous cette histoire où le fils d'un paysan possède un navire qui parle et qui a une âme? Je rêve de la frégate Ellida! N'est-ce pas sur cette fée à voiles que devraient naviguer les jeunes filles?

— Puisque nous revenons à Jarvis, dit Wilfrid dont les yeux s'attachaient à Séraphîta comme ceux d'un voleur caché dans l'ombre s'attachent à l'endroit où gît le trésor, dites-moi, pourquoi vous ne vous mariez pas?

— Vous naissez tous veufs ou veuves, répondit-elle; mais mon mariage était préparé dès ma naissance, et je suis fiancée.....

— A qui? dirent-ils tous à la fois.

— Laissez-moi mon secret, dit-elle. Je vous promets, si notre père le veut, de vous convier à ces noces mystérieuses.

— Sera-ce bientôt?

— J'attends.

Un long silence suivit cette parole.

— Le printemps est venu, dit Séraphîta, le fracas des eaux et des glaces rompues commence, ne venez-vous pas saluer le premier printemps d'un nouveau siècle?

Elle se leva suivie de Wilfrid, et ils allèrent ensemble à une fenêtre que David avait ouverte. Après le long silence de l'hiver, les grandes eaux se remuaient sous les glaces et retentissaient dans le Fiord comme une musique, car il est des sons que l'espace épure et qui arrivent à l'oreille comme des ondes pleines à la fois de lumière et de fraîcheur.

— Cessez, Wilfrid, cessez d'enfanter de mauvaises pensées dont le triomphe vous serait pénible à porter. Qui ne lirait vos désirs dans les étincelles de vos regards? Soyez bon, faites un pas dans le bien? N'est-ce pas aller au delà de l'*aimer* des hommes que de se sacrifier complétement au bonheur de celle qu'on aime? Obéissez-moi, je vous mènerai dans une voie où vous obtiendrez toutes les grandeurs que vous rêvez, et où l'amour sera vraiment infini.

Elle laissa Wilfrid pensif.

— Cette douce créature est-elle bien la prophétesse qui vient de jeter des éclairs par les yeux, dont la parole a tonné sur les mondes, dont la main a manié contre nos sciences la hache du doute? Avons-nous veillé pendant quelques moments? se dit-il.

— Minna, dit Séraphîtüs en revenant auprès de la fille du pasteur, les aigles volent où sont les cadavres, les colombes volent où sont les sources vives, sous les ombrages verts et paisibles. L'aigle monte aux cieux, la colombe en descend. Cesse de t'aventurer dans une région où tu ne trouverais ni sources, ni ombrages. Si naguère tu n'as pu contempler l'abîme sans être brisée, garde tes forces pour qui t'aimera. Va, pauvre fille, tu le sais, j'ai ma fiancée.

24.

Minna se leva et vint avec Séraphîtüs à la fenêtre où était Wilfrid. Tous trois entendirent la Sieg bondissant sous l'effort des eaux supérieures, qui détachaient déjà des arbres pris dans les glaces. Le Fiord avait retrouvé sa voix. Les illusions étaient dissipées. Tous admirèrent la nature qui se dégageait de ses entraves, et semblait répondre par un sublime accord à l'Esprit dont la voix venait de la réveiller.

Lorsque les trois hôtes de cet être mystérieux le quittèrent, ils étaient remplis de ce sentiment vague qui n'est ni le sommeil, ni la torpeur, ni l'étonnement, mais qui tient de tout cela ; qui n'est ni le crépuscule ni l'aurore, mais qui donne soif de la lumière. Tous pensaient.

— Je commence à croire qu'elle est un Esprit caché sous une forme humaine, dit monsieur Becker.

Wilfrid, revenu chez lui calme et convaincu, ne savait comment lutter avec des forces si divinement majestueuses.

Minna se disait : — Pourquoi ne veut-il pas que je l'aime ?

LES ADIEUX.

V.

Il est en l'homme un phénomène désespérant pour les esprits méditatifs qui veulent trouver un sens à la marche des sociétés et donner des lois de progression au mouvement de l'intelligence. Quelque grave que soit un fait, et s'il pouvait exister des faits surnaturels, quelque grandiose que serait un miracle opéré publiquement, l'éclair de ce fait, la foudre de ce miracle s'abîmerait dans l'océan moral dont la surface à peine troublée par quelque rapide bouillonnement reprendrait aussitôt le niveau de ses fluctuations habituelles.

Pour mieux se faire entendre, la Voix passe-t-elle par la gueule de l'Animal ? La Main écrit-elle des caractères aux frises de la salle où se goberge la Cour ? L'OEil éclaire-t-il le sommeil du roi ? le Prophète vient-il expliquer le songe ? le Mort évoqué se dresse-t-il dans les régions lumineuses où revivent les facultés ? l'Esprit écrase-t-il la Matière au pied de l'échelle mystique des Sept Mondes Spirituels arrêtés les uns sur les autres dans l'espace et se révélant par des ondes brillantes qui tombent en cascades sur les marches du Parvis céleste? Quelque profonde que soit la Révélation intérieure, quelque visible que soit la Révélation extérieure; le lendemain Balaam doute de son ânesse et de lui; Balthazar et Pharaon font commenter la Parole par deux Voyants, Moïse et Daniel. L'Esprit vient, emporte l'homme au-dessus de la terre, lui soulève les mers, lui en fait voir le fond, lui montre les espèces disparues, lui ranime les os desséchés qui meublent de leur poudre la grande vallée : l'Apôtre écrit l'Apocalypse! Vingt siècles après, la science humaine approuve l'apôtre, et traduit ses images en axiomes. Qu'importe! la masse continue à vivre comme elle vivait hier, comme elle vivait à la première olympiade, comme elle vivait le lendemain de la création, ou la veille de la grande catastrophe. Le Doute couvre tout de ses vagues. Les mêmes flots battent par le même mouvement le granit humain qui sert de bornes à l'océan de l'intelligence. Après s'être demandé s'il a vu ce qu'il a vu, s'il a bien entendu les paroles dites, si le fait était un fait, si l'idée était une idée, l'homme reprend son allure, il pense à ses affaires, il obéit à je ne sais quel valet qui suit la Mort, à l'Oubli, qui de son manteau noir couvre une ancienne humanité dont la nouvelle n'a nul souvenir. L'Homme ne cesse d'aller, de marcher, de pousser végétativement jusqu'au jour où la Cognée l'abat. Si cette puissance de flot, si cette haute pression des eaux amères empêche tout progrès, elle prévient sans doute aussi la mort. Les Esprits préparés pour la foi parmi les êtres supérieurs, aperçoivent seuls l'échelle mystique de Jacob.

Après avoir entendu la réponse où Séraphîta, si sérieusement interrogée, avait déroulé l'Étendue divine, comme un orgue touché remplit une église de son mugissement et révèle l'univers musical en baignant de ses sons graves les voûtes les plus inaccessibles, en se jouant, comme la lumière, dans les plus légères fleurs des chapiteaux ; Wilfrid rentra chez lui tout épouvanté d'avoir vu le monde en ruines, et sur ces ruines des clartés inconnues, épanchées à flots par les mains de cette jeune fille. Le lendemain il y pensait encore, mais l'épouvante était calmée ; il ne se sentait ni détruit ni changé ; ses passions, ses idées se réveillèrent fraîches et vigoureuses. Il alla déjeuner chez monsieur Becker, et le trouva sérieusement plongé dans le *Traité des Incantations,* qu'il avait feuilleté depuis le matin pour rassurer son hôte. Avec l'enfantine bonne foi du savant, le pasteur avait fait des plis aux pages où Jean Wier rapportait des preuves authentiques qui prouvaient la possibilité des événements arrivés la veille ; car, pour les docteurs, une idée est un événement ; tandis que les plus grands événements sont à peine une idée. A la cinquième tasse de thé que prirent ces deux philosophes, la mystérieuse soirée devint naturelle. Les vérités célestes furent des raisonnements plus ou moins forts et susceptibles d'examen. Séraphîta leur parut être une fille plus ou moins éloquente ; il fallait faire la part à son organe enchanteur, à sa beauté séduisante, à son geste fascinateur, à tous ces moyens oratoires par l'emploi desquels un acteur met dans une phrase un monde de sentiments et de pensées, tandis qu'en réalité souvent la phrase est vulgaire.

— Bah ! dit le bon ministre en faisant une petite grimace philosophique pendant qu'il étalait une couche de beurre salé sur sa tartine, le dernier mot de ces belles énigmes est à six pieds sous terre.

— Néanmoins, dit Wilfrid en sucrant son thé, je ne conçois pas comment une jeune fille de seize ans peut savoir tant de choses, car sa parole a tout pressé comme dans un étau.

— Mais, dit le pasteur, lisez donc l'histoire de cette jeune Italienne qui, dès l'âge de douze ans, parlait quarante-deux langues, tant anciennes que modernes ; et l'histoire de ce moine qui par l'odorat devinait la pensée ! Il existe dans Jean Wier et dans une douzaine de traités, que je vous donnerai à lire, mille preuves pour une.

— D'accord, cher pasteur ; mais pour moi Séraphita doit être une femme divine à posséder.

— Elle est tout intelligence, répondit dubitativement monsieur Becker.

Quelques jours se passèrent pendant lesquels la neige des vallées fondit insensiblement ; le vert des forêts poindit comme l'herbe nouvelle, la nature norwégienne fit les apprêts de sa parure pour ses noces d'un jour. Pendant ces moments où l'air adouci permettait de sortir, Séraphita demeura dans la solitude. La passion de Wilfrid s'accrut ainsi par l'irritation que cause le voisinage d'une femme aimée qui ne se montre pas. Quand cet être inexprimable reçut Minna, Minna reconnut en lui les ravages d'un feu intérieur : sa voix était devenue profonde, son teint commençait à blondir ; et, si jusque-là les poètes en eussent comparé la blancheur à celle des diamants, elle avait alors l'éclat des topazes.

— Vous l'avez vue ? dit Wilfrid qui rôdait autour du château suédois et qui attendait le retour de Minna.

— Nous allons *le* perdre, répondit la jeune fille dont les yeux se remplirent de larmes.

— Mademoiselle, s'écria l'étranger en réprimant le

volume de voix qu'excite la colère, ne vous jouez pas de moi. Vous ne pouvez aimer Séraphîta que comme une jeune fille en aime une autre, et non de l'amour qu'elle m'inspire. Vous ignorez quel serait votre danger si ma jalousie était justement alarmée. Pourquoi ne puis-je aller près d'elle ? Est-ce vous qui me créez des obstacles ?

— J'ignore, répondit Minna calme en apparence mais en proie à une profonde terreur, de quel droit vous sondez ainsi mon cœur ? Oui, je l'aime, dit-elle en retrouvant la hardiesse des convictions pour confesser la religion de son cœur. Mais ma jalousie, si naturelle à l'amour, ne redoute ici personne. Hélas ! je suis jalouse d'un sentiment caché qui l'absorbe. Il est entre lui et moi des espaces que je ne saurais franchir. Je voudrais savoir qui des étoiles ou de moi l'aime mieux, qui de nous se dévouerait plus promptement à son bonheur ? Pourquoi ne serais-je pas libre de déclarer mon affection ? En présence de la mort, nous pouvons avouer nos préférences, et, monsieur, Séraphîtüs va mourir.

— Minna, vous vous trompez, la sirène que j'ai si souvent baignée de mes désirs, et qui se laissait admirer coquettement étendue sur son divan, gracieuse, faible et dolente, n'est pas un jeune homme.

— Monsieur, répondit Minna troublée, celui dont la main puissante m'a guidée sur le Falberg, à ce sœler abrité par le Bonnet de Glace ; là, dit-elle en montrant le haut du pic, n'est pas non plus une faible jeune fille. Ah ! si vous l'aviez entendu prophétisant ! Sa poésie était la musique de la pensée. Une jeune fille n'eût pas déployé les sons graves de la voix qui me remuait l'âme.

— Mais quelle certitude avez-vous ?... dit Wilfrid.

— Aucune autre que celle du cœur, répondit Minna confuse en se hâtant d'interrompre l'étranger.

— Eh! bien, moi, s'écria Wilfrid en jetant sur Minna l'effrayant regard du désir et de la volupté qui tuent, moi qui sais aussi combien est puissant son empire sur moi, je vous prouverai votre erreur.

En ce moment où les mots se pressaient sur la langue de Wilfrid, aussi vivement que les idées abondaient dans sa tête, il vit Séraphîta sortant du château suédois, suivie de David. Cette apparition calma son effervescence.

— Voyez, dit-il, une femme peut seule avoir cette grâce et cette mollesse.

— Il souffre, et se promène pour la dernière fois, dit Minna.

David s'en alla sur un signe de sa maîtresse, au-devant de laquelle vinrent Wilfrid et Minna.

— Allons jusqu'aux chutes de la Sieg, leur dit cet être en manifestant un de ces désirs de malade auxquels on s'empresse d'obéir.

Un léger brouillard blanc couvrait alors les vallées et les montagnes du Fiord dont les sommets, étincelants comme des étoiles, le perçaient en lui donnant l'apparence d'une voie lactée en marche. Le soleil se voyait à travers cette fumée terrestre comme un globe de fer rouge. Malgré ces derniers jeux de l'hiver, quelques bouffées d'air tiède chargées des senteurs du bouleau, déjà paré de ses blondes efflorescences, et pleine des parfums exhalés par les mélèzes dont les houppes de soie étaient renouvelées, ces brises échauffées par l'encens et les soupirs de la terre, attestaient le beau printemps du nord, rapide joie de la plus mélancolique des natures. Le vent commençait à enlever ce voile de nuages qui dérobait imparfaitement la vue du golfe. Les oiseaux chantaient. L'écorce des arbres, où le soleil n'avait pas séché la route des frimas qui en étaient découlés en ruisseaux murmurants, égayait la vue par de fantastiques apparences. Tous trois cheminaient en silence le long de la grève. Wilfrid et Minna contemplaient seuls ce spectacle magique pour eux qui avaient subi le tableau monotone de ce paysage en hiver. Leur compagnon marchait pensif, comme s'il cherchait à distinguer une voix dans ce concert. Ils arrivèrent au bord des rochers entre lesquels s'échappait le Sieg, au bout de la longue avenue bordée de vieux sapins que le cours du torrent avait onduleusement tracée dans la forêt, sentier couvert en arceaux à fortes nervures comme ceux des cathédrales. De là le Fiord se découvrait tout entier, et la mer étincelait à l'horizon comme une lame d'acier. En ce moment, le brouillard dissipé laissa voir le ciel bleu. Partout dans les vallées, autour des arbres, voltigèrent encore des parcelles étincelantes, poussière de diamants balayés par une brise fraîche, magnifiques chatons de gouttes suspendues au bout des rameaux en pyramide. Le torrent roulait au-dessus d'eux. De sa nappe s'échappait une vapeur teinte de toutes les nuances de la lumière par le soleil dont les rayons s'y décomposaient, en dessinant des écharpes aux sept couleurs, en faisant jaillir les feux de mille prismes dont les reflets se contrariaient. Ce quai sauvage était tapissé par plusieurs espèces de lichen, belle étoffe moirée par l'humidité, et qui figurait une magnifique tenture de soie. Des bruyères déjà fleuries couronnaient les rochers de leurs guirlandes habilement mélangées. Tous les feuillages mobiles attirés par la fraîcheur des eaux laissaient pendre au-dessus leurs chevelures, les mélèzes agitaient leurs dentelles en caressant les pins, immobiles comme des vieillards soucieux. Cette luxuriante parure avait un contraste et dans la gravité des vieilles colonnades que décrivaient les forêts étagées sur les montagnes, et dans la grande nappe du Fiord étalée aux pieds des trois spectateurs, et où le torrent noyait sa fureur. Enfin la mer encadrait cette page écrite par le plus grand des poëtes, le hasard auquel est dû le pêle-mêle de la création en apparence abandonnée à elle-même. Jarvis était un point perdu dans ce paysage, dans cette immensité, sublime comme tout ce qui n'ayant qu'une vie éphémère, offre une rapide image de la perfection ; car, par une loi, fatale à nos yeux seulement, les créations en apparence achevées, cet amour de nos cœurs et de nos regards, n'ont qu'un printemps ici. En haut de ce rocher, certes ces trois êtres pouvaient se croire seuls dans le monde.

— Quelle volupté ! s'écria Wilfrid.

— La nature a ses hymnes, dit Séraphîta. Cette musique n'est-elle pas délicieuse ? Avouez-le, Wilfrid ? aucune des femmes que vous avez connues n'a pu se créer une si magnifique retraite ? Ici j'éprouve un sentiment rarement inspiré par le spectacle des villes, et qui me porterait à demeurer couchée au milieu de ces herbes si rapidement venues. Là, les yeux au ciel, le cœur ouvert, perdue au sein de l'immensité, je me laisserais aller à entendre le soupir de la fleur qui, à peine dégagée de sa primitive nature, voudrait courir ; et les cris de l'eider impatient de n'avoir encore que des ailes ; en me rappelant les désirs de l'homme qui tient de tous, et qui, lui aussi, désire ! Mais ceci, Wilfrid, est de la poésie de femme ! Vous apercevez une voluptueuse pensée dans cette fumeuse étendue liquide, dans ces voiles brodés où la nature se joue comme une fiancée coquette, et dans cette atmosphère où elle parfume pour ses hyménées sa chevelure verdâtre. Vous voudriez voir la forme d'une naïade dans cette gaze de vapeurs ? Et, selon vous, je devrais écouter la voix mâle du Torrent.

— L'amour n'est-il pas là, comme une abeille dans le calice d'une fleur ? répondit Wilfrid qui pour la première fois apercevant en elle les traces d'un sentiment terrestre crut le moment favorable à l'expression de sa bouillante tendresse.

— Toujours donc ? répondit en riant Séraphîta que Minna avait laissée seule.

L'enfant gravissait un rocher où elle avait aperçu des saxifrages bleues.

— Toujours, répéta Wilfrid. Écoutez-moi, dit-il en lui jetant un regard dominateur qui rencontra comme une armure de diamant, vous ignorez ce que je suis, ce que je peux et ce que je veux. Ne rejetez pas ma dernière prière ! Soyez à moi pour le bonheur du monde que vous portez en votre cœur ! Soyez à moi pour que j'aie une conscience pure, pour qu'une voix céleste résonne à mon oreille en m'inspirant le bien dans la grande entreprise que j'ai résolue, conseillé par ma haine contre les nations, mais que j'accomplirais alors pour leur bien-être, si vous m'accompagnez ! Quelle plus belle mission donneriez-vous à l'amour, quel plus beau rôle une femme peut-elle rêver ? Je suis venu dans ces contrées en méditant un grand dessein.

— Et vous en sacrifierez, dit-elle, les grandeurs à une jeune fille bien simple, que vous aimerez, et qui vous mènera dans une voie tranquille.

— Que m'importe ? je ne veux que vous ! répondit-il en reprenant son discours. Sachez mon secret. J'ai parcouru tout le Nord, ce grand atelier où se forgent les races nouvelles qui se répandent sur la terre comme des nappes humaines chargées de rafraîchir les civilisations vieillies. Je voulais commencer mon œuvre sur un de ces points, y conquérir l'empire que donne la force et l'intelligence sur une peuplade, la former aux combats, entamer la guerre, la répandre comme un incendie, dévorer l'Europe en criant liberté à ceux-ci, pillage à ceux-là, gloire à l'un, plaisir à l'autre ; mais en demeurant, moi, comme la figure du Destin, implacable et cruel, en marchant comme l'orage qui s'assimile dans l'atmosphère toutes les particules dont se compose la foudre, en me repaissant d'hommes comme un fléau vorace. Ainsi j'aurais conquis l'Europe, elle se trouve à une époque où elle attend ce Messie nouveau qui doit ravager le monde pour en refaire les sociétés. L'Europe ne croira plus qu'à celui qui la broiera sous ses pieds. Un jour les poètes, les historiens auraient justifié ma vie, m'auraient grandi, m'auraient prêté des idées, à moi pour qui cette immense plaisanterie, écrite avec du sang, n'est qu'une vengeance. Mais, chère Séraphîta, mes observations m'ont dégoûté du Nord, la force y est trop aveugle et j'ai soif des Indes ! Mon duel avec un gouvernement égoïste, lâche et mercantile, me séduit davantage. Puis il est plus facile d'émouvoir l'imagination des peuples assis au pied du Caucase que de convaincre l'esprit des pays glacés où nous sommes. Donc, je suis tenté de traverser les steppes russes, d'arriver au bord de l'Asie, de la couvrir jusqu'au Gange de ma triomphante inondation humaine, et là je renverserai la puissance anglaise. Sept hommes ont déjà réalisé ce plan à diverses époques. Je renouvellerai l'Art comme l'ont fait les Sarrasins lancés par Mahomet sur l'Europe !

Je ne serai pas un roi mesquin comme ceux qui gouvernent aujourd'hui les anciennes provinces de l'empire romain, en se disputant avec leurs sujets, à propos d'un droit de douane. Non, rien n'arrêtera ni la foudre de mes regards, ni la tempête de mes paroles ! Mes pieds couvriront un tiers du globe, comme ceux de Gengis-Kan ; ma main saisira l'Asie, comme l'a déjà prise celle d'Aureng-Zeb. Soyez ma compagne, asseyez-vous, belle et blanche figure, sur un trône. Je n'ai jamais douté du succès ; mais soyez dans mon cœur, j'en serai sûr !

— J'ai déjà régné, dit Séraphîta.

Ce mot fut comme un coup de hache donné par un habile bûcheron dans le pied d'un jeune arbre qui tombe aussitôt. Les hommes seuls peuvent savoir ce qu'une femme excite de rage en l'âme d'un amant, quand, voulant démontrer à cette femme aimée sa force ou son pouvoir, son intelligence ou sa supériorité, la capricieuse penche la tête, et dit : « Ce n'est rien ! » quand blasée, elle sourit, et dit : « Je sais cela ! » quand pour elle, la force est une petitesse.

— Comment, cria Wilfrid au désespoir, les richesses des arts, les richesses des mondes, les splendeurs d'une cour.....

Elle l'arrêta par une seule inflexion de ses lèvres, et dit : — Des êtres plus puissants que vous ne l'êtes m'ont offert davantage.

— Eh ! bien, tu n'as donc pas d'âme, si tu n'es pas séduite par la perspective de consoler un grand homme qui te sacrifiera tout pour vivre avec toi dans une petite maison au bord d'un lac ?

— Mais, dit-elle, je suis aimée d'un amour sans bornes.

25.

— Par qui? s'écria Wilfrid en s'avançant par un mouvement de frénésie vers Séraphîta pour la précipiter dans les cascades écumeuses de la Sieg.

Elle le regarda, son bras le détendit : elle lui montrait Minna qui accourait blanche et rose, jolie comme les fleurs qu'elle tenait à la main.

— Enfant! dit Séraphîtüs en allant à sa rencontre.

Wilfrid demeura sur le haut du rocher, immobile comme une statue, perdu dans ses pensées, voulant se laisser aller au cours de la Sieg comme un des arbres tombés qui passaient sous ses yeux, et disparaissaient au sein du golfe.

— Je les ai cueillies pour vous, dit Minna qui présenta son bouquet à l'être adoré. L'une d'elles, celle-ci, dit-elle en lui présentant une fleur, est semblable à celle que nous avons trouvée sur le Falberg.

Séraphîtüs regarda tour à tour la fleur et Minna.

— Pourquoi me fais-tu cette question, doutes-tu de moi?

— Non, dit la jeune fille, ma confiance en vous est infinie. Si vous êtes pour moi plus beau que cette belle nature, vous me paraissez aussi plus intelligent que ne l'est l'humanité toute entière. Quand je vous ai vu, je crois avoir prié Dieu. Je voudrais....

— Quoi? dit Séraphîtüs en lui lançant un regard par lequel il révélait à la jeune fille l'immense étendue qui les séparait.

— Je voudrais souffrir en votre place....

— Voici la plus dangereuse des créatures, se dit Séraphîtüs. Est-ce donc une pensée criminelle que de vouloir te la présenter, ô mon Dieu!—Ne te souviens-tu plus de ce que je t'ai dit là-haut? reprit-il en s'adressant à la jeune fille et lui montrant la cime du Bonnet de Glaces.

— Le voilà redevenu terrible, se dit Minna frémissant de crainte.

La voix de la Sieg accompagna les pensées de ces trois êtres qui demeurèrent pendant quelques moments réunis sur une plate-forme de rochers en saillie, mais séparés par des abîmes dans le Monde Spirituel.

— Hé! bien, Séraphîtüs, enseignez-moi, dit Minna d'une voix argentée comme une perle, et douce comme un mouvement de sensitive est doux. Apprenez-moi ce que je dois faire pour ne point vous aimer? Qui ne vous admirerait pas? l'amour est une admiration qui ne se lasse jamais.

— Pauvre enfant! dit Séraphîtüs en pâlissant, on ne peut aimer ainsi qu'un seul être.

— Qui? demanda Minna.

— Tu le sauras, répondit-il avec la voix faible d'un homme qui se couche pour mourir.

— Au secours, il se meurt, s'écria Minna.

Wilfrid accourut, et voyant cet être gracieusement posé dans un fragment de gneiss sur lequel le temps avait jeté son manteau de velours, ses lichens lustrés, ses mousses fauves que le soleil satinait, il dit : — Elle est bien belle.

— Voici le dernier regard que je pourrai jeter sur cette nature en travail, dit-elle en rassemblant ses forces pour se lever.

Elle s'avança sur le bord du rocher, d'où elle pouvait embrasser, fleuris, verdoyants, animés, les spectacles de ce grand et sublime paysage, enseveli naguère sous une tunique de neige.

« Adieu, dit-elle, foyer brûlant d'amour où tout

marche avec ardeur du centre aux extrémités, et dont les extrémités se rassemblent comme une chevelure de femme, pour tresser la natte inconnue par laquelle tu te rattaches dans l'éther indiscernable, à la pensée divine!

» Voyez-vous celui qui, courbé sur un sillon arrosé de sa sueur, se relève un moment pour interroger le ciel; celle qui recueille les enfants pour les nourrir de son lait; celui qui noue les cordages au fort de la tempête; celle qui reste assise au creux d'un rocher attendant le père; voyez-vous tous ceux qui tendent la main après une vie consommée en d'ingrats travaux? A tous paix et courage, à tous adieu!

» Entendez-vous le cri du soldat mourant inconnu, la clameur de l'homme trompé qui pleure dans le désert? à tous paix et courage, à tous adieu. Adieu, vous qui mourez pour les rois de la terre. Mais adieu aussi, peuples sans patrie; adieu terres sans peuples, qui vous souhaitez les uns les autres. Adieu, surtout à Toi, qui ne sais où reposer ta tête, proscrit sublime. Adieu, chères innocentes traînées par les cheveux pour avoir trop aimé! Adieu, mères assises auprès de vos fils mourants! Adieu, saintes femmes blessées! Adieu Pauvres! adieu Petits, Faibles et Souffrants, vous de qui j'ai si souvent épousé les douleurs. Adieu, vous tous qui gravitez dans la sphère de l'Instinct en y souffrant pour autrui.

» Adieu, navigateurs qui cherchez l'Orient à travers les ténèbres épaisses de vos abstractions vastes comme des principes. Adieu, martyrs de la pensée menés par elle à la vraie lumière! Adieu, sphères studieuses où j'entends la plainte du génie insulté, le soupir du savant éclairé trop tard.

» Voici le concert angélique, la brise de parfums, l'encens du cœur exhalé par ceux qui vont priant, consolant, répandant la lumière divine et le baume céleste dans les âmes tristes, courage, chœur d'amour ! Vous à qui les peuples crient : — « Consolez-nous, défendez-nous ? » courage et adieu !

» Adieu, granit, tu deviendras fleur ; adieu, fleur, tu deviendras colombe ; adieu, colombe, tu seras femme ; adieu, femme, tu seras souffrance ; adieu, homme, tu sera croyance ; adieu, vous qui serez tout amour et prière ! »

Abattu par la fatigue, cet être inexpliqué s'appuya pour la première fois sur Wilfrid et sur Minna pour revenir à son logis. Wilfrid et Minna se sentirent alors atteints par une contagion inconnue. A peine avaient-ils fait quelques pas, David se montra pleurant : — Elle va mourir, pourquoi l'avez-vous emmenée jusqu'ici ? s'écria-t-il de loin. Séraphîta fut emportée par le vieillard qui retrouva les forces de la jeunesse et vola jusqu'à la porte du château suédois, comme un aigle emportant quelque blanche brebis dans son aire.

LE CHEMIN POUR ALLER AU CIEL.

VI.

Le lendemain du jour où Séraphîta pressentit sa fin et fit ses adieux à la Terre comme un prisonnier regarde son cachot avant de le quitter à jamais, elle ressentit des douleurs qui l'obligèrent à demeurer dans la complète immobilité de ceux qui souffrent des maux extrêmes. Wilfrid et Minna vinrent la voir, et la trouvèrent couchée sur son divan de pelleterie. Encore voilée par la chair, son âme rayonnait à travers son voile en le blanchissant de jour en jour. Les progrès de l'Esprit qui minait la dernière barrière par laquelle il était séparé de l'infini s'appelaient une maladie, l'heure de la Vie était nommée la mort. David pleurait en voyant souffrir sa maîtresse sans vouloir écouter ses consolations, le vieillard était déraisonnable comme un enfant. Monsieur Becker voulait que Séraphîta se soignât; mais tout était inutile.

Un jour elle demanda les deux êtres qu'elle avait affectionnés, en leur disant que ce jour était le dernier de ses mauvais jours. Wilfrid et Minna vinrent saisis de terreur, ils savaient qu'ils allaient la perdre. Séraphîta leur sourit à la manière de ceux qui s'en vont dans un monde meilleur, elle inclina la tête comme une fleur trop chargée de rosée qui montre une dernière fois son calice et livre aux airs ses derniers parfums ; elle les regardait avec une mélancolie inspirée par eux, elle ne pensait plus à elle, et ils le sentaient sans pouvoir exprimer leur douleur à laquelle se mêlait la gratitude. Wilfrid resta debout, silencieux, immobile, perdu dans une de ces contemplations excitées par les choses dont l'étendue nous fait comprendre ici-bas une immensité suprême. Enhardi par la faiblesse de cet être si puissant, ou peut-être par la crainte de le perdre à jamais, Minna se pencha sur lui pour lui dire : — Séraphîtüs, laisse-moi te suivre.

— Puis-je te le défendre?

— Mais pourquoi ne m'aimes-tu pas assez pour rester?

— Je ne saurais rien aimer ici.

— Qu'aimes-tu donc?

— Le Ciel.

— Es-tu digne du Ciel en méprisant ainsi les créatures de Dieu?

— Minna, pouvons-nous aimer deux êtres à la fois? Un bien-aimé serait-il le bien-aimé s'il ne remplissait pas le cœur? Ne doit-il pas être le premier, le dernier, le seul? Celle qui est tout amour ne quitte-elle pas le monde pour son bien-aimé? Sa famille entière devient un souvenir, elle n'a plus qu'un parent, Lui! Son âme n'est plus à elle, mais à Lui! Si elle garde en elle-même quelque chose qui ne soit pas à Lui, elle n'aime pas;

non, elle n'aime pas! Aimer faiblement, est-ce aimer? La parole du bien-aimé la fait tout joie et se coule dans ses veines comme une pourpre plus rouge que n'est le sang; son regard est une lumière qui la pénètre, elle se fond en Lui; là où Il est, tout est beau. Il est chaud à l'âme, Il éclaire tout; près de Lui, fait-il jamais froid ou nuit? Il n'est jamais absent, il est toujours en nous, nous pensons en Lui, à Lui, pour Lui. Voilà, Minna, comment je l'aime.

— Qui? dit Minna saisie par une jalousie dévorante.

— Dieu! répondit Séraphîtüs dont la voix brilla dans les âmes comme un feu de liberté qui s'allume de montagne en montagne. Dieu qui ne nous trahit jamais! Dieu qui ne nous abandonne pas et comble incessamment nos désirs, qui seul peut constamment abreuver sa créature d'une joie infinie et sans mélange! Dieu qui ne se lasse jamais et n'a que des sourires! Dieu qui, toujours nouveau, jette dans l'âme ses trésors, qui purifie et n'a rien d'amer, qui est tout harmonie et tout flamme! Dieu qui se met en nous pour y fleurir, exauce tous nos vœux, ne compte plus avec nous quand nous sommes à lui, mais se donne tout entier; nous ravit, nous amplifie, nous multiplie en lui! enfin, *Dieu*, DIEU! DIEU? Minna, je t'aime, parce que tu peux être à lui! Je t'aime, parce que si tu viens à lui, tu seras à moi.

— Hé! bien, conduis-moi donc? dit-elle en s'agenouillant. Prends-moi par la main, je ne veux plus te quitter.

— Conduisez-nous, Séraphîta? s'écria Wilfrid qui vint se joindre à Minna par un mouvement impétueux. Oui, tu m'as enfin donné soif de la Lumière et soif de la Parole; je suis altéré de l'amour que tu m'as mis au cœur, je conserverai ton âme en la mienne ; jettes-y ton vouloir, je ferai ce que tu me diras de faire. Si je ne puis t'obtenir, je veux garder de toi tous les sentiments que tu me communiqueras! Si je ne puis m'unir à toi que par ma seule force, je m'y attacherai comme le feu s'attache à ce qu'il dévore. Parle?

— Ange! s'écria cet être incompréhensible en les enveloppant tous deux par un regard qui fut comme un manteau d'azur. Ange, le ciel sera ton héritage!

Il se fit entre eux un grand silence après cette exclamation qui détona dans les âmes de Wilfrid et de Minna comme le premier accord de quelque musique céleste.

— Si vous voulez habituer vos pieds à marcher dans le chemin qui mène au Ciel, sachez bien que les commencements en sont rudes, dit cette âme endolorie. Dieu veut être cherché pour lui-même. En ce sens, il est jaloux, il vous veut tout entier ; mais quand vous vous êtes donné à lui, jamais il ne vous abandonne. Je vais vous laisser les clefs du royaume où brille sa lumière, où vous serez partout dans le sein du Père, dans le cœur de l'Époux. Aucune sentinelle n'en défend les approches, vous pouvez y entrer de tous côtés ; son palais, ses trésors, son sceptre, rien n'est gardé ; il a dit à tous : Prenez-les! Mais il faut vouloir y aller. Comme pour faire un voyage, il est nécessaire de quitter sa demeure, de renoncer à ses projets, de dire adieu à ses amis, à son père, à sa mère, à sa sœur, et même au plus petit des frères qui crie, et leur dire des adieux éternels, car vous ne reviendrez pas plus que les martyrs en marche vers le bûcher ne retournaient au logis ; enfin, il faut vous dépouiller des sentiments et des choses auxquels tiennent les hommes, sans quoi vous ne seriez pas tout entiers à votre entreprise. Faites pour Dieu ce que vous faisiez pour vos desseins ambitieux, ce que vous faites en vous vouant à un art, ce que vous avez fait quand vous aimiez une créature plus que lui, ou quand vous poursuiviez un secret de la science humaine. Dieu n'est-il pas la science même, l'amour même, la source de toute poésie? son trésor ne peut-il exciter la cupidité? Son trésor est inépuisable, sa poésie est infinie, son amour est immuable, sa science est infaillible et sans mystères! Ne tenez donc à rien, il vous donnera tout. Oui, vous retrouverez dans son cœur des biens incomparables à ceux que vous aurez perdus sur la terre. Ce que je vous dis est certain : vous aurez sa puissance; vous en userez comme vous usez de ce qui est à votre amant ou à votre maîtresse. Hélas! la plupart des hommes doutent, manquent de foi, de volonté, de persévérance. Si quelques-uns se mettent en route, ils viennent aussitôt à regarder derrière eux, et reviennent. Peu de créatures savent choisir entre ces deux extrêmes : ou rester ou partir, ou la fange ou le ciel. Chacun hésite. La faiblesse commence l'égarement, la passion entraîne dans la mauvaise voie, le vice, qui est une habitude, y embourbe; et l'homme ne fait aucun progrès vers les états meilleurs. Tous les êtres passent une première vie dans la sphère des Instincts où ils travaillent à reconnaître l'inutilité des trésors terrestres après s'être donné mille peines pour les amasser. Combien de fois vit-on dans ce premier monde avant d'en sortir préparé pour recommencer d'autres épreuves dans la sphère des Abstractions où la pensée s'exerce en de fausses sciences, où l'esprit se lasse enfin de la parole humaine; car la Matière épuisée, vient l'Esprit. Combien de formes l'être promis au ciel a-t-il usées, avant d'en venir à comprendre le prix du silence et de la solitude dont les steppes étoilées sont le parvis des Mondes Spirituels! Après avoir expérimenté le vide et le néant, les yeux se tournent vers le bon chemin. C'est alors d'autres existences à user pour arriver au sentier où brille la lumière. La mort est le relais de ce voyage. Les expériences se font alors en sens inverse : il faut souvent toute une vie pour acquérir les vertus qui sont l'opposé des erreurs dans lesquelles l'homme a précédemment vécu. Ainsi vient d'abord la vie où l'on souffre, et dont les tortures donnent soif de l'amour. Ensuite la vie où l'on aime et où le dévouement pour la créature apprend le dévouement pour le créateur, où les vertus de l'amour, ses mille martyres, son angélique espoir, ses joies suivies de douleurs, sa patience, sa résignation, excitent l'appétit des choses divines. Après, vient la vie où l'on cherche dans le silence les traces de la Parole, où l'on devient humble et charitable. Puis la vie où l'on désire. Enfin, la vie où l'on prie. Là est l'éternel midi, là sont les fleurs, là est la moisson! Les qualités acquises et qui se développent lentement en nous, sont les liens invisibles qui rattachent chacun de nos *existers* l'un à l'autre, et que l'âme seule se rappelle, car la matière ne peut se ressouvenir d'aucunes des choses spirituelles. La pensée seule a la tradition de l'antérieur. Ce legs perpétuel du passé au présent et du présent à l'avenir, est le secret des génies humains : les uns ont le don des Formes, les autres ont le don des Nombres, ceux-ci le don des Harmonies. C'est des progrès dans le chemin de la lumière. Oui, qui possède un de ces dons touche par un point à l'infini. La parole, de laquelle je vous révèle ici quelques mots, la terre se l'est partagée, l'a réduite en poussière et l'a semée dans ses œuvres, dans ses doctrines, dans ses poésies. Si quelque grain impalpable en reluit sur un ouvrage, vous dites : « Ceci est grand, ceci est vrai, ceci est sublime ! » Ce peu de chose vibre en vous et y attaque le pressentiment du ciel. Aux uns la maladie qui nous sépare du monde, aux autres la solitude qui nous rapproche de Dieu, à celui-ci la poésie ; enfin tout ce qui vous replie sur vous-même, vous frappe et vous écrase, vous élève ou vous abaisse, est un retentissement du Monde Divin. Quand un être a tracé droit son premier sillon, il lui suffit pour assurer les autres : une seule pensée creusée, une voix entendue, une souffrance vive, un seul écho que rencontre en vous la parole, change à jamais votre âme. Tout aboutit à Dieu, il est donc bien des chances pour le trouver en allant droit devant soi.

« Quand arrive le jour heureux où vous mettez le pied dans le chemin et que commence votre pèlerinage, la terre n'en sait rien, elle ne vous comprend plus, vous ne vous entendez plus, elle est vous. Les hommes qui arrivent à la connaissance de ces choses, et qui disent quelques mots de la Parole vraie ; ceux-là ne trouvent nulle part à reposer leur tête, ceux-là sont poursuivis comme bêtes fauves, et périssent souvent sur des échafauds à la grande joie des peuples assemblés, tandis que les Anges leur ouvrent les portes du ciel. Votre destination sera donc un secret entre vous et Dieu, comme l'amour est un secret entre deux cœurs. Vous serez le trésor enfoui sur lequel passsent les hommes affamés d'or, sans savoir que vous êtes là. Votre existence devient alors incessamment active ; chacun de vos actes a un sens qui se rapporte à Dieu, comme dans l'amour vos actions et vos pensées sont pleines de la créature aimée ; mais l'amour et ses joies, l'amour et ses plaisirs bornés par les sens, est une imparfaite image de l'amour infini qui vous unit au céleste fiancé. Toute joie terrestre est suivie d'angoisses, de mécontentements; pour que l'amour soit sans dégoût, il faut que la mort le termine au plus fort de sa flamme, vous n'en connaissez alors pas les cendres; mais ici Dieu transforme notre misère en délices, la joie se multiplie alors par elle-même, elle va croissant et n'a pas de limites. Ainsi, dans la vie Terrestre, l'amour passager se termine par des tribulations constantes; tandis que dans la vie Spirituelle, les tribulations d'un jour se terminent par des joies infinies. Votre âme est incessamment joyeuse. Vous sentez Dieu près de vous, en vous; il donne à toutes choses une saveur sainte, il rayonne dans votre âme; il vous empreint de sa douceur, il vous désintéresse de la terre pour vous-même, et vous y intéresse pour lui-même en vous laissant exercer son pouvoir. Vous faites en son nom les œuvres qu'il inspire : vous séchez les larmes, vous agissez pour lui, vous n'avez plus rien en propre, vous aimez comme lui les créatures d'un inextinguible amour; vous les voudriez toutes en marche vers lui, comme une véritable amante voudrait voir tous les peuples du monde obéir à son bien-aimé.

» La dernière vie, celle en qui se résument les autres, où se tendent toutes les forces et dont les mérites doivent ouvrir la Porte-Sainte à l'être parfait, est la vie de la Prière. Qui vous fera comprendre la grandeur, les majestés, les forces de la Prière? Que ma voix tonne dans vos cœurs et qu'elle les change. Soyez tout à coup ce que vous seriez après les épreuves! Il est des créatures privilégiées, les Prophètes, les Voyants, les Messagers, les Martyrs, tous ceux qui souffrirent pour la Parole ou qui l'ont proclamée; ces âmes franchissent d'un bond les sphères humaines et s'élèvent tout à coup à la Prière. Ainsi de ceux qui sont dévorés par le feu de la Foi. Soyez un de ces couples hardis. Dieu souffre la témérité, il aime à être pris avec violence, il ne rejette jamais celui qui peut aller jusqu'à lui. Sachez-le ! le désir, ce torrent de votre volonté, est si puissant chez l'homme, qu'un seul jet émis avec force peut tout faire obtenir, un seul cri suffit souvent sous la pression de la Foi. Soyez un de ces êtres pleins de force, de vouloir et d'amour ! Soyez victorieux de la terre. Que la soif et la faim de Dieu vous saisissent ! Courez à Lui comme le cerf altéré court à la fontaine ; le Désir vous armera de ses ailes ; les larmes, ces fleurs du Repentir, seront comme un baptême céleste d'où sortira votre nature purifiée. Élancez-vous du sein de ces ondes dans la Prière.

» Le silence et la méditation sont les moyens efficaces pour aller dans cette voie. Dieu se révèle toujours à l'homme solitaire et recueilli. Ainsi s'opèrera la séparation nécessaire entre la Matière qui vous a si longtemps environnée de ses ténèbres, et l'Esprit qui naît en vous et vous illumine, car il fera alors clair en votre âme. Votre cœur brisé reçoit alors la lumière, elle l'inonde. Vous ne sentez plus alors des convictions en vous, mais d'éclatantes certitudes. Le Poète exprime, le Sage médite, le Juste agit ; mais celui qui se pose au bord des Mondes Divins, prie ; et sa prière est à la fois parole, pensée, action ! Oui ! sa prière enferme tout, elle contient tout, elle vous achève la nature, en vous en découvrant l'esprit et la marche. Blanche et lumineuse fille de toutes les vertus humaines, arche d'alliance entre la terre et le ciel, douce compagne qui tient du lion et de la colombe, la Prière vous donnera la clef des cieux. Hardie et pure comme l'innocence, forte comme tout ce qui est un et simple, cette Belle Reine invincible s'appuie sur le monde matériel, elle s'en est emparée ; car, semblable au soleil, elle le presse par un cercle de lumière. L'univers appartient à qui veut, à qui sait, à qui peut prier ; mais il faut vouloir, savoir et pouvoir ; en un mot posséder la force, la sagesse et la foi. Aussi la prière qui résulte de tant d'épreuves est-elle la consommation de toutes les vérités, de toutes les puissances, de tous les sentiments. Fruit du développement laborieux, progressif, continu de toutes les propriétés naturelles animé par le souffle divin de la Parole, elle a des activités enchanteresses, elle est le dernier culte : ce n'est ni le culte matériel qui a des images, ni le culte spirituel qui a des formules ; c'est le culte du monde divin. Nous ne disons plus de prières, la prière s'allume en nous, elle est une faculté qui s'exerce d'elle-même ; elle a conquis ce caractère d'activité qui la porte au-dessus des formes ; elle relie alors l'âme à Dieu, avec qui vous vous unissez comme la racine des arbres s'unit à la terre ; vos veines tiennent au principe des choses, et vous vivez de la vie même des mondes. La Prière donne la conviction extérieure en vous faisant pénétrer le Monde Matériel par la cohésion de toutes vos facultés avec les substances élémentaires ; elle donne la conviction intérieure en développant votre essence et la mêlant à celle des Mondes Spirituels. Pour parvenir à prier ainsi, obtenez un entier dépouillement de la chair, acquérez au feu des creusets la pureté du diamant, car cette complète communication ne s'obtient que par le repos absolu, par l'apaisement de toutes les tempêtes. Oui, la prière, véritable aspiration de l'âme entièrement séparée du corps, emporte toutes les forces et les applique à la constante et persévérante union du Visible et de l'Invisible. En possédant la faculté de prier sans lassitude, avec amour, avec force, avec certitude, avec intelligence, votre nature spiritualisée est bientôt investie de la puissance. Comme un vent impétueux ou comme la foudre, elle traverse tout et participe au pouvoir de Dieu. Vous avez l'agilité de l'esprit ; en un instant, vous vous rendez présent dans toutes les régions, vous êtes transporté comme la Parole même d'un bout du monde à l'autre. Il est une harmonie, et vous y participez ! il est une lumière, et vous la voyez ! il est une mélodie, et son accord est en vous. En cet état, vous sentirez votre intelligence se développer, grandir, et sa vue atteindre à des distances prodigieuses : il n'est en effet ni temps, ni lieu pour l'esprit. L'espace et la durée sont des proportions créées pour la matière, l'esprit et la matière n'ont rien de commun. Quoique ces choses s'opèrent dans le calme et le silence, sans agitation, sans mouvement extérieur ; néanmoins tout est action dans la Prière, mais action vive, dépouillée de toute substantialité, et réduite à être, comme le mouvement des Mondes, une force invisible et pure. Elle descend partout comme la lumière, et donne la vie aux âmes qui se trouvent sous ses rayons, comme la Nature est sous le soleil. Elle ressuscite partout la vertu, purifie et sanctifie tous les actes, peuple la solitude, donne un avant-goût des délices éternelles. Une fois que vous avez éprouvé les délices de l'ivresse divine engendrée par vos travaux intérieurs, alors tout est dit ! une fois que vous tenez le sistre sur lequel on chante Dieu, vous ne le quittez plus. De là vient la solitude où vivent les Esprits Angéliques et leur dédain de ce qui fait les joies humaines. Je vous le dis, ils sont retranchés du nombre de ceux qui doivent mourir ; s'ils en entendent les langages, ils n'en comprennent plus les idées; ils s'étonnent de leurs mouvements, de ce que l'on nomme politique, lois matérielles et sociétés; pour eux plus de mystère, il n'est plus que des vérités. Ceux qui sont arrivés au point où leurs yeux découvrent la Porte Sainte, et qui, sans jeter un seul regard en arrière, sans exprimer un seul regret, contemplent les mondes en en pénétrant les destinées; ceux-là se taisent, attendent, et souffrent leurs dernières luttes; la plus difficile est la dernière, la vertu suprême est la Résignation : être en exil et ne pas se plaindre, n'avoir plus goût aux choses d'ici-bas et sourire, être à Dieu, rester parmi les hommes ! Vous entendez bien la Voix qui vous crie : — Marche ! marche ! Souvent en de célestes visions, des Anges descendent et vous enveloppent de leurs chants ! Il faut sans pleurs ni murmures, les voir revolant à la ruche. Se plaindre, ce serait déchoir. La résignation est le fruit qui mûrit à la porte du ciel.

» Combien est puissant et beau le sourire calme et le front pur de la créature résignée ! Radieuse est la lueur qui lui pare le front ! Qui vit dans son air, devient meilleur ! Son regard pénètre, attendrit. Plus éloquente par son silence que le prophète ne l'est par sa parole, elle triomphe par sa seule présence. Elle dresse l'oreille comme le chien fidèle qui attend le maître. Plus forte que l'amour, plus vive que l'espérance, plus grande que la foi, elle est l'adorable fille qui, couchée sur la terre, y garde un moment la palme conquise en laissant une empreinte de ses pieds blancs et purs; et quand elle n'est plus, les hommes accourent en foule et disent : —« Voyez ! » Dieu l'y maintient comme une figure aux pieds de laquelle rampent les Formes et les Espèces de l'Animalité pour reconnaître leur chemin. Elle secoue, par moments, la lumière que ses cheveux exhalent, et l'on voit ; elle parle, et l'on entend, et tous se disent : — Miracle ! Souvent elle triomphe au nom de Dieu ; les hommes épouvantés la renient, et la mettent à mort ; elle dépose son glaive, et sourit au bûcher après avoir sauvé les peuples. Combien d'Anges pardonnés sont passés du martyre au ciel ! Sinaï, Golgotha ne sont pas ici ou là ; l'Ange est crucifié dans tous les lieux, dans toutes les sphères. Les soupirs arrivent à Dieu de toutes parts. La terre où nous sommes est un des épis de la moisson, l'humanité est une des espèces dans le champ immense où se cultivent les fleurs du ciel. Enfin, partout Dieu est semblable à lui-même, et partout, en priant, il est facile d'arriver à lui. »

A ces paroles, tombées comme des lèvres d'une autre Agar dans le désert, mais qui, arrivées à l'âme, la remuaient comme des flèches lancées par le Verbe enflammé d'Isaïe, cet être se tut soudain pour rassembler ses dernières forces. Ni Wilfrid, ni Minna n'osèrent parler. Tout à coup, IL se dressa pour mourir.

— Ame de toutes choses, ô mon Dieu, toi que j'aime pour toi-même ! Toi, Juge et Père, sonde une ardeur qui n'a pour mesure que ton infinie bonté ! Donne-moi ton essence et tes facultés pour que je sois mieux à toi ! Prends-moi pour que je ne sois plus moi-même. Si je ne suis pas assez pur, replonge-moi dans la fournaise ! Si je suis taillé en faulx, fais de moi quelque Soc nourricier ou l'Épée victorieuse ! Accorde-moi quelque martyre éclatant où je puisse proclamer ta parole. Rejeté, je bénirai ta justice. Si l'excès d'amour obtient en un moment ce qui se refuse à de durs, à de patients travaux, enlève-moi sur ton char de feu ! Que tu m'octroies le triomphe ou de nouvelles douleurs, sois béni !

Mais souffrir pour toi, n'est-ce pas un triomphe aussi!
Prends, saisis, arrache, emporte-moi! Si tu le veux,
rejette-moi! Tu es l'adoré qui ne saurait mal faire. —
Ah! cria-t-il, après une pause, les liens se brisent!

« Esprits purs, troupeau sacré, sortez des abîmes,
» volez sur la surface des ondes lumineuses! L'heure a
» sonné, venez, rassemblez-vous? Chantons aux portes
» du Sanctuaire, nos chants dissiperont les dernières
» nuées. Unissons nos voix pour saluer l'aurore du Jour
» Éternel. Voici l'aube de la Vraie Lumière! Pourquoi
» ne puis-je emmener mes amis? Adieu, pauvre terre!
» adieu! »

L'ASSOMPTION.

VII.

Ces derniers chants ne furent exprimés ni par la parole, ni par le regard, ni par le geste, ni par aucun des signes qui servent aux hommes pour se communiquer leurs pensées, mais comme l'âme se parle à elle-même ; car à l'instant où Séraphîta se dévoilait dans sa vraie nature, ses idées n'étaient plus esclaves des mots humains. La violence de sa dernière prière avait brisé les liens. Comme une blanche colombe, son âme demeura pendant un moment posée sur ce corps dont les substances épuisées allaient s'anéantir.

L'aspiration de l'Ame vers le ciel fut si contagieuse, que Wilfrid et Minna ne s'aperçurent pas de la Mort en voyant les radieuses étincelles de la Vie.

Ils étaient tombés à genoux quand *il* s'était dressé vers son orient, et partageaient son extase.

La crainte du Seigneur, qui crée l'homme une seconde fois et le lave de son limon, avait dévoré leurs cœurs.

Leurs yeux se voilèrent aux choses de la Terre, et s'ouvrirent aux clartés du Ciel.

Quoique saisis par le tremblement de Dieu, comme le furent quelques-uns de ces Voyants nommés Prophètes parmi les hommes, ils y restèrent comme eux en se trouvant dans le rayon où brillait la gloire de l'Esprit.

Le voile de chair qui le leur avait caché jusqu'alors, s'évaporait insensiblement et leur en laissait voir la divine substance.

Ils demeurèrent dans le crépuscule de l'Aurore Naissante dont les faibles lueurs les préparait à voir la Vraie Lumière, à entendre la Parole Vive, sans en mourir.

En cet état, tous deux commencèrent à concevoir les différences incommensurables qui séparent les choses de la Terre, des choses du Ciel.

La Vie sur le bord de laquelle ils se tenaient serrés l'un contre l'autre, tremblants et illuminés, comme deux enfants se tiennent sous un abri devant un incendie, cette vie n'offrait aucune prise aux sens.

Les idées qui leur servirent à se dire leur vision, furent aux choses entrevues ce que les sens apparents de l'homme peuvent être à son âme, la matérielle enveloppe d'une essence divine.

L'Esprit était au-dessus d'eux, il embaumait sans odeur ; il était mélodieux sans le secours des sons ; là où ils étaient, il ne se rencontrait ni surfaces, ni angles, ni air.

Ils n'osaient plus ni l'interroger, ni le contempler, et se trouvaient dans son ombre comme on se trouve sous les ardents rayons du soleil des tropiques, sans qu'on se hasarde à lever les yeux de peur de perdre la vue.

Ils se savaient près de lui, sans pouvoir s'expliquer par quels moyens ils étaient assis comme en rêve sur la frontière du Visible et de l'Invisible, ni comment ils ne voyaient plus le Visible, et comment ils apercevaient l'Invisible.

Ils se disaient : — « S'il nous touche, nous allons mourir ! » Mais l'Esprit était dans l'infini, et ils ignoraient que, ni le temps ni l'espace n'existent plus dans l'infini, qu'ils étaient séparés de lui par des abîmes, quoique en apparence près de lui.

Leurs âmes n'étant pas propres à recevoir en son entier la connaissance des facultés de cette Vie, ils n'en eurent que des perceptions confuses appropriées à leur faiblesse.

Autrement, quand vient à retentir la PAROLE VIVE dont les sons éloignés parvinrent à leurs oreilles et dont le sens entra dans leur âme comme la vie s'unit aux corps, un seul accent de cette Parole les aurait absorbés comme un tourbillon de feu s'empare d'une légère paille.

Ils ne virent donc que ce que leur nature, soutenue par la force de l'Esprit, leur permit de voir ; ils n'entendirent que ce qu'ils pouvaient entendre.

Malgré ces tempéraments, ils frissonnèrent quand éclata la VOIX de l'âme souffrante, le chant de l'Esprit qui attendait la vie et l'implorait par un cri.

Ce cri les glaça jusque dans la moelle de leurs os.

L'Esprit frappait à la PORTE-SAINTE. — Que veux-tu ? répondit un Choeur dont l'interrogation retentit dans les mondes. — Aller à Dieu. — As-tu vaincu ? — J'ai vaincu la chair par l'abstinence, j'ai vaincu la fausse parole par le silence, j'ai vaincu la fausse science par l'humilité, j'ai vaincu l'orgueil par la charité, j'ai vaincu la terre par l'amour, j'ai payé mon tribut par la souffrance, je me suis purifié en brûlant dans la foi, j'ai souhaité la vie par la prière : j'attends en adorant, et suis résigné.

Nulle réponse ne se fit entendre.

— Que Dieu soit béni, répondit l'Esprit en croyant qu'il allait être rejeté.

Ses pleurs coulèrent et tombèrent en rosée sur les deux témoins agenouillés qui frémirent devant la justice de Dieu.

Tout à coup sonnèrent les trompettes de la Victoire remportée par L'Ange dans cette dernière épreuve, les retentissements arrivèrent aux espaces comme un son dans l'écho, les remplirent et firent trembler l'univers que Wilfrid et Minna sentirent être petit sous leurs pieds. Ils tressaillirent, agités d'une angoisse causée par l'appréhension du mystère qui devait s'accomplir.

Il se fit en effet un grand mouvement comme si les légions éternelles se mettaient en marche et se disposaient en spirale. Les mondes tourbillonnaient, semblables à des nuages emportés par un vent furieux. Ce fut rapide.

Soudain les voiles se déchirèrent, ils virent dans le haut comme un astre incomparablement plus brillant que ne l'est le plus lumineux des astres matériels, qui se détacha, qui tomba comme la foudre en scintillant toujours comme l'éclair, et dont le passage faisait pâlir ce qu'ils avaient pris jusqu'alors pour la Lumière.

C'était le Messager chargé d'annoncer la bonne nouvelle, et dont le casque avait pour panache une flamme de vie.

Il laissait derrière lui des sillons aussitôt comblés par le flot des lueurs particulières qu'il traversait.

Il avait une palme et une épée, il toucha l'Esprit de sa palme. L'Esprit se transfigura, ses ailes blanches se déployèrent sans bruit.

La communication de la Lumière qui changeait l'Esprit en Séraphin, le revêtement de sa forme glorieuse, armure céleste, jetèrent de tels rayonnements, que les deux Voyants en furent foudroyés.

Comme les trois apôtres aux yeux desquels Jésus se montra, Wilfrid et Minna ressentirent le poids de leurs corps qui s'opposait à une intuition complète et sans nuages de La Parole et de La Vraie Vie.

Ils comprirent la nudité de leurs âmes et purent en mesurer le peu de clarté par la comparaison qu'ils en firent avec l'auréole du Séraphin dans laquelle ils se trouvaient comme une tache honteuse.

Ils furent saisis d'un ardent désir de se replonger dans la fange de l'univers pour y souffrir les épreuves, afin de pouvoir un jour proférer victorieusement à la Porte-Sainte, les paroles dites par le radieux Séraphin.

Cet Ange s'agenouilla devant le Sanctuaire qu'il pouvait enfin contempler face à face et dit en les désignant : — Permettez-leur de voir plus avant, ils aimeront le Seigneur et proclameront sa parole.

A cette prière, un voile tomba. Soit que la force inconnue qui pesait sur les deux Voyants eût momentanément anéanti leurs formes corporelles, soit qu'elle eût fait surgir leur esprit au dehors, ils sentirent en eux comme un partage du pur et de l'impur.

Les pleurs du Séraphin s'élevèrent autour d'eux sous la forme d'une vapeur qui leur cacha les mondes inférieurs, les enveloppa, les porta, leur communiqua l'oubli des significations terrestres, et leur prêta la puissance de comprendre le sens des choses divines.

La Vraie Lumière parut, elle éclaira les créations qui leur semblèrent arides quand ils virent la source où les mondes Terrestres, Spirituels et Divins puisent le mouvement.

Chaque monde avait un centre où tendaient tous les points de sa sphère. Ces mondes étaient eux-mêmes des points qui tendaient au centre de leur espèce. Chaque espèce avait son centre vers de grandes régions célestes qui communiquaient avec l'intarissable et flamboyant *moteur de tout ce qui est.*

Ainsi, depuis le plus grand jusqu'au plus petit des mondes, et depuis le plus petit des mondes jusqu'à la plus petite portion des êtres qui le composaient, tout était individuel, et néanmoins tout était un.

Quel était le dessein de cet être fixe dans son essence et dans ses facultés, qui les transmettait sans les perdre, qui les manifestait hors de Lui sans les séparer de Lui, qui rendait hors de Lui toutes ses créations fixes dans leur essence, et muables dans leurs formes? Les deux convives appelés à cette fête ne pouvaient que voir l'ordre et la disposition des êtres, en admirer la fin immédiate. Les Anges seuls allaient au delà, connaissaient les moyens et comprenaient la fin.

Mais ce que les deux élus purent contempler, ce dont ils rapportèrent un témoignage qui éclaira leurs âmes pour toujours, fut la preuve de l'action des Mondes et des Êtres, la conscience de l'effort avec lequel ils tendent au résultat.

Ils entendirent les diverses parties de l'Infini formant une mélodie vivante ; et, à chaque temps où l'accord se faisait sentir comme une immense respiration, les

Mondes entraînés par ce mouvement unanime s'inclinaient vers l'Être immense qui, de son centre impénétrable, faisait tout sortir et ramenait tout à lui.

Cette incessante alternative de voix et de silence semblait être la mesure de l'hymne saint qui retentissait et se prolongeait dans les siècles des siècles.

Wilfrid et Minna comprirent alors quelques-unes des mystérieuses paroles de Celui qui sur la terre leur était apparu à chacun d'eux sous la forme qui le leur rendait compréhensible, à l'un Séraphîtüs, à l'autre Séraphîta, quand ils virent que là tout était homogène.

La lumière enfantait la mélodie, la mélodie enfantait la lumière, les couleurs étaient lumière et mélodie, le mouvement était un Nombre doué de la Parole ; enfin, tout y était à la fois sonore, diaphane, mobile ; en sorte que chaque chose se pénétrant l'une par l'autre, l'étendue était sans obstacle et pouvait être parcourue par les Anges dans la profondeur de l'infini.

Ils reconnurent la puérilité des sciences humaines desquelles il leur avait été parlé.

Ce fut pour eux une vue sans ligne d'horizon, un abîme dans lequel un dévorant désir les forçait à se plonger ; mais, attachés à leur misérable corps, ils avaient le désir sans avoir la puissance.

Le Séraphin replia légèrement ses ailes pour prendre son vol, et ne se tourna plus vers eux ; il n'avait plus rien de commun avec la Terre.

Il s'élança : l'immense envergure de son scintillant plumage couvrit les deux Voyants comme d'une ombre bienfaisante qui leur permit de lever les yeux et de le voir emporté dans sa gloire, accompagné du joyeux archange.

Il monta comme un soleil radieux qui sort du sein

des ondes ; mais, plus majestueux que l'astre et promis à de plus belles destinées, il ne devait pas être enchaîné comme les créations inférieures dans une vie circulaire ; il suivit la ligne de l'infini, et tendit sans déviation vers le centre unique pour s'y plonger dans sa vie éternelle, pour y recevoir dans ses facultés et dans son essence le pouvoir de jouir par l'amour, et le don de comprendre par la sagesse.

Le spectacle qui se dévoila soudain aux yeux des deux Voyants les écrasa sous son immensité, car ils se sentaient comme des points dont la petitesse ne pouvait se comparer qu'à la moindre fraction que l'infini de la divisibilité permette à l'homme de concevoir, mise en présence de l'infini des Nombres que Dieu seul peut envisager comme il s'envisage lui-même.

Quel abaissement et quelle grandeur en ces deux points, la Force et l'Amour, que le premier désir du Séraphin plaçait comme deux anneaux pour unir l'immensité des univers inférieurs à l'immensité des univers supérieurs !

Ils comprirent les invisibles liens par lesquels les mondes matériels se rattachaient aux mondes spirituels. En se rappelant les sublimes efforts des plus beaux génies humains, ils trouvèrent le principe des mélodies en entendant les chants du ciel qui donnaient les sensations des couleurs, des parfums, de la pensée, et qui rappelaient les innombrables détails de toutes les créations, comme un chant de la terre ranime d'infirmes souvenirs d'amour.

Arrivés par une exaltation inouïe de leurs facultés à un point sans nom dans le langage, ils purent jeter pendant un moment les yeux sur le Monde Divin. Là était la fête.

Des myriades d'Anges accoururent tous du même vol, sans confusion, tous pareils, tous dissemblables, simples comme la rose des champs, immenses comme les mondes.

Wilfrid et Minna ne les virent ni arriver ni s'enfuir, ils ensemencèrent soudain l'infini de leur présence, comme les étoiles brillent dans l'indiscernable éther.

Le scintillement de leurs diadèmes réunis s'alluma dans les espaces, comme les feux du ciel au moment où le jour paraît dans nos montagnes.

De leurs chevelures sortaient des ondes de lumière, et leurs mouvements excitaient des frémissements onduleux semblables aux flots d'une mer phosphorescente.

Les deux Voyants aperçurent le Séraphin tout obscur au milieu des légions immortelles dont les ailes étaient comme l'immense panache des forêts agitées par une brise.

Aussitôt, comme si toutes les flèches d'un carquois s'élançaient ensemble, les Esprits chassèrent d'un souffle les vestiges de son ancienne forme ; à mesure que montait le Séraphin, il devenait plus pur ; bientôt, il ne leur sembla qu'un léger dessin de ce qu'ils avaient vu quand il s'était transfiguré : des lignes de feu sans ombre.

Il montait, recevait de cercle en cercle un don nouveau ; puis le signe de son élection se transmettait à la sphère supérieure où il montait toujours purifié.

Aucune des voix ne se taisait, l'hymne se propageait dans tous ses modes.

« Salut à qui monte vivant ! Viens, fleur des Mondes !
» Diamant sorti du feu des douleurs ! perle sans tache,
» désir sans chair, lien nouveau de la terre et du ciel,
» sois lumière ! Esprit vainqueur, Reine du monde, vole

» à ta couronne ! Triomphateur de la terre, prends ton
» diadème ! Sois à nous ! »

Les vertus de l'Ange reparaissaient dans leur beauté.

Son premier désir du ciel reparut gracieux comme une verdissante enfance.

Comme autant de constellations, ses actions le décorèrent de leur éclat.

Ses actes de foi brillèrent comme l'Hyacinthe du ciel, couleur du feu sidéral.

La Charité lui jeta ses perles orientales, belles larmes recueillies !

L'Amour divin l'entoura de ses roses, et sa Résignation pieuse lui enleva par sa blancheur tout vestige terrestre.

Aux yeux de Wilfrid et de Minna, bientôt il ne fut plus qu'un point de flamme qui s'avivait toujours et dont le mouvement se perdait dans la mélodieuse acclamation qui célébrait sa venue au ciel.

Les célestes accents firent pleurer les deux bannis.

Tout à coup un silence de mort, qui s'étendit comme un voile sombre de la première à la dernière sphère, plongea Wilfrid et Minna dans une indicible attente.

En ce moment, le Séraphin se perdait au sein du Sanctuaire où il reçut le don de vie éternelle.

Il se fit un mouvement d'adoration profonde qui remplit les deux Voyants d'une extase mêlée d'effroi.

Ils sentirent que tout se prosternait dans les Sphères Divines, dans les Sphères Spirituelles et dans les Mondes de Ténèbres.

Les Anges fléchissaient le genou pour célébrer sa gloire, les Esprits fléchissaient le genou pour attester leur impatience; on fléchissait le genou dans les abîmes en frémissant d'épouvante.

Un grand cri de joie jaillit comme jaillirait une source arrêtée qui recommence ses milliers de gerbes florissantes où se joue le soleil en parsemant de diamants et de perles les gouttes lumineuses, à l'instant où le Séraphin reparut flamboyant et cria : — ÉTERNEL ! ÉTERNEL ! ÉTERNEL !

Les univers l'entendirent et le reconnurent ; il les pénétra comme Dieu les pénètre, et prit possession de l'infini.

Les Sept mondes divins s'émurent à sa voix et lui répondirent.

En ce moment il se fit un grand mouvement comme si des astres entiers purifiés s'élevaient en d'éblouissantes clartés devenues éternelles.

Peut-être le Séraphin avait-il reçu pour première mission d'appeler à Dieu les créations pénétrées par la Parole ?

Mais déjà l'ALLELUJA sublime retentissait dans l'entendement de Wilfrid et de Minna, comme les dernières ondulations d'une musique finie.

Déjà les lueurs célestes s'abolissaient comme les teintes d'un soleil qui se couche dans ses langes de pourpre et d'or.

L'Impur et la Mort ressaisissaient leur proie.

En rentrant dans les liens de la chair, dont leur esprit avait momentanément été dégagé par un sublime sommeil, les deux mortels se sentaient comme au matin d'une nuit remplie par de brillants rêves dont le souvenir voltige en l'âme, mais dont la conscience est refusée au corps, et que le langage humain ne saurait exprimer.

La nuit profonde dans les limbes de laquelle ils roulaient était la sphère où se meut le soleil des mondes visibles.

— Déscendons là-bas, dit Wilfrid à Minna.

— Faisons comme il a dit, répondit-elle. Après avoir vu les mondes en marche vers Dieu, nous connaissons le bon sentier. Nos diadèmes d'étoiles sont là-haut.

Ils roulèrent dans les abîmes, rentrèrent dans la poussière des mondes inférieurs, virent tout à coup la Terre comme un lieu souterrain dont le spectacle leur fut éclairé par la lumière qu'ils rapportaient en leur âme et qui les environnait encore d'un nuage où se répétaient vaguement les harmonies du ciel en se dissipant. Ce spectacle était celui qui frappa jadis les yeux intérieurs des Prophètes. Ministres des religions diverses, toutes prétendues vraies, Rois tous consacrés par la Force et par la Terreur, Guerriers et Grands se partageant mutuellement les Peuples, Savants et Riches au-dessus d'une foule bruyante et souffrante qu'ils broyaient bruyamment sous leurs pieds; tous étaient accompagnés de leurs serviteurs et de leurs femmes, tous étaient vêtus de robes d'or, d'argent, d'azur, couverts de perles, de pierreries arrachées aux entrailles de la Terre, dérobées au fond des Mers, et pour lesquelles l'Humanité s'était dès long-temps employée, en suant et blasphémant. Mais ces richesses et ces splendeurs construites de sang furent comme de vieux haillons aux yeux des deux Proscrits. — Que faites-vous ainsi rangés e immobiles? leur cria Wilfrid. Ils ne répondirent pas.
— Que faites-vous ainsi rangés et immobiles? Ils ne répondirent pas.

Wilfrid leur imposa les mains en leur criant : — Que faites-vous ainsi rangés et immobiles? Par un mouvement unanime, tous entr'ouvrirent leurs robes et laissèrent voir des corps desséchés, rongés par des vers, corrompus, pulvérisés, travaillés par d'horribles maladies.

— Vous conduisez les nations à la mort, leur dit Wilfrid. Vous avez adultéré la terre, dénaturé la parole, prostitué la justice. Après avoir mangé l'herbe des pâturages, vous tuez maintenant les brebis? Vous croyez-vous justifiés en montrant vos plaies? Je vais avertir ceux de mes frères qui peuvent encore entendre la Voix, afin qu'ils puissent aller s'abreuver aux sources que vous avez cachées.

— Réservons nos forces pour prier, lui dit Minna; tu n'as ni la mission des Prophètes, ni celle du Réparateur, ni celle du Messager. Nous ne sommes encore que sur les confins de la première sphère, essayons de franchir les espaces sur les ailes de la prière.

— Tu seras tout mon amour!

— Tu seras toute ma force!

— Nous avons entrevu les Hauts Mystères, nous sommes l'un pour l'autre le seul être ici-bas avec lequel la joie et la tristesse soient compréhensibles. Prions donc : nous connaissons le chemin, marchons!

— Donne-moi la main, dit la Jeune Fille; si nous allons ensemble, la voie me sera moins rude et moins longue.

— Avec toi, seulement, répondit l'Homme, je pourrai traverser la grande solitude, sans me permettre une plainte.

— Et nous irons ensemble à Dieu, dit-elle.

Les nuées vinrent et formèrent un dais sombre. Tout à coup, les deux amants se trouvèrent agenouillés devant un corps que le vieux David défendait contre la curiosité de tous, et qu'il voulut ensevelir lui-même.

Au dehors, éclatait dans sa magnificence le premier été du dix-neuvième siècle. Les deux amants crurent entendre une voix dans les rayons du soleil. Ils respirèrent un esprit céleste dans les fleurs nouvelles, et se dirent en se tenant par la main :—L'immense mer qui reluit là-bas est une image de ce que nous avons vu là-haut.

— Où allez-vous? leur demanda monsieur Becker.

— Nous voulons aller à Dieu, dirent-ils, venez avec nous, mon père?

Genève et Paris, décembre 1833. — Novembre 1835.

FIN.

TABLE.

LOUIS LAMBERT. 5
SÉRAPHITA. 141

Séraphîtüs, I. 145
Séraphita, II. 172
Séraphita-Séraphîtüs, III. 195
Les Nuées du sanctuaire, IV. 247
Les Adieux, V. 283
Le Chemin pour aller au Ciel, VI. 298
L'Assomption, VII. 312

ANDRÉ CHÉNIER.
Œuvres de Malherbe, ann. p. A. Chénier, 1 v.
Poésies, seule édition complète, 1 vol.

PROSPER MÉRIMÉE.
Drames (Clara Gazul, La Jacquerie, etc.), 1 vol.
Romans (Chron. de Ch. IX, doub. Meprise, etc.), 1 v.
Nouvelles (Colomba, le Vase étrus., etc., etc.), 1 v.

SAINTE-BEUVE.
Hist. de la Poésie franç. au XVIe siècle. 1 vol.
Poésies complètes, 1 vol.
Volupté, 1 vol.

MADAME DE STAEL.
De la Littérature, prec. de l'Infl. des Pass. 1 v.
Corinne, avec préface de Sainte-Beuve, 1 vol.
Delphine, avec préface de Sainte-Beuve, 1 vol.
De l'Allemagne, avec préface de X. Marmier, 1 v.

GOETHE.
Wilhem Meister, tr. p. Mme A. de Carlowitz, 2 v.
Le Faust complet, trad. Henri Blaze, 1 vol.
Werther, suivi de *Hermann*, trad. Leroux, 1 v.
Théâtre, trad. X. Marmier, 1 vol.

DE BALZAC.
Louis Lambert, suivi de *Séraphita*, 1 vol.
Physiologie du Mariage, 1 vol.
Scènes de la Vie privée, 2 séries.
Scènes de la Vie de province, 2 séries.
Scènes de la Vie parisienne, 2 séries.
Le Médecin de Campagne, 1 vol.
Le Père Goriot, 1 vol.
La Peau de Chagrin, 1 vol.
César Birotteau, 1 vol.
Le Lys dans la Vallée, 1 vol.
La Recherche de l'Absolu, 1 vol.
Histoire des Treize, 1 vol.
Eugénie Grandet, 1 vol.

ALFRED DE VIGNY.
Cinq-Mars, 1 vol.
Stello, 1 vol.
Servitude et Grandeur militaires, 1 vol.
Théâtre complet, 1 vol.
Poésies complètes, 1 vol.

VICTOR HUGO.
Notre-Dame de Paris, 2 vol.
Le Dernier jour d'un Condamné, }
Bug-Jargal, } 1 vol.
Han d'Islande, 1 vol.
Odes et Ballades, 1 vol.
Orientales, 1 vol.
Feuilles d'Automne, }
Chants du Crépuscule, } 1 vol.
Voix intérieures, }
Les Rayons et les Ombres, }
Théâtre, 2 séries ou volumes.
Cromwell, 1 vol.
Littérature et Philosophie mêlées, 1 vol.

ALFRED DE MUSSET.
Poésies complètes, 1 vol.
Comédies et Proverbes, 1 vol.
Nouvelles, 1 vol.
Confession d'un Enfant du Siècle, 1 vol.

CHARLES NODIER.
Romans (Jean Sbogar, Therese, etc.), 1 vol.
Contes (Trilby, La Fée, etc., etc.), 1 vol.
Nouvelles (Souvenirs de Jeunesse, etc.), 1 vol.
Souvenirs de la Révolution Franç., 1 vol.

CASIMIR DELAVIGNE.
Messéniennes et Poésies diverses, 1 vol.
Théâtre complet, 3 séries ou volumes.

SCHILLER.
Théâtre, traduction X. Marmier, 2 vol.
Guerre de Trente ans, tr. de Mme Carlowitz, 1 v.

MANZONI.
Les Fiancés, traduction Rey Dussueil, 1 vol.
Théâtre et Poésies, trad. Ant. de Latour, 1 vol.

AIMÉ MARTIN.
De l'Education des Mères de famille, 1 vol.
Lettres à Sophie sur la Physique, etc., 1 vol.

OUVRAGES DE CHOIX.
Hist. de la Restauration, par Capefigue, 4 vol.
Hist. de Philippe-Auguste, par Capefigue, 1 v.
Poésies de Madame Desbordes-Valmore, 1 v.
Poésies de Madame Emile de Girardin, 1 vol.
Lettres Parisiennes, par la même, 1 vol.
Œuvres de Marie-Joseph Chénier, 1 vol.
Descartes, nouv. édition, par Jules Simon, 1 v.
Leibnitz, nouv. édit., par A. Jacques, 1 v.
Bacon, nouv. édition, par Francis Riaux, 2 séries
Malebranche, n. éd., par Jules Simon, 2 séries
Spinosa, traduction de M. Saisset, 2 séries.
Adolphe, etc., etc., par Benjamin Constant, 1 v.
Du Pape, par Joseph de Maistre, 1 vol.
Essais sur l'Histoire de France, par Guizot, 1 v.
Satyre Ménippée, avec notes, par C. Labitte, 1 v.
Œuvres de la comtesse de Souza, 1 vol.
Physiologie du goût, par Brillat-Savarin }
La Gastronomie, poème par Berchoux }
Obermann, par de Senancour, 1 vol.
Manon Lescaut, par l'abbé Prevost, 1 vol.
Valérie, par Mme de Krüdner, 1 vol.
Poésies de Millevoye, 1 vol.
Nouvelles Génevoises, par Töpffer, 1 vol.
Poésies d'Antoine de Latour, 1 vol.
Œuvres du comte Xavier de Maistre, 1 vol.
Poésies et Chants du Nord, p. X. Marmier, 1 v.
Romancero espagnol, tr. par F. Denis, 2 séries.
Poésies de Henri Blaze, 1 vol.
Tableau de la Littérature, par Barante, 1 vol.
Education des Femmes, p. Mme de Remusat, 1 v.
Chansons de Béranger, 1 volume.

CLASSIQUES FRANÇAIS.
Théâtre de J. Racine, 1 vol.
Caractères de La Bruyère, 1 vol.
Pensées de Pascal, 1 vol.
Fables de La Fontaine, 1 vol.
Siècle de Louis XIV, par Voltaire, 1 vol.
Discours sur l'Histoire univ. de Bossuet, 1 v.
Confessions de J.-J. Rousseau, 1 vol.
Gil Blas, 1 vol.
Œuvres de Rabelais, 1 vol.
Les Cent Nouvelles Nouvelles, 2 vol.

CLASSIQUES ÉTRANGERS TRAD. EN FRANÇ.
Œuvres de N. Machiavel, trad. Peiriès, 2 vol.
Evelina, par Miss Burney, tr. L. de Wailly, 1 v.
Œuvres de Burns, trad. Léon de Wailly, 1 vol.
Dante. — Divine Comédie, tr. A. Brizeux. }
 — La Vie Nouvelle, tr. Delecluze. } 1 vol.
Le Paradis Perdu, trad. Pongerville } 1 vol.
Voyage sentimental de Sterne, trad. }
La Jérusalem délivrée, tr. A. Desplaces, 1 vol.
Lord Byron, trad. Benj. Laroche, 4 séries.
Œuvres de Silvio Pellico, tr. A. de Latour, 1 v.
Le Koran, trad. nouv., par Kasimirsky, 1 vol.
Mémoires d'Alfieri, trad. Ant. de Latour, 1 vol.
La Messiade de Klopstock, trad. en fr., 1 vol.
Le Vicaire de Wakefield, tr. Mme Belloc, 1 v.
Morale de Jésus-Christ et des Apôtres, 1 vol.
Histoire générale des Voyages, 3 séries.
Tom Jones, trad. Léon de Wailly, 2 vol.
Confucius, traduit par M. Pauthier, 1 v.
Confessions de S. Augustin, tr. S.-Victor, 1 vol.
Les Lusiades, de Camoëns, trad. nouv., 1 vol.
Tristram Shandy de Sterne, tr. L. Wailly, 1 vol.
Simple Histoire, tr. par L. de Wailly, 1 vol.

CLASSIQUES GRECS TRAD. EN FRANÇ.
Marc-Aurèle, traduction par M. A. Pierron, 1 v.
Théâtre d'Eschyle, tr. par Alex. Pierron, 1 v.
Comédies d'Aristophane, trad. Artaud, 1 vol.
Théâtre de Sophocle, trad. Artaud, 1 vol.
République de Platon, trad. nouvelle, 1 v.
Romans grecs, trad. nouv. 1 v.
Histoire d'Hérodote, 2 vol.
Moralistes anciens (Socrate, Epictète, etc.), 1 v.
Histoire de Thucydide, 1 vol.
Diogène-Laërce, Vies des Philosophes, 1 v.
Lucien, Dialogues, satir. philosop., etc., 1 vol.
Petits poèmes (Hésiode, etc., etc), 1 vol.
L'Iliade d'Homère, traduction nouvelle, 1 vol.
L'Odyssée d'Homère, trad. nouv. 1 vol.
Lyriques, 1 vol.   [Imp. par Béthune et Plon.]

www.ingramcontent.com/pod-product-compliance
Lightning Source LLC
Chambersburg PA
CBHW060505170426
43199CB00011B/1334